놀이중심 교육과정을 디자인하다

유아 스스로 주도하며 성장하는

놀이중심 교육과정을 디자인하다

발행일 2020년 9월 25일 초판 1쇄 발행
2021년 11월 10일 초판 2쇄 발행
지은이 이은희, 유미열, 최유선, 이호필, 최영미
발행인 방득일
편 집 박현주, 허현정, 한해원
디자인 강수경
마케팅 김지훈

발행처 맘에드림
주 소 서울시 도봉구 노해로 379 대성빌딩 902호
전 화 02-2269-0425
팩 스 02-2269-0426
e-mail momdreampub@naver.com

ISBN 979-11-89404-38-3 93370

※ 책값은 뒤표지에 있습니다.
※ 잘못된 책은 구입처에서 교환하여 드립니다.

유아 스스로 주도하며 성장하는

놀이중심 교육과정을 디자인하다

이은희 · 유미열 · 최유선 · 이호필 · 최영미 지음

맘에드림

추천사

누가 이런 책을 만들었을까요?
오늘도 즐겁게 놀고 있는 〈놀이에 빠진 유아교육 교사공동체〉 선생님들! 이 분들이셨습니다.
교사는 수업으로 말하는 존재라고 하지요?
유치원 교사는 다른 초·중등교사와는 달리 수업에 놀이를 더해야 합니다. 수업 따로 놀이 따로가 아니라, 수업과 놀이가 통합하여 유아 스스로 주인공이 되어 놀이와 배움을 이을 수 있도록 돕는 것이 유치원 교사의 역할이자 힘이라 생각합니다.

그동안 놀이중심 교육과정에 대한 수없이 많은 이야기를 들었지만, 실제로 놀 줄 아는 선생님들이 아이들과 직접 놀이한 경험을 소중하게 담아낸 이 한 권의 책이 유치원 현장에 큰 변화를 줄 수 있을 것으로 생각합니다. 이 책 속의 선생님들은 서로의 '놀이 친구'가 되어주었습니다. 각 유치원에서의 놀이를 열고, 나누고, 놀이에 추임새를 더해주고… 아이들에게는 '놀이'였지만, 이 과정은 사실 선생님들에게는 진지한 수업 열기이고, 수업 나눔이었을 것입니다. 그 속에서 선생님들은 교사로서 성찰을 했고, 교육 전문가로서 한 단계 더 큰 성장을 경험했을 것입니다.

2019 놀이중심 교육과정으로 개정되며 현장 교사들은 기대와 더불어 새로운 교육패러다임에 대한 염려도 많았을 것입니다. 코로나19로 마스크에 얼굴 반이 가려졌지만 친구들과 열심히 노는 아이들의 모습을 보면 선생님들은 감격과 기쁨을 느낀다고 합니다.
열한 명의 선생님들은 교육과정이 개정되기 전 유아들에게 '진짜 놀이'를 찾아주려고 노력했고, 그 생생한 과정이 한 권의 책에 담겼습니다. 그 이야기 속에서 유아들의 삶을 확인할 수 있고, 유아와 교사와의 끈끈한 관계를 볼 수 있어 흐뭇한 마음이 들었습니다.
책을 펼치는 순간 아이들과 직접 해보고 싶은 생각이 들 만큼 마음에 드는 책입니다. 선생님들의 열정과 아이들에 대한 사랑이 듬뿍 담긴 놀이 이야기! 아이들과 놀면서 함께 성장하는 선생님의 모습을 기대해봅니다.

강원도교육청 교육국장 천미경

2019 개정 누리과정은 교사가 주도하는 교육과정 운영에서 '유아가 주도하는 놀이중심 교육과정으로의 전환'이라고 해도 과언이 아닐 것입니다. 그래서 '놀이중심 교육과정'에 대한 현장에서의 중요함은 실천 방안에 대한 구체적인 답이 없다는 사실을 간과할 수 없다는 것을 의미합니다.
'놀이가 뭐지?'
"아이에게 놀이는 밥이다."라는 다큐도 있었고, '놀이'의 역사적 의미나 교육 및 철학적 개념뿐만 아니라 "놀이는 어느 시기만 왕성히 나타났다 사라지는 것이 아니라 출생 후 영유아 시기부터 초등·중·고등학교 시기까지 활발히 지속되며(Bergen,1988), 인간의 바람직한 성장과 발달을 촉진하는 수준 높고 도전적이며 가치 있는 행동이다."라는 김명순의 연구가 아니더라도 아이에게 놀이는 본능이라는 것을 삶에서 느낄 때도 많습니다. 게다가 유엔아동권리협약 31조와 우리나라 아동권리헌장 등에서 "아동이 놀이에 즐겁게 참여할 권리가 있다."라고 밝히고 있습니다. 이에 국가 수준의 교육과정에 맞추어 교육 현장에서는 아이들의 놀이에 대한 고민에서부터 교육과정 속 놀이를 재구성하려는 노력과 더불어 다양한 실천 방안 속에서 '나만의 방법'을 찾으려고 노력하는 교사들이 많이 있습니다.

「놀이에 빠진 열한 명의 교사는…
'놀이'란 자연이 인간에게 준 본성이자,
우리가 마주하는 유아에게 있어서 생명 그 자체이며,
유아가 앞으로 살아가며 스스로 심게 될 꽃과 나무가 뿌리내릴
토양의 근간이 된다는 믿음에서 '놀이'를 시작하게 되었습니다.」
로 시작되는 이 한 권의 책은 〈놀이에 빠진 유아교육 교사공동체〉의 교사들의 놀이에

대한 고민에서 시작된 작은 실천의 열매입니다. 이 책을 통하여 내가 하고 있는 놀이중심 교육과정의 실천 방법을 확인하고, 아이들이 자신만의 방법으로 놀이를 선택하여 놀이하는 과정에서 자유로운 놀이성을 발현시키는 모습을 찾는 기회가 되리라 생각됩니다. 더불어 훌륭한 책을 써주신 저자 선생님들의 열정에 다시 한 번 찬사를 보냅니다.

강원유아교육진흥원 원장 강선옥

2019년 7월 '개정 누리과정'이 고시되면서 현장에 있는 교사들이 놀이중심 교육과정 운영에 대한 두려움과 놀이의 본질에 대한 이해 부족으로 혼란을 겪고 있을 때 〈놀이에 빠진 유아교육 교사공동체〉에서 『놀이중심 교육과정을 디자인하다』를 출판한다는 기쁘고 반가운 소식 하나를 알려왔다.
이 책은 교사의 놀이 지원에 대한 생각변화와, 다양한 지역에서 다양한 학급을 운영하면서 직접 원아들과 비구조화 놀잇감으로 놀이를 하며 얻은 소중한 결과들이 담겨 있다. 놀이중심 운영에 대해서 확신이 없어 고민하던 많은 유아교육 교사들에게, 놀이중심 유아교육과정 운영의 길잡이가 될 것이라 확신하면서 추천하고자 한다.

공립단설 봄봄유치원장 박선혜

'거리방송', 어머니가 나의 유년기 때 붙여주신 별명이다. 유치원이 없던 작은 시골에서 국민학교의 기억만이 가물가물 나는 유년시절, 난 분명 놀이 대장이었다. 종일 거리 곳곳에서 친구들과 놀이에 몰입했던 나는 어머니가 오셔서 두 손을 잡아끌어야만 집에 갔었다. 그런 나를 어머니는 '거리방송'이라 부르셨다. 거리가, 마을이, 흙과 자연이 모두 나의 놀이 소재였다. 특히 친구들은 없어서는 안 될 놀이 동지들이었다.
요즘 독서 이야기를 나누러 오는 아이들에게 가끔, 나의 어린 시절 놀이 이야기를 들려준다. 그때마다 자기들은 불행한 시절에 태어나 그런 놀이를 할 수 없다고 하소연하는 아이들을 보면, 요즘 아이들도 그렇게 놀고 싶은 것이 분명하다는 생각이 들었다. 그러나 여러 가지 면으로 더 풍요로운 놀이환경 속에서, 오히려 사람들 사이에서 노는 놀이가 점점 사라진다는 안타까움이 늘 있었다.
그러던 중 '오늘도 즐겁게 놀고 있는 〈놀이에 빠진 유아교육 교사공동체〉'에서 편찬한 『놀이중심 교육과정을 디자인하다』라는 원고를 받아 읽어보았다. "그래! 바로 이거야!" 라는 탄성이 절로 나왔다. 설명이 아니었다. 그냥 놀이를 하고 있었다. 읽으면서 나도 같이 놀고 싶었다. 어떤 놀이는 내가 다시 디자인해 더 멋지게 놀 수도 있다는 생각도 들었다. '거리방송' 시절로 돌아가고 싶었다.

사실 나에게는 열어둔 공간에서 자발적으로 잘 이루어지던 현장의 다양한 교육적 시도가, 의도된 기획에 의해 닫혀버리던 것을 목도한 경험이 있었기에 이 책도 열린 놀이를 닫아버린 지루한 주장과 설명이면 어쩌나 하는 걱정이 없진 않았다. 그런 나의 우려는, 놀이 장면마다 교사와 아동이 노는 장면과 이야기로 구성되어 놀이 현장으로 들어가 함께하고 싶은 읽기가 되는 순간 깨져버렸다. 놀이 장면 몇을 그렇게 같이 놀고 나면 '교사 이야기'로 교사들에게 새로운 생각을 확장시킬 수 있는 팁을 줘 유아중심 · 놀이중심 교육과정의 선순환 구조를 담아두었다. 이런 세심한 배려는 놀이를 통해 배움이 일어날 수 있도록 한 놀이중심 교육과정 편성 · 운영의 이해에 큰 도움이 될 것이라는 생각을 했다.
네덜란드의 역사가이자 철학자 요한 하위징아는 1938년에 출간한 『호모 루덴스(Homo Ludens)』에서 놀이는 문화의 한 요소가 아니라 문화 그 자체가 놀이의 성격을 가지고 있다고 역설했다. '노는 인간', '놀이하는 인간' 속에 삶이 있고 배움이 있다는 생각을 하며, 잘 놀게 이끌어준 이 책을 만들어주신 '오늘도 즐겁게 놀고 있는 〈놀이에 빠진 유아교육 교사공동체〉' 회원들께 감사를 드린다. 그리고 앞으로 다가올 언택트(Un-contact)시대에 더 잘 놀 수 있는 놀이 이야기도 해주길 바라며 고마운 마음을 전한다.

추곡초등학교병설유치원장 최종태

놀이의 우연성! 엉뚱함! 신선함! 기발함!
어릴 적 흔하게 보던 물건들이 '비구조화 놀잇감'으로 변신하여 유치원 아이들의 손끝에서 끝없는 놀이로 재탄생하고 있습니다. 아이들에 의해, 흔하게 보던 물건들이 새로운 놀이로 확장되는 과정을 이 책에서 소개하고 있습니다.

초등교사인 나는 '놀이가 거기서 거기지!', '교사가 재밌게 만들고 시키면 되지.'라고 생각했었습니다. 그러나 책의 서두에 있는 〈놀이에 빠진 유아교육 교사공동체〉라는 놀이 연구회를 결성하게 된 이유를 읽는 지점에서 그 생각을 멈추게 되었습니다. 놀이를 바꾸려는 선생님들의 고민이 놀이 공동체 연대의 힘으로 놀이를 확장시켰고, 유아주도 놀이로 놀이의 주체만 바뀌었을 뿐인데 놀이의 새로운 버전이 나온 것 같았습니다.

이 책을 읽다 보면 놀이 수업을 진행하고 있는 초등교사, 놀이중심 교육과정을 운영하는 유치원 교사들이 당장 교실에 가서 놀이하고 싶다는 욕구가 생길 것입니다.

유아주도 놀이로 놀이 창작가가 된 유치원 아이들이 초등학교에 들어와서는 어떤 성장과 배움으로 놀이문화를 이끌어갈지 궁금하게 만드는 책입니다.

놀이의 생활화! 『놀이중심 교육과정을 디자인하다』를 항상 곁에 두고 행복한 놀이교육과정을 디자인하시길 바랍니다.

죽리초등학교 교사 남궁정

처음 유아교육을 배우며 제가 되고 싶었던 교사는 아이들과 함께 놀이를 즐기는 선생님이었습니다. '우리 반의 놀이환경은 어떻게 구성할까?', '아이들과 어떤 놀이를 하지?' 하는 기대에 찬 생각들로 유치원 교사가 되기 위하여 노력했습니다.

하지만 실제로 제가 마주한 유치원 현장에서의 적용은 매우 어려웠습니다. 임용고시를 준비하면서 누군가 물어보면 자동으로 나올 정도로 달달달 외웠던 수많은 놀이 이론들, 논술에 이상적으로 적어나갔던 놀이 통합의 사례들과 현실은 달라도 너무 달랐습니다. 매일, 심지어 몇 분, 몇 초 만에 바뀌는 아이들의 흥미에 맞춰가기가 늘 버거웠습니다. 또한 무언가 큰 프로젝트처럼 놀이를 이끌고 싶다는 욕심 때문에 놀이를 함께 즐기지 못하는 교사가 되고 있었습니다. 이러한 고민이 깊어지던 중 이 책을 만났습니다.

도입 부분에서 놀이의 의미에 대해 고민하는 선생님들의 생각들을 읽고, 저 또한 진정한 놀이의 의미에 대해 생각하는 기회를 가졌습니다. 이러한 저의 생각에 가장 큰 영향을 준 놀이 사례는 '상자 부수기 놀이'였습니다. 저희 반에서도 비슷한 상황이 있었습니다. 상자를 이용한 여러 가지 놀이를 기대하고 상자를 제공했지만 바로 상자를 찢고, 부수는 아이들을 보고 실망을 했던 기억이 있습니다. 그마저도 아이들에게는 능동적인 탐색이자 즐거운 놀이였을 텐데 말이죠.
상자를 부수는 아이들을 보고 하나의 놀이로 인정하고 함께해주는 선생님의 사례를 보니 참 많은 생각이 들었습니다. 그것을 내가 인정해주었다면, 나도 함께 이런저런 방법으로 상자를 찢고 부숴보며 함께 놀이를 즐기지 않았을까… 하는 아쉬움이 들었습니다.
놀이의 주체는 언제나 유아이고, 그 놀이를 계획하고 주도해나가는 것은 유아인데 가장 큰 놀이의 가치를 잠시 잊었다는 생각이 들었습니다. 그래서 책을 읽고, 조금 더 아이들의 놀이 자체를 존중해주는 태도를, 또 함께 놀이를 즐기는 교사라는 처음의 저의 목표를 다시 한 번 되새기는 계기가 되었습니다.

또한 저에게 이 책이 더욱 흥미 있었던 이유는 비구조적 놀잇감을 이용한 놀이를 구체적으로 다루었다는 점입니다. 유치원에는 여러 종류의 매력적인 놀잇감이 많이 있지만 아이들은 신기할 정도로 신문지, 상자, 천 등등 비구조적인 놀잇감에 가장 많이 웃고 즐거워했습니다. 하지만 비구조적인 재료를 이용한 놀이를 하면서 늘 어딘가 아쉬운 느낌이 많이 들곤 했습니다. '조금 더 확장이 되면 좋았을 텐데.', '같은 놀이만을 반복하네.' 등의 고민을 자주 했죠.
책의 놀이 사례 및 교사의 발문을 보고 '아, 이렇게 내가 질문을 했다면 조금 더 아이들이 색다른 생각을 했을 수도 있었겠다. 아, 이럴 경우에는 우리 반 모두가 참여하는 놀이를 할 수 있었겠다.'라는 생각이 들었습니다. 책 속에서 시각적으로 표현된 놀이의 흐름과 구체적 놀이 확장의 사례를 보니 간접적으로 놀이경험이 쌓여가는 것을 느꼈고, 비구조적 재료를 이용한 놀이에 대한 기대감과 자신감 또한 쌓을 수 있었습니다.
이 책 덕분에 이제는 진정으로 놀이를 즐기는 교사가 될 수 있을 것 같습니다. 우리 반 아이들은 어떤 재료를 선택하여 어떻게 놀이로 확장해나갈까요? 아이들이 원하는 대로 따라갈 때, 반의 특성이 담긴 아주 재미있는 놀이가 탄생하겠지요. 2학기에는 얼마나 행복한 시간을 보낼지 매우 기대가 됩니다~
이러한 소중한 깨달음을 얻게 해준 〈놀이에 빠진 유아교육 교사공동체〉 이하 저자 선생님들께 고마움을 전합니다.

홍천 너브내유치원 교사 윤석원

프롤로그

놀이에 빠진 열한 명의 교사는…
'놀이'란 자연이 인간에게 준 본성이자,
우리가 마주하는 유아에게 있어서 생명 그 자체이며,
유아가 앞으로 살아가며 스스로 심게 될 꽃과 나무가 뿌리내릴 토양의 근간이 된다는 믿음에서
'놀이'를 시작하게 되었습니다.

유아교육기관에 종사하는 교사들에게 '유아교육'에 있어 가장 중요한 요건에 대해 묻는다면, 그 첫 번째는 바로 '놀이'일 것입니다. 유치원에 들어선 유아는 신발정리를 하기 위해 자신을 상징하는 캐릭터를 정리장에서 찾으며 놀이를 시작합니다. 수첩의 날짜에 맞게 도장을 찍을 때에도, 선생님과 아침 인사를 나눌 때에도 유아는 곳곳의 '놀이 요소'에 노출되며 즐거움을 느낍니다.

교사주도의 수업을 실시할 때에도, 교사는 유아의 관심과 흥미를 고려한 놀이를 수업 설계에 적용합니다. 유아교육기관에서 필수로 실시해야 하는 안전교육과 인성교육 역시, 유아의 실천적 지식을 기르기 위해 유아가 가장 좋아하는 놀이를 활용합니다.

이처럼 지금껏 교사인 우리가 실행했던 놀이는, 유아들이 조금 더 교사의 이야기에 귀 기울이게 하고, 수업에 집중하게 만들며, 지식을 기르게 하기 위한 수단이자 도구가 되곤 했습니다. 유아기 놀이의 경험이 초등학교에서 학업성취, 사회성, 창의성 등의 육성에 긍정적인 효과가 있다는 '놀이의 효과'에 관한 보고서가 발표되자, '놀이로 배우는 영어', '놀이중심 수학' 등 사교육 시장에서 '놀이'라는 용어를 마구잡이로 사용하는 것도 왕왕 볼 수 있었습니다.

2019년 7월 '개정 누리과정'이 고시되며, 유치원에서 교사주도의 활동을 지양하고 유아의 충분한 놀이경험을 통하여 배움이 일어날 수 있도록 현장의 변화를 촉구하고 있습니다. 이를 위해 지금껏 교육을 위한 도구로서 쓰인, 놀이인 척하던 놀이가 아닌 '유아 스스로가 놀이하는, 자연스러운 놀이'를 위해 각 시도 교육청에서는 교사 대상의 사례 중심의 연수와 워크숍 등을 통해 교사의 역량을 강화하기 위한 노력을 하고 있습니다.

2019 개정 누리과정은 유치원에서 유아가 놀이할 수 있는 시간을 충분히 제공하고자 1일 실외놀이 1시간 이상, 교실에서의 자유놀이 1시간 이상을 필수로 놀이할 수 있도록 권고하고 있습니다. 이를 통해 놀이중심 교육과정의 놀이시간이 확보되고, 그로 인하여 놀이에 몰입하는 효과를 가져올 수 있습니다.

개정 누리과정을 필두로 최근의 사회 분위기 또한 매스컴의 보도자료나 다큐를 통해 놀이의 중요성을 강조하고, 놀이에 대한 인식의 변화를 이끌고 있습니다. 지금껏 현장에서도 많은 교사들이 지식의 양에 집중하기보다 지식을 활용할 수 있는 능력 즉 '새로운 지식을 창조할 수 있는 능력'을 교육과 놀이를 통하여 키워야 한다고 공공연하게 이야기했습니다. 매스컴의 효과로 그 변화가 더욱 빨라져, 변하지 않을 것 같았던 사람들의 인식이 조금씩 변화하기 시작했습니다. 이제 유치원의 교사들은 '놀이의 본질'에 대해 진지하게 고민하게 되었고, 자연스러운 배움의 시작으로서의 놀이를 교실 속에서 실천할 수 있게 되었습니다.

1년 동안 〈놀이에 빠진 유아교육 교사공동체〉 교사들은 매월 자신의 교실 속에서 실천한 놀이를 열며 서로의 고민을 함께 공유하고 공감하며, 서로의 '놀이친구'가 되어주었습니다. 교사공동체를 시작하기 전, 대부분의 교사들은 당연히 '우리가 만나는 아이들은 충분히 놀이를 하고 있다.'라고 생각했습니다. 그러나 생각보다 언어적, 환경적, 정서적 놀이 지원을 받지 못한 아이들이 많았고, 그런 아이들을 우리 주변에서 쉽게 만나볼 수 있었습니다.

「유아에게 놀이가 더욱 절실하다고 느낀 것은 1학급의 소규모 병설유치원에서 근무할 때였다. 겨우 열 명 정도였던 아이들 중 대부분은 다문화 가정의 아이였다. 이때까지 놀이는 아이들이 갖고 태어나는 본성이자 타고난 기질이라고 생각했다. 그러나 놀이의 경험이 부족한 아이들의 놀이가 활성화되려면 교사의 놀이 지원이 있어야 한다는 것을 알게 되었다. 이 아이들은 놀이에 대한 경험이 없다 보니 놀이를 할 줄 몰랐고 놀이의 몰입이 불가능했다.」

-3월 교사모임 회의록 교사의 이야기 중

그렇다면, 반대로 풍족한 가정환경에서 자란 아이들은 모두 잘 놀 수 있을까요? 우리는 놀이에 관심이 없는 아이, 권태로움을 느끼는 아이, 놀이를 그저 학습을 위한 도구로만 생각하는 아이를 만나기도 했습니다.

「태어날 때부터 조기교육에 노출되었던 아이는 또래 아이들에 비해 언어·인지적 수준은 높았지만, 또래 유아와의 교류하는 방법 즉 사회성이 매우 떨어졌다. 그 아이는 교사에게 "언제 놀이 시간이 끝나요?"라고 물어보며, 놀이에 참여하지 못하고 교사 주도의 활동이 시작되기를 기다렸다.」

-3월 교사모임 회의록 교사의 이야기 중

〈놀이에 빠진 유아교육 교사공동체〉는 학교 밖 전문적 학습 공동체의 형태를 띤 교사공동체로서, 참여 교사들은 놀이의 본질을 이해하고 '진짜 놀이'를 아이들에게 돌려주고자 함께 노력했습니다.

강원도 공립유치원의 70% 이상이 한 학급만을 보유하고 있어, 유치원 교사들은 초등학교 병설 유치원에서 근무하며, 동료 교사와의 교류가 적습니다. 따라서 다른 학교급 교사들과는 달리, 상호학습의 시너지 효과를 볼 수 없습니다.

우리는 이러한 한계를 극복하고자 교사공동체를 조직하게 되었고, 이러한 만남과 대화를 통해 여러 유형의 아이들을 알게 되었으며, 이 아이들의 마음근육을 기르기 위한 놀이를 함께 실천했습니다. 현장에 놀이중심 교육과정을 안착시키려면, 교사들이 교실이라는 구조적 고립상태에서 벗어나 교사들 사이의 관계에서 공동체성을 확립해야, 유아와의 관계 속에서 유의미하게 놀이를 실천할 수 있습니다.

본고의 저자인, 놀이에 빠진 교사들은 유아중심 · 놀이중심 교육과정인 '개정 누리과정'이 고시되기 전인 2019년 3월부터 놀이에 대한 고민을 함께 나누며, 유아가 놀이경험을 통해 배움과 성장이 일어나듯이 서로의 친구가 되어 배우고 성장했습니다. 〈놀이에 빠진 유아교육 교사공동체〉는 놀이를 주제로 교사들 사이에 실천적인 상호학습이 이루어지게 했고, 교실 속에 고립되었던 교사들이 구조적 · 자발적으로 서로 간에 소통하고 협력하며 공동체성을 회복할 수 있었던 장이었습니다.

이 책에 실린 놀이는 강원교육연구회 〈놀이에 빠진 유아교육 교사공동체〉 회원들의 놀이 공개로 작성되었습니다. 놀이를 공개해주신 김영은, 신소연, 이상희, 이수연, 정정화, 지유나 선생님께 감사의 말씀을 전합니다.

저희의 1년 동안의 노력이 담긴 이 책, 『놀이중심 교육과정을 디자인하다』는 열한 명의 교사들의 '교실 밖에서의 놀이'와 '교실 안에서의 놀이'가 담겨 있습니다. 유아들이 놀이를 통해 함께하고, 양보를 배우고, 배려할 줄 알게 되듯이 놀이에 빠진 교사들 역시 교사공동체를 통해 함께 토론하고 고민하며 성장했습니다. 부족함이 많은 책이지만 교사인 나의 이야기이자 옆 유치원 동료의 이야기로 봐주셨으면 좋겠습니다. '놀이중심 교육과정의 유아주도 놀이'를 앞서 실천해본 교사들의 놀이 과정을 즐거운 마음으로 공감해주시길 바랍니다.

ⓒ이은희

2020년 2월

낭만의 도시 춘천에서

오늘도 즐겁게 놀고 있는 〈놀이에 빠진 유아교육 교사공동체〉

일러두기

유아들이 확장시킨 놀이를 어떤 구성으로 정리했는지,
독자들이 한눈에 알 수 있도록 안내하는 일러두기 페이지입니다.

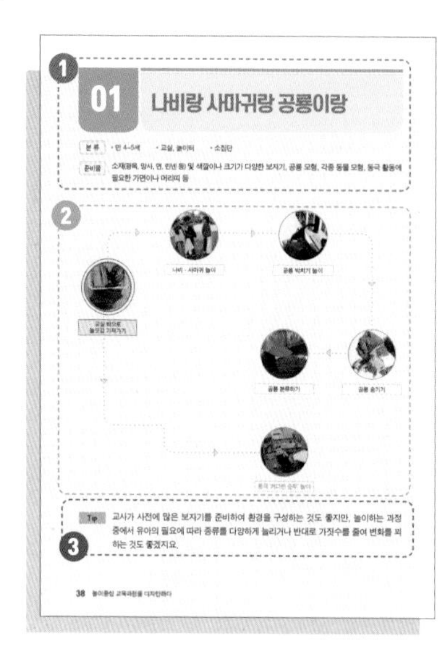

1

01 나비랑 사마귀랑 공룡이랑

분류 · 만 4-5세 · 교실, 놀이터 · 소집단

준비물 소재(광목, 망사, 면, 린넨 등) 및 색깔이나 크기가 다양한 보자기, 공룡 모형, 각종 동물 모형, 동극 활동에 필요한 가면이나 머리띠 등

2

3

Tip 교사가 사전에 많은 보자기를 준비하여 환경을 구성하는 것도 좋지만, 놀이하는 과정 중에서 유아의 필요에 따라 종류를 다양하게 늘리거나 반대로 가짓수를 줄여 변화를 꾀하는 것도 좋겠지요.

❶

유아주도로 이어지는 여러 놀이를 아우르는 제목, 대상 연령, 놀이 장소, 놀이한 유아 인원수, 교사가 놀이 중에 실제로 준비했던 놀잇감을 안내했습니다.
놀이한 유아 인원수는 대집단(16명 이상), 소집단(15명 이하), 개별활동(1명)으로 나누었습니다.

❷

유아들의 놀이가 어떤 과정을 거쳐 확장되었는지 알 수 있도록, 수록된 놀이의 사진과 이름을 표기해 순서도 형태로 정리했습니다.

❸

실제로 놀이를 진행한 교사의 조언을 Tip 형태로 실어, 유의할 점이나 미리 알아두어야 할 점 또는 도움이 될 만한 정보를 안내했습니다.

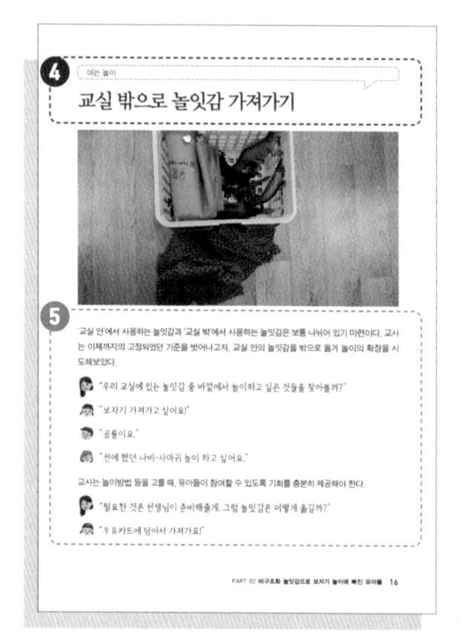

4

여는 놀이

교실 밖으로 놀잇감 가져가기

5

'교실 안'에서 사용하는 놀잇감과 '교실 밖'에서 사용하는 놀잇감은 보통 나뉘어 있기 마련이다. 교사는 이제까지의 고정되었던 기준을 벗어나고자, 교실 안의 놀잇감을 밖으로 옮겨 놀이의 확장을 시도해보았다.

"우리 교실에 있는 놀잇감 중 바깥에서 놀이하고 싶은 것들을 찾아볼까?"

"보자기 가져가고 싶어요!"

"공룡이요."

"전에 했던 나비-사마귀 놀이 하고 싶어요."

교사는 놀이방법 등을 고를 때, 유아들이 참여할 수 있도록 기회를 충분히 제공해야 한다.

"필요한 것은 선생님이 준비해줄게. 그럼 놀잇감은 어떻게 옮길까?"

"우유카트에 담아서 가져가요!"

❹

놀이 종류와 이름을 소개했습니다.
놀이 종류는 5가지이며, 종류에 따라 바탕선 색이 다릅니다.

- 여는 놀이
- 이어지는 놀이
- 발상을 바꿔 이어지는 놀이
- 장소를 바꿔 이어지는 놀이
- 재료를 바꿔 이어지는 놀이

❺

놀이가 어떻게 진행되었는지, 지문과 대사를 통해 상세히 설명했습니다.
대사에 아이콘을 장식하여 명시성과 심미성을 높였으며, 교사의 대사는 별색으로 처리해 주목도를 높였습니다.

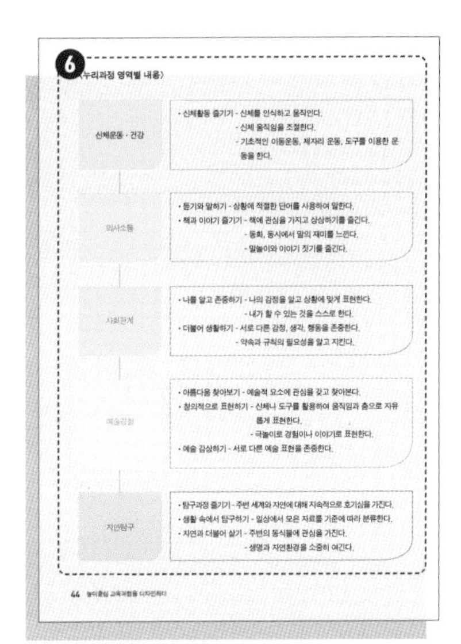

6

〈누리과정 영역별 내용〉

신체운동 · 건강
- 신체활동 즐기기 - 신체를 인식하고 움직인다.
  - 신체 움직임을 조절한다.
  - 기초적인 이동운동, 제자리 운동, 도구를 이용한 운동을 한다.

의사소통
- 듣기와 말하기 - 상황에 적절한 단어를 사용하여 말한다.
- 책과 이야기 즐기기 - 책에 관심을 가지고 상상하기를 즐긴다.
  - 동화, 동시에서 말의 재미를 느낀다.
  - 말놀이와 이야기 짓기를 즐긴다.

사회관계
- 나를 알고 존중하기 - 나의 감정을 알고 상황에 맞게 표현한다.
  - 내가 할 수 있는 것을 스스로 한다.
- 더불어 생활하기 - 서로 다른 감정, 생각, 행동을 존중한다.
  - 약속과 규칙의 필요성을 알고 지킨다.

예술경험
- 아름다움 찾아보기 - 예술적 요소에 관심을 갖고 찾아본다.
- 창의적으로 표현하기 - 신체나 도구를 활용하여 움직임과 춤으로 자유롭게 표현한다.
  - 극놀이로 경험이나 이야기로 표현한다.
- 예술 감상하기 - 서로 다른 예술 표현을 존중한다.

자연탐구
- 탐구과정 즐기기 - 주변 세계와 자연에 대해 지속적으로 호기심을 가진다.
- 생활 속에서 탐구하기 - 일상에서 모은 자료를 기준에 따라 분류한다.
- 자연과 더불어 살기 - 주변의 동식물에 관심을 가진다.
  - 생명과 자연환경을 소중히 여긴다.

44 놀이중심 교육과정을 디자인하다

6

유아들이 주도하여 확장된 놀이들이 유치원 누리과정 영역별 내용 중 어떤 기준을 충족하는지 영역별로 정리하여, 이 책을 읽은 교사들이 실제로 도입할 때 참고할 수 있도록 배려했습니다.

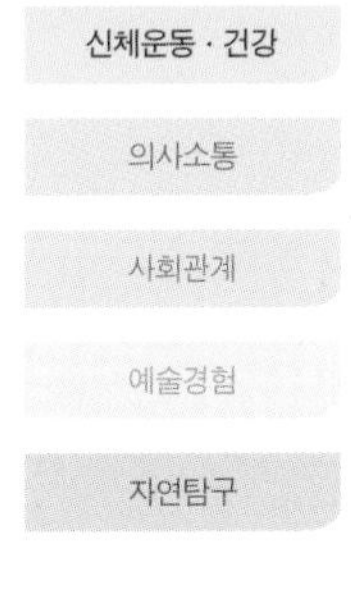

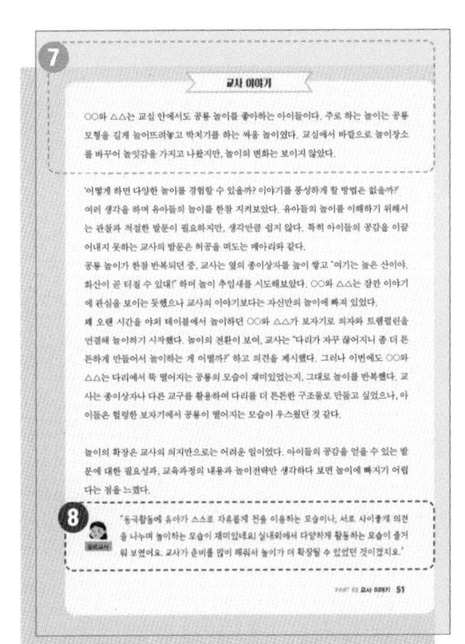

7

교사 이야기

○○와 △△는 교실 안에서도 공룡 놀이를 좋아하는 아이들이다. 주로 하는 놀이는 공룡 모형을 길게 늘어뜨려놓고 박치기를 하는 싸움 놀이였다. 교실에서 바깥으로 놀이장소를 바꾸어 놀잇감을 가지고 나왔지만, 놀이의 변화는 보이지 않았다.

'어떻게 하면 다양한 놀이를 경험할 수 있을까? 이야기를 풍성하게 할 방법은 없을까?' 여러 생각을 하며 유아들의 놀이를 한참 지켜보았다. 유아들의 놀이를 이해하기 위해서는 관찰과 적절한 발문이 필요하지만, 생각만큼 쉽지 않다. 특히 아이들의 공감을 이끌어내지 못하는 교사의 발문은 허공을 떠도는 메아리와 같다.
공룡 놀이가 한참 반복되던 중, 교사는 옆의 종이상자를 높이 쌓고 "여기는 높은 산이야. 화산이 곧 터질 수 있대!" 하며 놀이 추임새를 시도해보았다. ○○와 △△는 잠깐 이야기에 관심을 보이는 듯했으나 교사의 이야기보다는 자신만의 놀이에 빠져 있었다.
꽤 오랜 시간을 야외 테이블에서 놀이하던 ○○와 △△가 보자기로 의자와 트램펄린을 연결해 놀이하기 시작했다. 놀이의 전환이 보여, 교사는 "다리가 자꾸 끊어지니 좀 더 튼튼하게 만들어서 놀이하는 게 어떨까?" 하고 의견을 제시했다. 그러나 이번에도 ○○와 △△는 다리에서 뚝 떨어지는 공룡의 모습이 재미있었는지, 그대로 놀이를 반복했다. 교사는 종이상자나 다른 교구를 활용하여 다리를 더 튼튼한 구조물로 만들고 싶었으나, 아이들은 헐렁한 보자기에서 공룡이 떨어지는 모습이 우스웠던 것 같다.

놀이의 확장은 교사의 의지만으로는 어려운 일이었다. 아이들의 공감을 얻을 수 있는 발문에 대한 필요성과, 교육과정의 내용과 놀이전략만 생각하다 보면 놀이에 빠지기 어렵다는 점을 느꼈다.

8

동료교사

"동극활동에 유아가 스스로 자유롭게 천을 이용하는 모습이나, 서로 사이좋게 의견을 나누며 놀이하는 모습이 재미있네요! 실내외에서 다양하게 활동하는 모습이 즐거워 보였어요. 교사가 준비를 많이 해줘서 놀이가 더 확장될 수 있었던 것이겠지요."

PART 02 교사 이야기 51

7

교사가 유아들의 놀이 확장을 지켜보며 느낀 점, 놀이 확장을 도우려 시도하며 생각한 점, 유아들의 반응을 보며 깨달은 점 등을 별도로 정리해, 놀이를 열어둘 때부터 끝맺음할 때까지 교사의 소감을 자세히 수록했습니다.

8

실제로 교사 모임에서 해당 놀이를 놀이실행안 형태로 사진과 함께 발표했을 때 받았던 동료교사 의 피드백을 정리해, 교사의 관점에서 주목할 만한 포인트가 무엇인지 한 번 더 짚었습니다.

목 차

PART 2 비구조화 놀잇감으로 보자기 놀이에 빠진 유아들

PART 3 비구조화 놀잇감으로 상자 놀이에 빠진 유아들

PART 4 비구조화 놀잇감으로 자연물 놀이에 빠진 유아들

PART 5 비구조화 놀잇감으로 줄 놀이에 빠진 유아들

PART

6 비구조화 놀잇감으로 그 밖의 놀이에 빠진 유아들

PART 1

유아중심·놀이중심 교육과정을 맞이하는 우리의 자세

01

'놀이'에 대한 생각의 변화

: <놀이에 빠진 유아교육 교사공동체> 참여 전 vs 참여 후

2019 개정 누리과정 이후로 교육과정이 유아중심 · 놀이중심 교육과정으로 바뀐다는 소식을 듣고 교사들은 고민에 빠졌다. 우리는 원래 유아중심 · 놀이중심 활동을 항상 하고 있었는데, 우리가 하던 놀이와 달라지는 것일까? 이제 놀이할 때 많은 것을 바꿔야 할까? 아니면 지금까지 했던 놀이를 그대로 하면 되는 것일까? 이 문제를 해결하기 위해 '놀이'가 무엇인지에 대한 확인이 필요했다.

그래서 우리는 강원교육연구회 〈놀이에 빠진 유아교육 교사공동체〉를 시작하며 각자 생각하는 놀이에 대해 이야기해보았다.

가. 교사공동체 참여 전, 유치원에서의 '놀이'에 대한 생각

- 2019. 3. 28. 첫 모임 협의록에서 발췌

유미열 선생님

저희 반 아이들은 때때로 유치원 자유선택활동시간에 신나게 놀이를 하면서도 "선생님, 이제 언제 놀아요?"라고 교사인 제게 묻곤 했습니다. 저는 교사로서 교실의 모든 영역에서 행해지는 놀이를 통해 유아의 총체적 발달을 발현할 수 있음을 기대했어요. 그런데 기대와 달리 교사의 눈치를 보며 놀이를 흉내 내거나 수동적으로 놀이하는 아이들을 발견했고, '우리 교실에서의 놀이가 과연 진짜 놀이일까?'라는 의심을 갖게 되었습니다. 저는 '교육적인 놀이'와 '놀이를 활용한 교육' 등 놀이를 꾸미는 여러 말을 생각해보며 '놀이 그대로가 교육'임을 확신하게 되었고, 이를 연구회 활동을 통해 확인하고 또 증명하고 싶었습니다.

이상희 선생님

그동안 저는 교사가 주도하는 활동도 유아가 즐거워하면 놀이라고 생각했어요. 자유선택활동 시간에 유아 혼자 놀면 '왜 혼자 놀까?'라고 걱정했고, 유아들끼리 한 영역에서 오랜 시간 놀면 '친한 유아들끼리만 너무 몰려다니는 것 아닌가?'라는 걱정을 했어요. 그래서 혼자 놀고 있는 유아가 있으면 교사로서 방임하는 것 같아, 함께 놀아줄 친구를 찾아주거나 교사가 함께 놀아주었고요. 또, 놀이에 대해 단순하게 '유아가 즐거움만을 느끼는 것'이라고 생각했어요.

이수연 선생님

저는 기존에 하고 있던 수업(놀이)과 크게 다르지 않다고 느꼈어요. 지금 제가 하고 있는 수업은 놀이형태로 즐겁게 이루어지고 있다고 생각하거든요.

이은희 선생님

음… 저는 아직 개념을 잡기가 힘들어요. 우선 떠오르는 대로 그냥 말하자면 유치원에서의 놀이란, 유치원의 질서와 규칙 속에서 유아가 여러 가지 놀잇감을 가지고 친구와 함께 즐기는 것이라고 생각해요.

이호필 선생님

제가 생각하는 놀이는 '아이들이 친구와 뛰거나 소리를 지르고 몸을 움직이며 즐거워하는 것'이에요. 이때 저는 교사로서 아이들이 의미 있는 놀이를 할 수 있도록 뭔가를 준비해주고, 확장할 수 있도록 주도해서 놀이를 이끌어주었어요.

정정화 선생님

우리는 교사니까 아이들에게 뭔가 더 교육적인 놀이, 의미 있는 놀이를 제공해야 할 것 같은 부담과 고민이 항상 있었어요. 그래서 교사의 적극적인 개입이 있고, 교육적 효과가 기대되는 놀이를 선호했어요.

지유나 선생님

교육경력이 많지 않아 놀이에 대해 명확하게 개념을 내리기는 힘들지만, '(생활)주제를 중심으로 유아들이 다양한 지식이나 기능 등을 습득할 수 있도록 교사가 통합적인 경험을 제공하는 것'이 놀이라고 생각합니다.

최유선 선생님

아이들은 항상 놀자고 하면 가장 좋아하잖아요. 실내든 실외든…. 놀이는 유아가 가장 좋아하고, 즐겁게 할 수 있는 모든 활동이라고 생각해요.

최영미 선생님

제가 생각하는 놀이는 이래요. '유아에게 어느 정도 자율성을 주되, 누리과정에 근거한 놀이를 할 수 있도록 교사가 제안해주거나 교사가 참여하고 중재해야 하는 것'이 제대로 된 놀이라고 생각해요. 마냥 유아들을 풀어놓고 놀게 하는 것은 방치이고, 교사로서의 역할을 제대로 못 하고 있는 거라는 생각이 들었거든요. 교사가 놀이상황을 중재하지 못하면, 교실 속에서 크고 작은 사건들이 벌어진다는 점도 두려웠어요.

나. 유아주도 놀이에 대해 생각하게 된 배경

〈놀이에 빠진 유아교육 교사공동체〉에서 유아주도 놀이를 강조하게 된 이유를

Ⅰ. 누리과정 개정 배경 및 방향

5. 국제 동향

1) UN 아동권리협약(Convention on the Rights of the Child)

유엔아동권리협약

생존	생존의 권리 RIGHT TO SURVIVAL 적절한 생활수준을 누릴 권리, 안전한 주거지에서 살아갈 권리, 충분한 영양을 섭취하고 기본적인 보건서비스를 받을 권리 등, 기본적인 삶을 누리는 데 필요한 권리
보호	보호의 권리 RIGHT TO PROTECTION 모든 형태의 학대와 방임, 차별, 폭력, 고문, 징집, 부당한 형사처벌, 과도한 노동, 약물과 성폭력 등 어린이에게 유해한 것으로부터 보호받을 권리
발달	발달의 권리 RIGHT TO DEVELOPMENT 잠재능력을 최대한 발휘하는 데 필요한 권리, 교육받을 권리, 여가를 즐길 권리, 문화생활을 하고 정보를 얻을 권리, 생각과 양심과 종교의 자유를 누릴 수 있는 권리 등
참여	참여의 권리 RIGHT TO PARTICIPATION 자신의 생활에 영향을 주는 일에 대해 의견을 말하고 존중 받을 권리, 표현의 자유, 양심과 종교의 자유, 평화로운 방법으로 모임을 자유롭게 열 수 있는 권리, 사생활을 보호받을 권리, 유익한 정보를 얻을 권리 등

출처 : 유니세프 코리아, 유엔아동권리협약 https://www.unicef.or.kr/child-rights/outline.asp (2019. 9. 20. 인출)

▲ ⓒ 교육부 · 보건복지부 · 육아정책연구소, 「2019 개정 누리과정 교사 연수 자료」, 교육부, 2019년 11월, 11쪽

2019 개정 누리과정 교사 연수 '누리과정 개정 방향과 고시문 이해[1]' 부문에서 발췌해보겠다. 이 연수 자료에서는 누리과정 개정 방향에서 유아주도 놀이에 대해 다음과 같이 설명하고 있다.

2019 개정 누리과정은 개정 방향 설정 시 국제적 동향을 고려했다.

첫 번째로, UN 아동권리협약을 살펴보면 40가지 아동의 권리를 생존, 보호, 발달, 참여의 권리 4가지로 정리하고 있다. 생존과 보호의 권리는 기본적인 삶을 위한 것이고, 그동안 유아교육에서 발달에 초점을 맞추어왔다면, 이제는 유

1. 교육부 · 보건복지부 · 육아정책연구소, 「2019 개정 누리과정 교사 연수 자료」, 교육부, 2019년 11월

아의 참여의 권리에도 주목해야 할 필요가 있다. 참여의 권리는 '자신의 생활에 영향을 주는 일에 대한 의견을 말하고 존중 받을 권리'라고 설명하고 있다.

이를 유아교육에 적용해보면, 유아들은 유치원에서 놀이할 때 자신의 의사를 자유롭게 표현하고, 교사는 유아들의 목소리에 귀를 기울여 유아들이 주도적으로 놀 수 있도록 지원해야 함을 의미한다.

▲ ⓒ 교육부 · 보건복지부 · 육아정책연구소, 「2019 개정 누리과정 교사 연수 자료」, 교육부, 2019년 11월, 12쪽

두 번째, UN의 지속가능발전 목표를 살펴보겠다. UN은 지속가능발전 목표를 17가지로 제시하고 있는데, 그중 4번째는 '교육의 질'에 관한 것이다. 그 내용을 보면 현 정부가 표방하고 있는 '포용'과 '양질의 교육'을 언급하고 있다. 4.2는 유아교육에 관한 것이고, 4.2의 목표는 '질 높은 유아교육에의 동등한 접근성'이다. 본 목표의 달성 정도를 확인하기 위해 성과 지표 중 첫 번째 지표를 보면

건강, 학습 이외에 '사회 심리적 안녕'도 제시하고 있다.

2019 개정 누리과정은 유아의 사회 심리적 안녕도 고려하여 유아중심, 놀이중심으로 개정되었다.

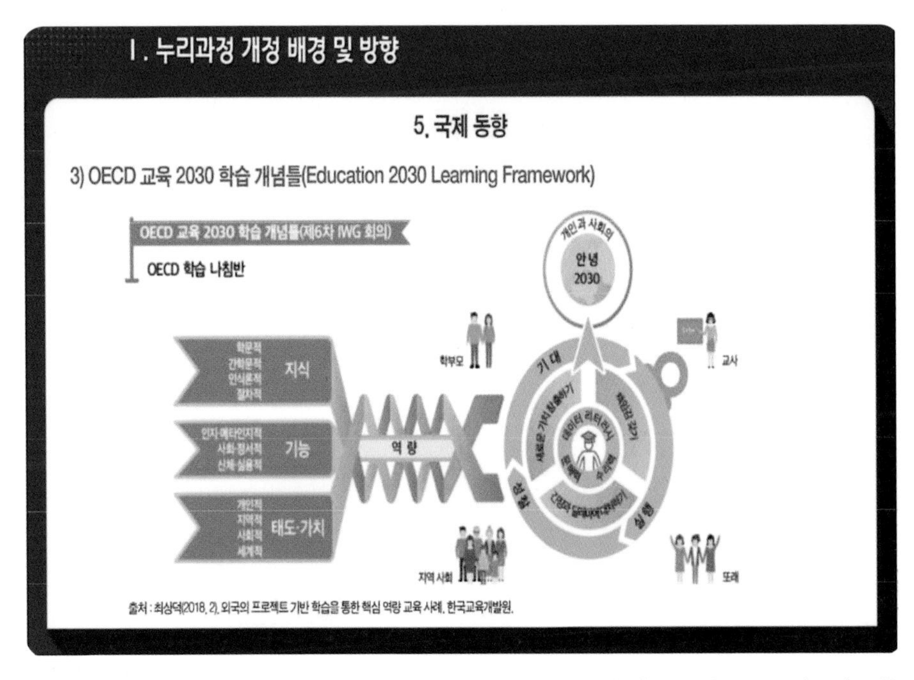

▲ ⓒ 교육부 · 보건복지부 · 육아정책연구소, 「2019 개정 누리과정 교사 연수 자료」, 교육부, 2019년 11월, 13쪽

세 번째, OECD의 교육 2030 학습 개념을 살펴보겠다. OECD에서는 급변하는 사회에서 필요한 인재 양성을 위해서는 기존의 방식에서 벗어난 새로운 학습방법을 적용해야 한다고 보았다. 이러한 학습 개념 틀에 의하면, 지식, 기능, 태도와 가치가 내재된 역량은 배움의 목적이 아니라 수단이며, 배움의 궁극적인 목적은 개인과 사회의 안녕이다. 이러한 목적을 달성하기 위해서는 기존의 지침이나 교사의 지시에 따르기보다 학습자 주도적으로 탐색하고 방향을 찾아나가야 한다. 그 과정에서 학부모, 교사, 또래, 지역사회와의 협력을 중시한다.

이것을 유아교육에 적용해보면, 유치원과 어린이집에서 유아가 주도적으로 놀이하며 배우는 것을 중시해야 하며, 주변에서는 이를 지원하기 위해 협력해야 함을 의미한다[2].

위와 같은 연수 자료에 근거하여 우리 〈놀이에 빠진 유아교육 교사공동체〉는 유아의 '자신의 생활에 영향을 주는 일에 대한 의견을 말하고 존중받을 권리'인 참여의 권리를 존중하고자, 유아주도 놀이를 강조하게 되었다.

또한 UN의 지속가능발전 목표에서 목표를 실현하기 위해 건강, 학습 이외에 '사회 심리적 안녕'을 제시하는 것을 인지하게 되었고 놀이를 통해 '사회 심리적 안녕' 즉 행복감을 형성할 수 있을 것이라 생각하게 되었다.

또한 우리들은 다가오는 인공지능시대에 교육의 패러다임의 변화를 유아교육에 적용한다면 놀이의 변화가 절실히 필요함을 인지했다. 앞서 자료에서 언급한 것과 같이 지식, 기능, 태도와 가치가 내재된 역량은 배움의 목적이 아니라 수단이며, 배움의 궁극적인 목적은 개인과 사회의 안녕이다. 이에 "유아는 놀이를 주도적으로 탐색하고 방향을 찾아나가야 한다"라는 의견에 적극 동의하며, 그 과정에서 유아교육 공동체의 협력이 필요하다고 인지했고 이에 〈놀이에 빠진 유아교육 교사공동체〉를 구성하여 함께 협력하고자 했다.

다. 비구조화 놀잇감에 대해 생각하게 된 배경

"오늘 소개해줄 새로운 놀잇감은…."

대부분의 유치원에서는 매주 월요일이 되거나 새로운 생활주제가 시작되면, 교사가 미리 준비한 '새로운 놀잇감'을 유아들에게 소개해주고, 유아들은 제공된 놀이에 즐겁게 참여하고 있다. 유치원에서는 유아들이 놀이 또는 활동할 때

2. 교육부 · 보건복지부 · 육아정책연구소, 「2019 개정 누리과정 교사 연수 자료」, 교육부, 2019년 11월, 10쪽-13쪽

사용하는 놀잇감을 교재·교구라고 칭하며, 유아들에게 제공해줄 때 '놀잇감'이라는 용어로 부른다. 사전적 의미를 살펴보면 교재는 '가르치거나 학습하는 데 쓰이는 여러 가지 재료'를 뜻하고, 교구는 '학습을 효과적으로 지도하기 위하여 사용하는 온갖 도구로서 도서·지도·모형'을 일컫는다[3]. 교육활동에 활용되는 매체는 교재, 교구, 설비 등과 같은 여러 가지 용어로 분류되어 사용된다. 특히 현장에서 교재와 교구, 교구와 설비는 때로는 같은 의미로 사용되고, 때로는 구분하여 사용된다(장민영, 2012).

실제 유치원 교실을 들여다보면 유아들이 쌓기·언어·미술·음률·과학·역할 영역 등으로 구분된 교실 영역에 소집단 또는 그보다 큰 규모로 교재·교구로 활동을 하고 있는 모습을 볼 수 있다. 하지만 앞서 기술한 교재·교구의 개념과 같이 교실에 제공된 많은 교재·교구는 교사의 교육을 돕는 보조자료로서의 의미가 강하므로 유아의 '놀이', '온전한 놀이'를 위한 '놀잇감'으로 설명하기에는 부족하다. 게다가 핵가족화, 맞벌이 부부 및 여성 사회참여 증가, 저출산 등의 사회적 변화로 인하여 같이 놀아줄 수 있는 부모, 형제, 또래 등 인적 놀이 대상이 점점 줄어들면서[4] 인적 놀이 대상을 대신한 상품화된 놀잇감이 유아들에게 익숙한 놀이 대상이 되었다. 그 결과, 놀이의 중심이 유아가 아닌 교재·교구가 되고 있다.

현장의 교사들은 또한 놀잇감과 교재·교구를 혼용하여 생각하며, 교재·교구를 활용한 활동을 '놀이'라고 여겨 좀 더 새롭고 매력적인 교재·교구를 찾는 데 많은 시간과 비용을 투자한다. 초기 〈놀이에 빠진 유아교육 교사공동체〉의 교사들, 즉 〈놀이에 빠진 교사들〉도 놀이 확장에서 가장 어려운 점의 첫 번째는 '놀이 확장을 위한 교구 또는 재료를 준비하는 것'이라고 했다. 교재·교구는 대부분 활용방법이 안내되어 있고, 교사는 유아에게 제공해줄 때 방법을 친

3. 표준국어대사전 참조
4. 정선·최인숙·안연경, 2008

절하게 안내해주어야 하므로 대부분 활용방법이 정해져 있다. 교사가 방법을 안내하지 않더라도 이미 많은 유아들은 유사한 교재 · 교구를 사용해보았기에 활용방법을 잘 알고 있다. 이러한 사실을 통해 정형화된 교재 · 교구는 놀잇감으로 사용하기에 부족함을 알 수 있다.

처음 놀이를 할 때 교재 · 교구를 제공하는 것에 어려움을 느꼈던 〈놀이에 빠진 유아교육 교사공동체〉의 교사들은, 대화를 통해 유치원에서의 놀이의 의미와 진정한 놀이의 본질을 찾고자 했다. 이를 도출해내기 위해 브레인스토밍 방법을 활용하여 '놀이'에 대해 어떤 생각을 갖고 있는지 확인했다. 그 결과 교사들은 숲 놀이, 전래놀이, 장난감 없는 날, 바깥놀이, 비형식적 놀이, 책과 연결된 역할놀이 등을 이야기했다. 교사들 역시 유치원 교실에서 교재 · 교구를 활용한 정형화된 놀이에 대한 불만과 개선 필요성을 느끼고 있었던 것이다.

본 모임의 교사들은 교육적 효과를 위한 교재 · 교구가 아닌, 유아가 주도가 되어 놀잇감에 생명을 불어넣을 수 있으면서 주변에서 쉽게 활용할 수 있는 놀잇감을 찾았다. 〈놀이에 빠진 교사들〉의 '비구조화 놀잇감'이란 유아가 오감을 활용하여 주변세계를 탐색해갈 수 있는 모든 자료이다.

사실 교재 · 교구나 상업화된 놀잇감 또한 비(非)구조화 놀잇감으로 활용할 수 있다. 하지만 이미 유아들이 경험하고 있는 교재 · 교구의 경우 교육적으로 강한 의미를 내포하고 있고, 유아들 또한 활용방법을 알고 있어서 유아가 주도하여 의미를 부여하거나 확장하기 쉽지 않다. 따라서 놀이에 빠진 유아교육 교사공동체의 교사들은 상업화되지 않은 놀잇감을 찾았고, 그 결과 보자기 · 상자 · 자연물 · 줄을 선택했으며 우유갑 · 플라스틱 등을 비구조화 놀잇감의 범주에 포함하기로 했다.

라. 교사공동체 참여 후, 유치원에서의 '놀이'에 대한 생각

-2019. 11. 29. 마지막 모임 협의록에서 발췌

1년 동안 놀이 활동을 진행하고 나서 한 해를 돌아보며, 처음 모임 때 나누었던 놀이에 대한 생각과 지금 가지고 있는 놀이에 대한 생각이 어떻게 달라졌는지 이야기해보았다. 3월 처음 모임에서는 놀이에 대한 부담으로 인해 걱정이 많았고 형식과 질서가 있는 놀이를 선호했으며 놀이에서 교육적 의미를 찾으려고 했던 모습을 보였다. 그러나 11월 모임에서 교사들은 유아주도 놀이를 자연스럽게 받아들이며, 유아와 함께 놀이하는 데 즐거움을 느낄 줄 아는 모습으로 변했다.

유미열 선생님

지금껏 저의 교육에 대한 철학, 신념이 '장님 코끼리 만지는 격'이었다고 느꼈습니다. 부족하지만 올 한 해 동안, 아이들은 놀이를 통해 교사가 생각하는 바 이상을 경험하며 성장하고 있음을 확인했어요. '유아의 놀이'를 바라보는 교사의 관점의 중요성도 깨달았습니다. 또한 교사는 아이들을 가르치는 사람이라는 생각에서 벗어나, 교사란 조금 더 많이 살았을 뿐인 놀이 친구이자 놀이 조력자이며 놀이 협력자임을 놀이실천을 통해 인식하게 되었고, 유아들의 놀이 자체가 교육임을 확인했습니다.

이상희 선생님

유아에게 놀이의 자율성을 주고 유아를 관찰한 후 알게 된 사실이 있어요. 유아는 스스로 선택한 놀이에 더 잘 몰입하고, 몰입을 하면서 즐거움을 찾고 성취감을 느낀다는 것이었어요. 그래서 혼자 놀이를 하든, 친구와 함께 놀이를 하든 스스로 선택한 놀이에서는 자기 주도적으로 놀이를 이끌어가는 능력이 발현되지요. 서로 마음이 맞은 친구와 함께 놀이를 하다 다투게 된 일을 해결하는 데

있어서도, 타협해야 할 것인지 양보해야 할 것인지를 유아 스스로 사회적 기술을 활용해 결정하고 있음을 알게 되었어요. 그래서 유치원의 유아중심 놀이는 유아의 전인발달을 위한 필요조건임을 다시 한 번 느꼈어요.

이수연 선생님

제가 생각하는 놀이는 '유아와 교사 모두가 즐거운 것'이었습니다. 그동안 제가 했던 수업은 놀이의 탈을 쓴 주입식 수업과 다르지 않았던 것 같습니다. 자기의 생각을 존중받고 표현하고 느낌을 나누는 놀이가 아이들을 자라게 한다는 것을 크게 느낀 한 해였습니다.

이은희 선생님

유치원에서 아이들에게 "자유롭게 놀아."라고 이야기하면서 "너무 소란스럽다.", "너무 뛰어다닌다.", "다른 놀이도 해보렴."이라고 했어요. 그런데 아이들과 놀아보니 재미있으면 소란스러워지고, 움직임이 많아야 더 즐겁고, 놀이에 몰입해야 훨씬 즐겁다는 것을 느꼈어요. 그래서, 저는 시끄럽고 움직임이 많고 오래 지속될수록 진짜 즐거운 놀이라고 생각해요.

이호필 선생님

기존에도 놀이를 해왔지만, 올 한 해는 놀이에 대해 더 많이 생각하는 한 해였어요. 교사가 아이들이 하는 놀이를 인정하고 허용해주는 것, 아이들은 놀면서 자유롭게 필요한 것을 찾아오고 교사에게 요구하는 것, 놀던 상황 그대로를 보존해주는 것, 교사가 같이 놀이하는 것, 놀이를 관찰하고 기록하면서 놀이의 의미를 읽고 지원자의 역할을 하면서 우리 반 아이들과 함께 성장하고 행복했던 것… 이런 순간들에서 놀이에 대한 큰 변화를 느꼈다고 생각합니다.

정정화 선생님

아이들은 제가 제공하고 만들어주는 놀이보다, 자기들이 스스로 만들어가는 놀이를 좋아하더군요. 자신들의 놀이에 오랫동안 참여하고 즐거워하며, 문제가 생겨도 스스로 답을 찾았고요. 아이들이 스스로 찾고 즐기는 놀이는, 아이들을 더욱 건강하게 성장시키는 영양제 같다는 생각이 들었어요.

지유나 선생님

유아들이 놀이를 통해 스스로 자신의 경험을 넓히고, 호기심을 해결하고, 새로운 것을 발견하기 위해 도전하고 시도하는 것을 보게 되었어요. 1년 동안 놀이 활동을 하면서 놀이의 긍정적인 효과에 대해 알게 되고, 놀이에 대해 자신감이 생기게 되어 좋았습니다.

최영미 선생님

놀이가 중요하다는 것은 알고 있었지만, 유아가 주도적으로 놀이를 하고 교사는 함께 놀이하거나 관찰하는 형태에 대해 '교사가 유아를 방치하고 있다'라고 생각했던 것 같아요. 1년 동안 유아와 함께 놀이하고 유아의 의견에 집중하고 유아를 관찰하자, 유아가 원하는 놀이가 무엇인지 알 수 있었어요. 그리고 유아 주도로 놀이할 때 유아가 훨씬 즐겁게 놀이하고, 놀이가 끝난 후에도 아쉬워하지 않는다는 것을 알 수 있었어요.

최유선 선생님

말로는 유아에게 자율성을 주는 놀이를 지향하고자 한다고 했지만, 놀이주제가 있는 경우 교사가 의도한 쪽으로 흘러가지 않으면 처음 의도대로 놀이를 유도하기 바빴던 것 같아요. 그건 진정한 유아놀이가 아니라 교사주도의 놀이였다는 생각이 들어요. 유아의 놀이를 있는 그대로 인정해주고, 교사의 의도와 상관없는 놀이로 흘러가더라도 그 자체로 당연하게 받아들일 수 있는 열린 놀이가 될 수 있도록 하는 자세를 갖춰야 '진정한 놀이'라는 생각이 들었습니다. 때론 유아들이 엉뚱한 생각과 행동들로 교사를 당황스럽게 하고 교실이 난장판이 될지라도 말이죠.

<놀이에 빠진 유아교육 교사공동체> 교사들의 '유치원에서의 놀이'에 대한 생각 변화

▼ 3월 첫 모임		▼ 11월 마지막 모임
• 교육을 위한 놀이		• 놀이 자체가 교육
• 교사주도 놀이		• 유아의 생각이 존중되는 놀이
• 질서 있는 놀이		• 시끄럽고 소란스럽고 오래 지속되는 놀이
• 의미 있는 놀이	놀	• 포용력 있고 자유로운 놀이
• 교사의 개입이 있는 교육적 놀이	이	• 스스로 찾고 즐기는 놀이
• 교사가 통합적 경험을 제공하는 놀이		• 유아 스스로 발견하고 도전하는 놀이
• 유치원에서의 모든 활동		• 유아가 원하고 즐거움을 느끼는 활동
• 교사의 참여와 중재가 있는 놀이		• 있는 그대로의 유아의 놀이

02

'교사의 놀이 지원'에 대한 생각

2020학년도 교육과정을 준비하는 시점에서 교사의 놀이 지원에 대한 생각 정리도 꼭 필요했다. 이에 '2020학년도 강원도 유치원 교육과정편성 · 운영지침'에서는 유아의 놀이를 관찰 및 기록하고 유아의 놀이를 지원하고, 유아의 놀이 속에서 배움을 들여다보는 평가의 과정을 거쳐 놀이환경 구성을 고민하는 선순환 구조를 제시했다. 이를 바탕으로, 앞서 정리한 놀이에 대한 생각에 이어서 우리가 생각하는 2019 개정 누리과정 속 교사의 놀이 지원에 대해 이야기해보았다.

유미열 선생님

제가 생각하는 놀이중심 교육과정에서 교사는 유아의 유능성을 인정해주고, 유아와 함께 놀이하며 놀이 속에서 놀이경험의 의미를 찾아야 합니다. 유아는 미성숙한 존재가 아닌 현재를 살아가는 민주시민임을 인정하고, 유아의 생각과 경험을 존중해주고, 함께 놀이하며 유아의 놀이를 이해하고 공유할 수 있어야 한다고 생각합니다. 또한 교사는 유아의 놀이를 관찰하고 기록하며, 교육과정과의 연계를 넘어서 유아의 삶과 연결 지을 수 있는 전문가의 역할도 해야 할 것입니다.

이상희 선생님

제 생각도 비슷해요. 유아가 선택한 놀이를 인정하고 지지해주는 교사, 유아의 잠재적 능력을 발견하기 위한 관찰하는 교사, 유아의 놀이 시작 – 놀이 과정 – 놀이 확장의 과정을 기록하는 교사가 되어야 한다고 생각해요. 그리고 유아의 확산적 사고를 일으키는 놀잇감, 운동장, 숲, 교실환경 등 흥미로운 놀이환경을 제공해주어 유아의 확산적 사고를 일으키는 것도 중요한 역할이겠죠.

이수연 선생님

아이들을 이해할 수 있는 힘이 있는 선생님이 되어야 한다고 생각해요. 놀이를 수용하고 지지해주고 지원할 수 있는 역할의 시작은, 아이들 눈높이에서 바라볼 수 있는 자세가 기본이라고 생각합니다.

이은희 선생님

교사도 놀아봐야 한다고 생각해요. 유아와 놀아주는 것이 아니라 놀이 참여자로서 함께 참여할 때 교사도 즐거움을 느꼈고, 유아의 놀이를 인정하게 되었던 것 같아요. 함께 놀다 보면 소란스러움도 포용하게 되고, 유아의 놀이를 관찰하고 놀이의 의미도 읽게 되더군요. 교사가 놀이의 즐거움과 몰입을 의미 있게 읽어주어야, 유아의 발달과 행복이 따라오는 것 같아요.

이호필 선생님

유아의 놀이를 관찰하기만 할 때는 진짜 놀이를 이해할 수 없었던 것 같아요. 제가 직접 놀이 속에 들어가 함께 놀 때, 놀이의 즐거움을 느낄 수 있었어요. 유아와 함께 놀며 놀이의 의미(자유로움, 자발적 참여, 즐거움)를 이해하고 놀면서, 배움이 일어나는 과정을 기록하고 지원자로서 유아와 함께 성장해나가는 것이 교사의 역할이라고 생각해요.

정정화 선생님

먼저, 교사는 아이들의 목소리에 귀 기울여주어야 해요. 아이들이 놀이를 하며 하는 이야기에 귀를 기울일 때 아이들이 현재 관심을 가지고 있는 것이 무엇인지, 고민이 무엇인지, 그리고 어떤 도움과 지원을 해야 하는지 알 수 있었어요. 그리고 어떤 문제(친구 사이의 갈등, 질서와 안전 문제, 소란스러움, 기본생활 습관 문제 등)가 생겼을 때 무조건 교사가 도와주기보다는 아이들을 믿고 기다려주면, 아이들 스스로 잘 해결했어요. 그래서 저는 교사에게 아이들을 믿고 기다려주는 역할도 꼭 필요한 것 같아요.

지유나 선생님

놀이는 유아들이 가정이나 놀이터, 키즈카페 등 다양한 장소에서 할 수 있는 자연스럽고 당연한 것이지만, 놀이가 교육과정 안에서 의미 있게 진행되기 위해서는 교사의 '관찰자'와 '비계 설정자[5]'의 역할이 중요하다고 생각합니다. 유아들의 놀이를 이해하기 위해 깊게 관찰해보기도 하고, 함께 참여하기도 하면서 그 안에서 놀이의 의미를 찾아보기도 하고, 유아에게 필요한 것이 무엇인지 고민해보며 지원해주는 역할이 중요한 것 같네요.

최영미 선생님

저도 다른 선생님들과 비슷한 생각이에요. 유아의 놀이 안에 들어가 함께 놀고, 유아의 놀이를 관찰하며 필요한 것을 지원해주는 교사가 되어야 한다고 생각해요. 먼발치에서 유아의 놀이를 볼 때에는 보이지 않던 것들이, 유아의 놀이 안으로 들어가면 하나둘씩 보이기 시작하더군요.

유아는 놀이를 하면서 놀이가 확장되기 위해 필요한 것들이 수시로 생기는

5. 구성주의 학자 비고츠키(Vygotsky)는 학습자가 근접발달영역으로 이동할 수 있도록 돕는 사회적 상호작용, 촉진, 조력을 '비계'라는 용어로 설명하고 있다.

데, 이를 적극적으로 요청하는 유아도 있지만, 그냥 포기하는 유아도 있더라고요. 이때 교사는 유아의 놀이 확장을 위해 적절히 개입해 언어나 놀잇감, 재료 등을 제공해주는 역할을 해야 한다고 생각합니다.

최유선 선생님

우리 유치원 유아들은 놀이를 하면서 저에게 끊임없이 많은 것을 요구해요.

"박스에 구멍을 뚫어주세요.", "선생님! 이리로 와서 손님 해주세요.", "여기 메뉴판에 글씨 좀 써주세요.", "밖으로 나가서 돌멩이 같이 주워봐요.", "플라스틱 그릇 좀 많이 주워다주세요.", "그 큰 상자랑 뽁뽁이, 버리지 말고 저 주세요!"

저는 유아에게 늘 무엇인가 교육적인 것을 제공해주는 것이 바람직한 교사의 역할이라고 생각했는데, 일 년간의 유아주도 놀이를 통해 생각의 틀을 완전히 바꾸게 되었어요. 유아들에게는 교사가 아닌, 그냥 어른 친구가 필요해요. 유아들이 필요로 하는 재료를 제때 충분히 제공해주고, 역할에 참여하길 원하면 함께 그 놀이 속에 들어가주고, 위험한 요소를 제거해주는 그저 '어른'인 친구가 되어야 한다고…. 참견이나 잔소리는 금물이고요.

그동안 '놀이 속에서 배운다'라는 그럴듯한 말에만 매달려, 유아들을 제가 만든 놀이 규칙 속에 맞추고, 위험하다는 핑계로 조금 과한 놀이도 받아주지 못한 것 같아요. 그때의 저에게 이렇게 말해주고 싶어요. 교사는 그냥, 유아보다 조금 더 성숙하고 힘센 어른 친구여야만 한다고.

〈놀이에 빠진 유아교육 교사공동체〉가 생각하는 교사의 놀이 지원
유아의 유능성을 인정하기
함께 놀이하기
놀이에서 의미 찾기
유아를 이해하기
놀이의 소란스러움을 인정하기
유아의 목소리에 귀 기울이기
유아를 믿고 기다리기
유아의 놀이를 환경적 · 언어적 · 정서적 지원하기
놀이재료 제공하기
'어른 친구' 되기

PART
2

비구조화 놀잇감으로 보자기 놀이에 빠진 유아들

01 나비랑 사마귀랑 공룡이랑

분 류 • 만 4~5세 • 교실, 바깥놀이터 • 소집단

준비물 소재(광목, 망사, 면, 린넨 등) 및 색깔이나 크기가 다양한 보자기, 공룡 모형, 각종 동물 모형, 동극 활동에 필요한 가면이나 머리띠 등

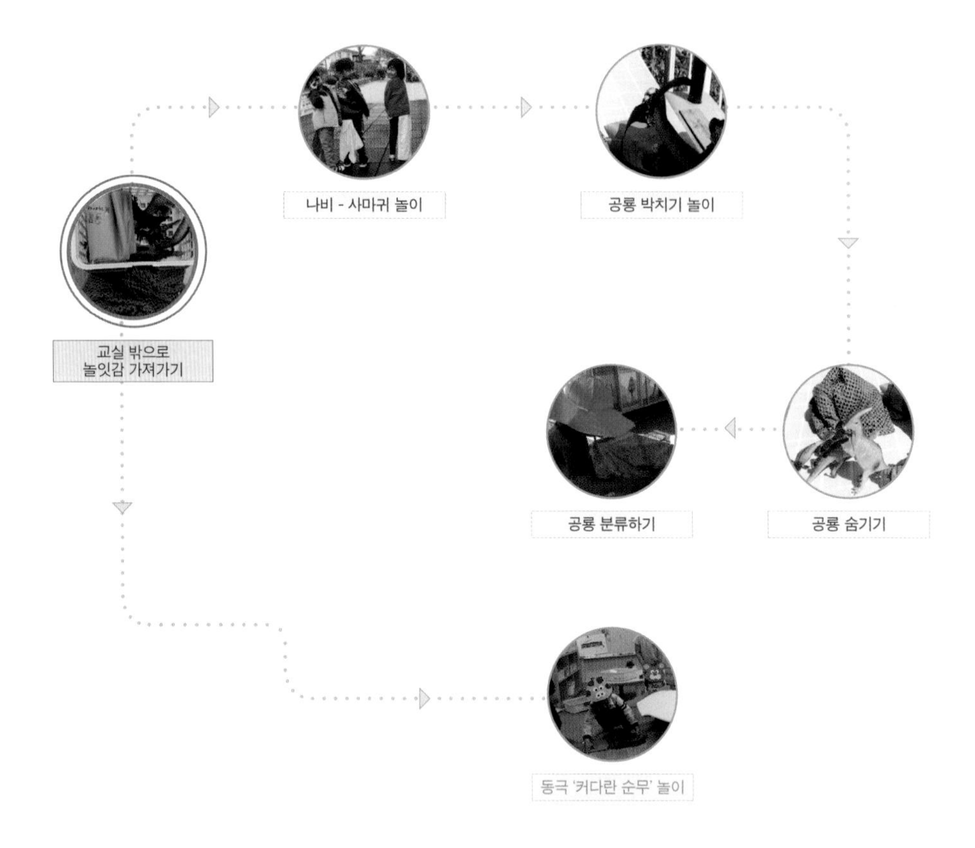

Tip 교사가 사전에 많은 보자기를 준비하여 환경을 구성하는 것도 좋지만, 놀이하는 과정 중에서 유아의 필요에 따라 종류를 다양하게 늘리거나 반대로 가짓수를 줄여 변화를 꾀하는 것도 좋겠지요.

여는 놀이

교실 밖으로 놀잇감 가져가기

'교실 안'에서 사용하는 놀잇감과 '교실 밖'에서 사용하는 놀잇감은 보통 나뉘어 있기 마련이다. 교사는 이제까지의 고정되었던 기준을 벗어나고자, 교실 안의 놀잇감을 밖으로 옮겨 놀이의 확장을 시도해보았다.

 "우리 교실에 있는 놀잇감 중 바깥에서 놀이하고 싶은 것들을 찾아볼까?"

 "보자기 가져가고 싶어요!"

 "공룡이요."

 "전에 했던 나비-사마귀 놀이 하고 싶어요."

교사는 놀이방법 등을 고를 때, 유아들이 참여할 수 있도록 기회를 충분히 제공해야 한다.

 "필요한 것은 선생님이 준비해줄게. 그럼 놀잇감은 어떻게 옮길까?"

 "우유카트에 담아서 가져가요!"

이어지는 놀이1

나비 – 사마귀 놀이

나비-사마귀 놀이를 위해 보자기를 고를 때, 사전에 놀이경험이 있었던 유아는 작은 천이 필요하다고 교사에게 제안했다.

 "어떤 보자기를 얼마나 가져가면 좋을까?"

 "나비-사마귀 놀이 하려면 바지 뒤에 들어갈 만큼 작아야 하는데."

 "내가 가져가고 싶은 보자기를 고를래요."

나비-사마귀 놀이는 사마귀(술래) 역할을 맡은 유아가 나비가 된 유아를 쫓아 바지 허리춤에 끼운 보자기를 빼는 놀이이다. 교사는 유아들이 놀이 방법을 스스로 정립하고 주도적으로 놀이를 할 수 있도록, 발문으로 유아의 생각을 촉진했다.

 "사마귀는 누가 할까?"

 "나비들은 어디까지 도망갈 수 있니?"

공룡 박치기 놀이 & 공룡 숨기기

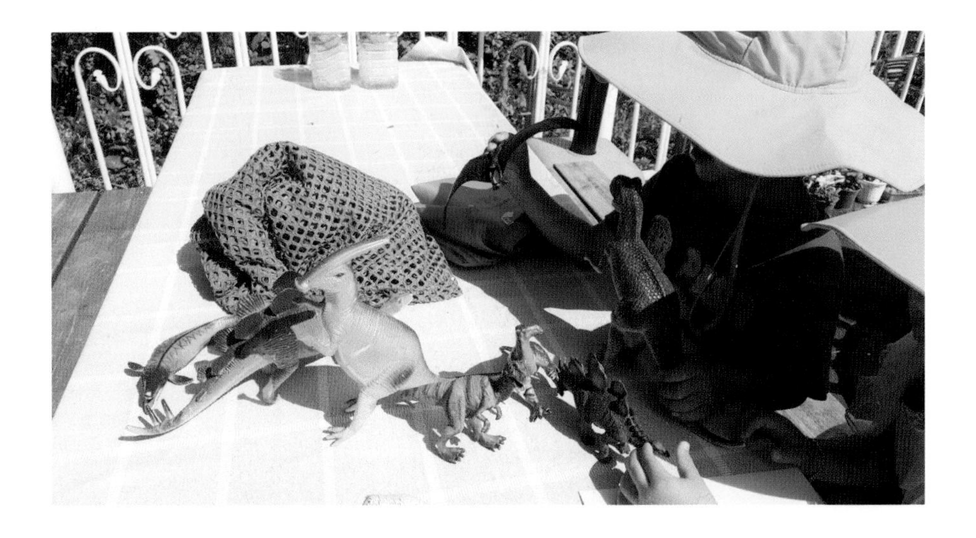

공룡 모형을 들고 온 ○○는 △△와 테이블에 앉아 공룡 모형끼리 단조롭게 머리를 부딪히며 박치기 놀이를 했다. 이에 교사는 유아의 놀이가 확장될 수 있도록 갈색 망사 천을 테이블에 넓게 깔아주었다.

 "이쪽은 넓은 사막이 펼쳐져 있대."

유아는 교사가 깔아준 사막 천의 모래 속에 공룡을 숨기며 이야기를 확장시켰다.

"티라노사우루스가 나타나자 공룡들은 모래 속에 숨었대."

"그런데, 그걸 프테라노돈이 발견해서 티라노사우루스에게 이야기해주었대."

"아…. 목말라…. 한참을 노니까 목이 마르네?"

"공룡들은 물을 마시러 갔어!"

상황에 맞는 교사의 언어적 자극은 유아의 놀이가 풍성해지도록 도와준다.

이어지는 놀이4

공룡 분류하기

○○와 △△의 놀이를 보고만 있던 □□가 파란색 천을 옆에 펼쳐주며 바다를 만들기 시작했다.

 "여기는 바다야, 바다! 바다에서 헤엄칠 수 있어?"

 "모사사우루스는 바다에서 헤엄칠 수 있지, 난 모사사우루스다."

친구와 교사의 추임새에 유아들은 바다와 육지, 서식지에 따라 공룡을 분류하기 시작했다.
보자기를 활용하여 놀이가 확산되는 장면을 본 교사는 좀 더 극적인 요소를 만들어 놀이 확장을 촉진하고 싶었다.

 "여기 높은 산이 있는데 화산이 폭발했나 봐! 용암이 흐르고 있어!"

그러나 유아들은 교사의 상황 제시에 흥미를 보이지 않았다. 교육을 위한 교사의 추임새가 유아의 놀이를 방해하기도 한다는 점을 깨달았다.

장소를 바꿔 이어지는 놀이

동극 '커다란 순무' 놀이

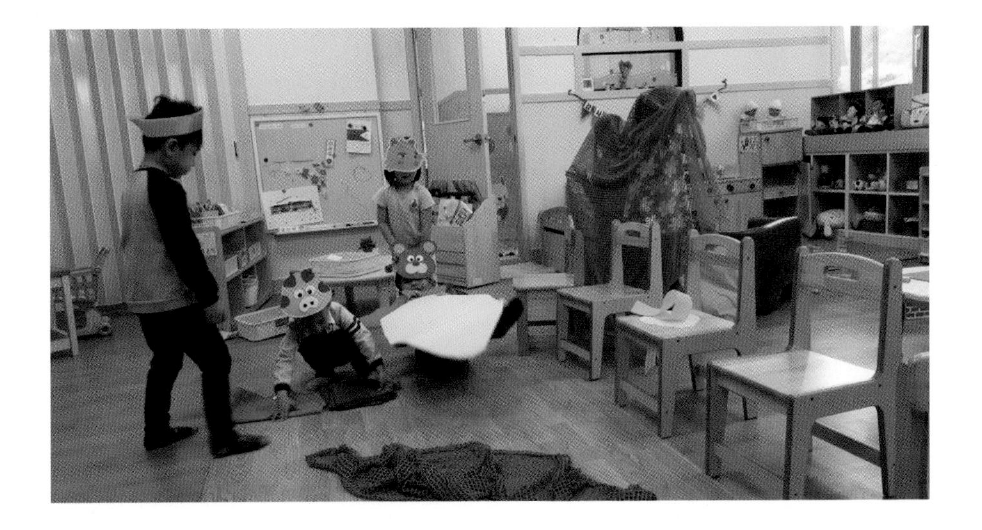

교사는 동극 '커다란 순무'를 진행하며, 유아가 교실 안의 보자기를 활용하여 동극에 몰입할 수 있도록 언어적 촉진을 시도했다.

 "순무 밭에 물을 주어야 하는데, 어떻게 표현할까?"

 "아~ 그럼 여기 있는 보자기를 물이라고 하자!"

 "나 좀 도와줘! 같이 옮기자."

유아들은 마치 물이 잔뜩 담겨 무거운 물통을 함께 옮기는 것처럼 "영차, 영차!" 하고 구호를 맞추며, 커다랗고 파란 망사 보자기를 옮기기 시작했다.

 "할머니. 저도 도와드릴게요. 야옹~"

 "멍멍이도 도와줄게! 멍멍!"

〈누리과정 영역별 내용〉

영역	내용
신체운동 · 건강	• 신체활동 즐기기 - 신체를 인식하고 움직인다. - 신체 움직임을 조절한다. - 기초적인 이동운동, 제자리 운동, 도구를 이용한 운동을 한다.
의사소통	• 듣기와 말하기 - 상황에 적절한 단어를 사용하여 말한다. • 책과 이야기 즐기기 - 책에 관심을 가지고 상상하기를 즐긴다. - 동화, 동시에서 말의 재미를 느낀다. - 말놀이와 이야기 짓기를 즐긴다.
사회관계	• 나를 알고 존중하기 - 나의 감정을 알고 상황에 맞게 표현한다. - 내가 할 수 있는 것을 스스로 한다. • 더불어 생활하기 - 서로 다른 감정, 생각, 행동을 존중한다. - 약속과 규칙의 필요성을 알고 지킨다.
예술경험	• 아름다움 찾아보기 - 예술적 요소에 관심을 갖고 찾아본다. • 창의적으로 표현하기 - 신체나 도구를 활용하여 움직임과 춤으로 자유롭게 표현한다. - 극놀이로 경험이나 이야기로 표현한다. • 예술 감상하기 - 서로 다른 예술 표현을 존중한다.
자연탐구	• 탐구과정 즐기기 - 주변 세계와 자연에 대해 지속적으로 호기심을 가진다. • 생활 속에서 탐구하기 - 일상에서 모은 자료를 기준에 따라 분류한다. • 자연과 더불어 살기 - 주변의 동식물에 관심을 가진다. - 생명과 자연환경을 소중히 여긴다.

교사 이야기

○○와 △△는 교실 안에서도 공룡 놀이를 좋아하는 아이들이다. 주로 하는 놀이는 공룡 모형을 길게 늘어뜨려놓고 박치기를 하는 싸움 놀이였다. 교실에서 바깥으로 놀이장소를 바꾸어 놀잇감을 가지고 나왔지만, 놀이의 변화는 보이지 않았다.

'어떻게 하면 다양한 놀이를 경험할 수 있을까? 이야기를 풍성하게 할 방법은 없을까?' 여러 생각을 하며 유아들의 놀이를 한참 지켜보았다. 유아들의 놀이를 이해하기 위해서는 관찰과 적절한 발문이 필요하지만, 생각만큼 쉽지 않다. 특히 아이들의 공감을 이끌어내지 못하는 교사의 발문은 허공을 떠도는 메아리와 같다.
공룡 놀이가 한참 반복되던 중, 교사는 옆의 종이상자를 높이 쌓고 "여기는 높은 산이야. 화산이 곧 터질 수 있대!" 하며 놀이 추임새를 시도해보았다. ○○와 △△는 잠깐 이야기에 관심을 보이는 듯했으나 교사의 이야기보다는 자신만의 놀이에 빠져 있었다.
꽤 오랜 시간을 야외 테이블에서 놀이하던 ○○와 △△가 보자기로 의자와 트램펄린을 연결해 놀이하기 시작했다. 놀이의 전환이 보여, 교사는 "다리가 자꾸 끊어지니 좀 더 튼튼하게 만들어서 놀이하는 게 어떨까?" 하고 의견을 제시했다. 그러나 이번에도 ○○와 △△는 다리에서 뚝 떨어지는 공룡의 모습이 재미있었는지, 그대로 놀이를 반복했다. 교사는 종이상자나 다른 교구를 활용하여 다리를 더 튼튼한 구조물로 만들고 싶었으나, 아이들은 헐렁한 보자기에서 공룡이 떨어지는 모습이 우스웠던 것 같다.

놀이의 확장은 교사의 의지만으로는 어려운 일이었다. 아이들의 공감을 얻을 수 있는 발문에 대한 필요성과, 교육과정의 내용과 놀이전략만 생각하다 보면 놀이에 빠지기 어렵다는 점을 느꼈다.

동료교사

"동극활동에 유아가 스스로 자유롭게 천을 이용하는 모습이나, 서로 사이좋게 의견을 나누며 놀이하는 모습이 재미있네요! 실내외에서 다양하게 활동하는 모습이 즐거워 보였어요. 교사가 준비를 많이 해줘서 놀이가 더 확장될 수 있었던 것이겠지요."

02 보자기가 펄럭펄럭

분 류 • 만 5세 • 교실, 강당 • 대집단

준비물 다양한 크기와 색깔의 보자기, 구슬 등

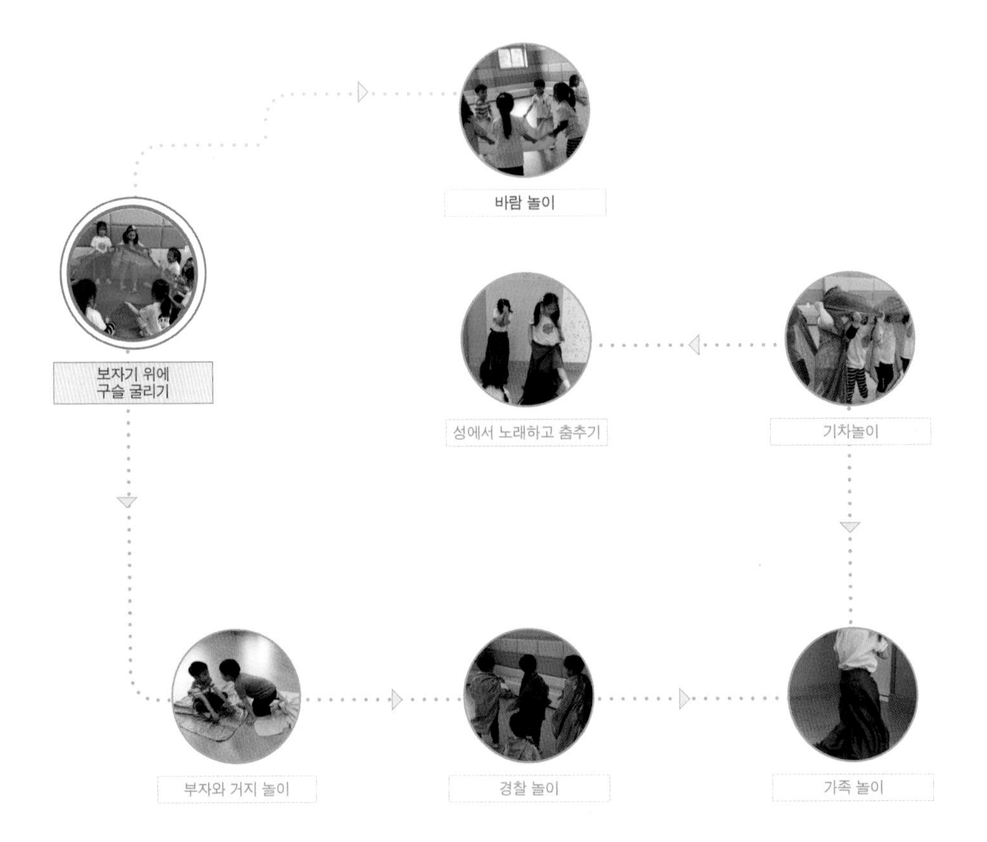

Tip 대집단의 유아들이 놀이할 땐 교실보다는 넓은 강당이 좋겠죠. 교사는 놀이가 다소 소란스럽거나 놀잇감으로 인해 놀이 장소가 지저분해 보일지라도 놀이를 인정하고 허용하는 범위를 넓혀주는 여유로운 마음을 가져보는 것도 필요합니다.

여는 놀이

보자기 위에 구슬 굴리기

유아들은 교실의 놀이살이 영역[1]에 새로 소개받고 제공된 보자기에 관심을 보이지 않았다. 다만 자유놀이시간에 젠가, 적목놀이(나무토막 블록 놀이), 구슬치기 등 구슬을 이용한 놀이를 즐기던 유아들이 가끔 구슬을 보자기 밑에 숨기고 귀가할 때가 있었다.

그래서 교사는 구슬을 이용한 보자기 놀이를 의도적으로 제안했다. 유아들이 창안한 놀이를 인정해주고 충분한 놀잇감을 제공한 것이다. 그러나 교실에서 보자기와 구슬이 합쳐지자 아수라장 직전이었다.

 "선생님, 좁아요!"

넓은 장소가 필요함을 느낀 교사와 아이들은 강당으로 이동하여 보자기 놀이를 이어갔다.

유아들은 구슬을 보자기에 올려놓고 여럿이 함께 놀이를 했다. 구슬 흔들기, 구슬 굴리기, 같이 보자기를 잡고 공간 이동하기 등의 놀이였다. 유아들은 구슬이 떨어지면 굴러가는 구슬을 따라 뛰거나, 바닥에 굴리며 소리를 질렀다.

1. 놀이살이 영역: 비구조화 놀잇감(상자, 보자기, 끈, 플라스틱 통 등)을 두는 공간

이어지는 놀이

바람 놀이

교사는 보자기를 펄럭여 바람의 형태를 나타내는 바람 놀이를 고안해 유아들에게 제안했다.

 "보자기를 이용해 바람 모양을 흉내내보자."

유아들은 보자기를 여럿이 함께 흔들면서 앉은 바람, 선 바람, 회오리바람 등 다양한 바람의 모양을 나타냈다.

 "선생님, 펄럭펄럭 태극기 바람도 해봐요!"

 "태극기 바람? 어떻게 할까…."

 "펄럭 소리가 나게 막 흔들어요!"

 "야, 회오리 바람은 굴러야 돼."

한 명의 유아가 큰 보자기 위에 누워 보자기 한쪽 면을 잡고 돌돌돌 말며 굴렀다.

부자와 거지 놀이 & 경찰 놀이

교사는 역할놀이의 소품으로 보자기를 제공했다.
그러자 남자아이들은 보자기 색깔을 이용해 부자와 거지 놀이를 시작했다.

"너는 금색 보자기니까 부자야. 나는 갈색 보자기니까 거지고."

보자기를 어깨에 두른 남자아이들은 잡기 놀이를 하다가, 좀 더 자세한 규칙을 정해 경찰 놀이도 했다. 잡힌 유아는 경찰이 되고 잡은 유아는 도둑이 되어 달아나는 과정을 반복하는 놀이였다. 경찰은 한 명, 도둑은 여러 명이 맡았다.

"○○야, 보자기 쓴 사람만 놀 수 있다고 하자!"

"놀고 싶은 사람, 보자기 하고 와."

남자아이들은 누가 먼저랄 것도 없이 보자기를 차지하고 교사에게 묶어달라고 요구했다. 교사의 생각으로는 유아들이 경찰을 선호할 것 같았는데, 유아들은 보자기를 휘날리며 달아나는 도둑 역할에 더 흥미를 느끼고 있었다.

가족 놀이 & 기차놀이

여자아이들은 보자기를 의자에 깔고 눕거나, 허리에 묶고 가족 놀이를 했다.

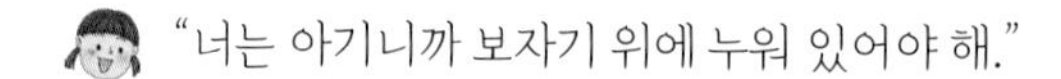
"너는 아기니까 보자기 위에 누워 있어야 해."

"이 보자기는 앞치마야. 나는 요리를 해서 아기한테 먹일 거야."

그물 모양의 보자기를 머리에 덮어 쓰고 기차놀이를 하는 유아들도 있었다.

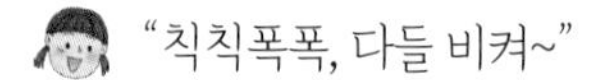
"칙칙폭폭, 다들 비켜~"

유아들은 발을 맞춰 이동하며 자연스럽게 협동하는 방법을 배웠다. 뒤에 선 유아는 보자기로 얼굴 전체를 덮으며 즐거워하기도 했다. 앞에 선 유아는 스스로 무리를 이끄는 경험을 쌓았다.
파란색 그물보자기를 들고 놀이를 지켜보던 남자아이도 웃으며 기차놀이를 따라해보았다.

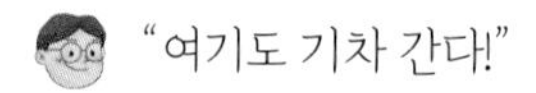
"여기도 기차 간다!"

발상을 바꿔 이어지는 놀이5

성에서 노래하고 춤추기

가족 놀이를 하던 두 명의 유아는 앞치마를 치마로 바꾸어 성에서 춤추는 놀이를 했다.
△△와 □□는 강당 무대 위를 성으로 정하고, 30분 정도 춤추며 노래를 불렀다. △△는 '달팽이의 하루'라는 노래를 부르며 춤을 추었다.

 "□□야, 그 노래는 제목이 뭐니?"

 "그냥 내 맘대로 불렀는데…."

교사의 질문에 대답한 □□는 춤 동작에 몰입했다.
△△와 □□의 춤을 지켜보던 유아들은 강당 무대 바닥에 보자기를 펴고 올라앉아 춤을 구경하다가 동작을 따라 하기도 했다.

 "우리, 구경해도 돼?"

 "응, 봐도 돼."

〈누리과정 영역별 내용〉

영역	내용
신체운동 · 건강	• 신체활동 즐기기 - 신체움직임을 조절한다. - 기초적인 이동운동, 제자리 운동, 도구를 이용한 운동을 한다. • 안전하게 생활하기 - 일상에서 안전하게 놀이하고 생활한다.
의사소통	• 듣기와 말하기 - 말이나 이야기를 관심 있게 듣는다 - 자신의 경험, 느낌, 생각을 말한다. - 상대방이 하는 이야기를 듣고 관련해서 말한다.
사회관계	• 나를 알고 존중하기 - 내가 할 수 있는 것을 스스로 한다. • 더불어 생활하기 - 친구와의 갈등을 긍정적인 방법으로 해결한다. - 서로 다른 감정, 생각, 행동을 존중한다. - 약속과 규칙의 필요성을 알고 지킨다
예술경험	• 아름다움 찾아보기 - 예술적 요소에 관심을 갖고 찾아본다. • 창의적으로 표현하기 - 신체나 도구를 활용하여 움직임과 춤으로 자유롭게 표현한다.
자연탐구	• 탐구과정 즐기기 - 궁금한 것을 탐구하는 과정에 즐겁게 참여한다. • 생활 속에서 탐구하기 - 물체의 위치와 방향, 모양을 알고 구별한다.

교사 이야기

유아들이 보자기 놀잇감에 관심을 보이지 않아, 교사는 의도적으로 보자기 놀이를 제안하여 놀이를 유도했다. 유아들은 교사가 제안한 놀이와 자신들이 만든 놀이를 섞어서 놀이했다. 특히, 구슬이 바닥에 떨어져 굴러갈 때의 소리나 모습을 보고 들을 때 소리 지르고 재미있어 했다. 구슬이 굴러가는 모습을 몸으로 표현하는 유아도 있었다.

남자아이들은 주로 보자기를 어깨에 두르고 뛰어다니는 잡기 놀이와 경찰 놀이를 하며 공간 이동이 많았다. 잡기 놀이에서 경찰 놀이로 확장할 때, 놀이 규칙을 만들어 적용하면서 놀이의 재미를 더하는 것을 볼 수 있었다.

여자아이들은 보자기에 구슬을 올려놓고 흔들거나, 구슬을 톡톡 쳐올려 보자기로 받는 놀이를 했다. 보자기만을 활용한 놀이는 가족놀이나 기차놀이, 성에서 노래하고 춤추는 놀이로 확장했다.

놀이 상황에서 유아끼리 놀이 추임새가 활발하진 않았으나, 넓은 공간에서 몸으로 놀이하며 스스로 창안해낸 놀이에 빠져 즐거움을 느끼는 유아들의 모습을 깊이 관찰할 수 있었던 시간이었다.

놀이가 다소 소란스러울 땐 '놀이가 이래도 되는 건가, 그만하게 할까?'라고 고민하게 되었다. 그러다 순간 유아들의 표정을 보게 되었는데, 웃음이 가득했고 활기찼고 즐거워하고 있었다. 유아들의 표정에서 놀이의 기쁨을 발견한 날이었다.

동료교사

"공간탈피, 교사의 허용, 유아의 선택, 자유로운 놀이, 저도 해보고 싶어요. 놀이가 지속되고 즐겁게 전개되려면, 놀잇감을 유아들이 사용하기 편리한 곳에 배치해야 한다는 점을 알게 되었습니다."

03 생일을 축하합니다

분 류 • 만 4세 • 교실, 운동장 • 대집단

준비물 보자기, 생일파티 장식품, 인형놀이 소품 등

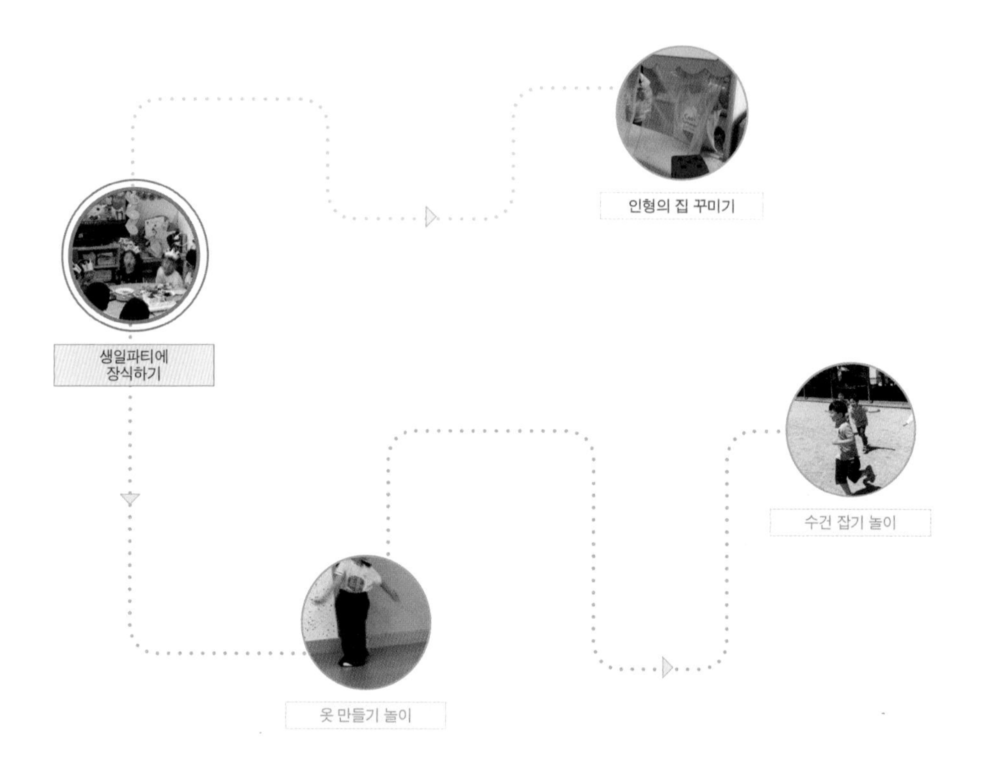

Tip 교실 밖, 예를 들면 나무 그늘이나 놀이시설물 아래 돗자리를 깔고 보자기와 소꿉놀이를 제공한다면 아이들의 놀이는 어떻게 달라질까요? 자연에서 하는 생일파티, 훨씬 더 풍성하고 행복할 것 같아요.

여는 놀이

생일파티에 장식하기

우리 가족의 특별한 날인 결혼식과 생일에 대해 이야기를 나누는 활동 후, 교사는 유아들이 태어난 날을 축하하는 생일파티를 계획했다.
평소 보자기 놀이를 할 때 보자기로 꾸미는 것에 관심을 가지는 모습을 보이던 유아들은, 교사의 주도로 보자기를 벽에 달아 생일파티 장식으로 활용했다.

 "선생님, 벽을 꾸미니까 예뻐요."

 "교실이 아름다워요."

 "이제 파티를 시작해볼까?"

 "우리도 역할놀이에서 파티 해볼래요!"

유아들의 파티 놀이는 한동안 계속되었다. 유아들은 신이 나서 소품을 찾아와 파티 놀이에 추가했고 교사를 놀이 친구로 초대하기도 했다.

이어지는 놀이

인형의 집 꾸미기

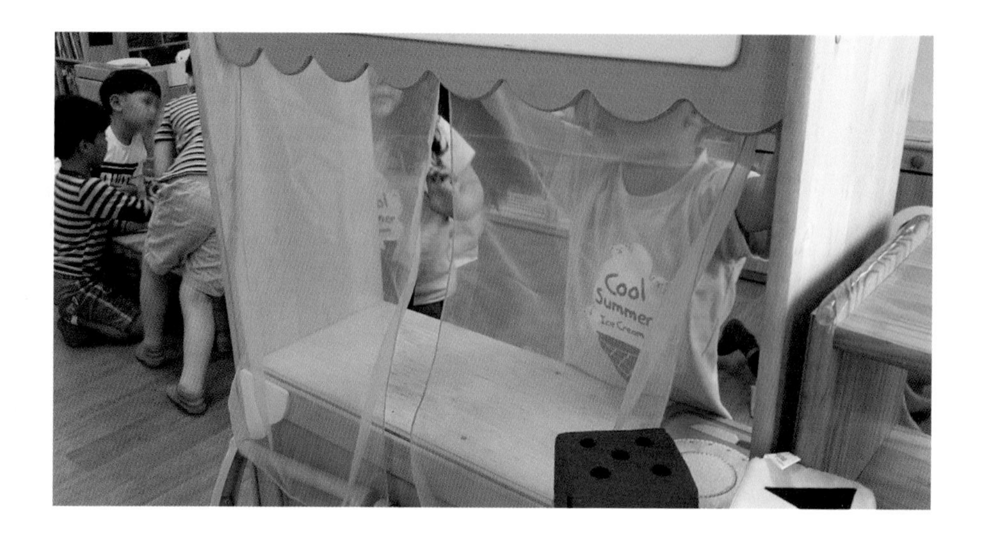

교사는 보자기를 역할놀이 공간으로 옮겨 달아주고, 보자기를 더 많이 제공하여 놀이를 관찰했다. 유아들은 인형극 틀이나 인형의 집 등에 보자기로 창문과 커튼을 만들어 놀이했다.

 "이 보자기를 왜 여기 달았니?"

 "이건 창문이에요. 인형들이 부끄러워하니까, 창문을 닫아주어야 해요."

 "이렇게 커튼을 달면 햇볕을 막을 수 있어요."

 "그렇구나. 창문이 되어 햇볕을 막아주는구나! 커튼이랑 창문이 생기니 인형의 집이 근사하게 되었네."

 "바람이 부니까 커튼이 흔들려요."

얇은 보자기는 커튼의 역할을 할 뿐, 유아들의 신체활동에는 사용되지 않았다.

장소를 바꿔 이어지는 놀이1 & 장소를 바꿔 이어지는 놀이2

옷 만들기 놀이 & 수건 잡기 놀이

바깥놀이 시간에, 유아들은 놀이터에 놓여 있는 보자기를 보고 옷을 만들어달라고 했다.

 "선생님, 보자기로 옷을 만들어주세요."

 "치마도 만들어볼까?"

 "패션쇼 하는 것 같네."

교사는 보자기를 몸에 두른 유아에게 다가가 보자기가 흘러내리지 않도록 매듭을 지어 잘 묶어주었다.

옷 만들기 놀이를 하지 않는 유아들은 달리기에 몰입했다. 그러다 교사의 주도로 작은 보자기(수건)를 들고 있는 친구를 따라가 잡는 놀이를 했다.

유아들은 뛰다가 숨이 차면 "얼음!"이라고 외쳤다. 유아 자신들이 알고 있는 놀이경험을 수건잡기 놀이에 적용한 것이다.

 "아, 힘들어. 얼음!"

〈누리과정 영역별 내용〉

영역	내용
신체운동 · 건강	• 신체활동 즐기기 - 신체를 인식하고 움직인다. - 신체 움직임을 조절한다. - 실내외 활동에 자발적으로 참여한다. • 안전하게 생활하기 - 일상에서 안전하게 놀이하고 생활한다.
의사소통	• 듣기와 말하기 - 자신의 경험, 느낌, 생각을 말한다. - 상대방이 하는 이야기를 듣고 관련해서 말한다. • 책과 이야기 즐기기 - 말놀이와 이야기 짓기를 즐긴다.
사회관계	• 나를 알고 존중하기 - 나를 알고 소중히 여긴다. • 더불어 생활하기 - 가족의 의미를 알고 화목하게 지낸다. - 친구와 서로 도우며 사이좋게 지낸다. - 다른 사람의 감정, 생각, 행동을 존중한다.
예술경험	• 아름다움 찾아보기 - 예술적 요소에 관심을 갖고 찾아본다. • 창의적으로 표현하기 - 신체나 도구를 활용하여 움직임과 춤으로 자유롭게 표현한다. - 극놀이로 경험이나 이야기를 표현한다.

교사 이야기

놀이소재인 보자기를 유아가 어떤 놀이로 풀어볼지 궁금해서 역할놀이에 소품으로 놓아두었다. 교실에 준비된 보자기는 분홍색, 하늘색, 파란색의 파스텔 톤 색감이고 얇은 소재였다. 그래서 교사는 유아들이 날개로 움직임을 표현하는 봄 나비 놀이나 천사 놀이를 하거나, 치마 같은 옷을 만드는 놀이를 할 것이라고 예상했다.
유아들은 얇은 보자기가 집에 있는 커튼 같다고 말했다. 그리고 인형극 틀, 인형 집, 교실 벽에 붙여 장식하면서 이 보자기로 햇빛을 가려주어야 한다고 이야기했다. 이처럼 유아들은 보자기를 활용한 움직임이 있는 놀이보다는, 꾸미고 붙이며 구성하는 놀이에 관심을 보였다.

교사는 유아들이 바깥놀이 시간에 어떤 반응을 보일지 궁금했다. 몇몇 유아들은 보자기로 옷을 만들고 싶어 했다. 다른 유아들은 오랜만에 나간 운동장에서 달리기만 하며 놀았다.
달리는 유아들에게 교사가 보자기(수건)를 들고 있는 친구 따라잡기 놀이를 제안하자, 유아들은 크게 호응하며 신나게 뛰었다. 뛰던 친구가 힘에 부쳤는지 갑자기 "얼음!" 하고 외쳤다. 놀이는 잠시 멈추는 듯했으나, 다른 유아가 또 "얼음!" 하고 외치면서 수건잡기 놀이에 재미가 더해졌다.

학급의 만 4세 남자아이 8명과 여자아이 8명은 대체로 동작이 크거나 활동적이라기보다는 조심성이 많고 정적인 놀이를 선호하는 모습을 보였다. 보자기라는 놀이소재가 주어졌을 때도 유아의 차분한 성향이 반영되고 있는 듯했다.

동료교사

"보자기를 활용한 놀이과정에서 정적인 놀이와 동적인 놀이가 서로 알맞게 균형을 이룬 것 같아요."

04 보자기에 상상을 펼쳐요

분 류 • 만 4~5세 • 교실, 운동장 • 소집단

준비물 다양한 종류와 크기의 보자기, 인형, 종이벽돌 블록, 다양한 역할놀이 소품 등

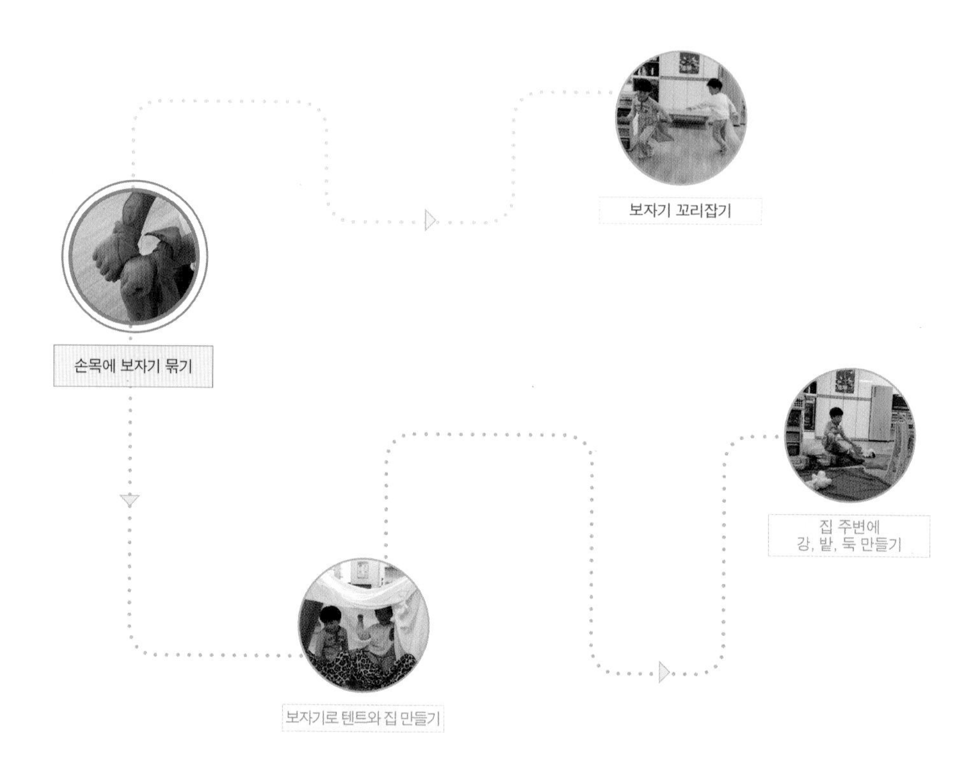

Tip 전지만큼 큰 보자기부터 손수건 크기만 한 보자기, 구멍이 숭숭 뚫린 보자기, 동물무늬 보자기 등 다양한 보자기를 제공해주세요. 보자기는 어깨에 걸쳐 묶기만 해도 최고의 놀잇감이 되고, 책상 사이에 걸쳐만 놓아도 비밀공간을 만들어주는 훌륭한 놀이재료입니다.

여는 놀이 & 장소를 바꿔 이어지는 놀이

손목에 보자기 묶기 & 보자기 꼬리잡기

두 명의 유아들은 보자기 놀이를 하다가, 손목에 보자기를 묶어 상대편의 보자기를 빼앗는 놀이를 해보자고 제안했다.

그러나 몸에 묶은 것을 당기면 위험하다는 안전성의 문제도 있고, 보자기가 매끄러워 잘 잡히지 않아 쉽게 빼앗는 놀이로 다시 변형했다. 교사는 보자기로 꼬리잡기 놀이를 제안했다.

 "선생님! 두 명이서만 하니까 재미없어요."

두 명이서 하는 꼬리잡기 놀이는 지속되기 쉽지 않아, 교사는 운동장에서 초등학생들과 함께 하는 보자기 꼬리잡기 놀이로 확대하여 제안했다. 그러자 유아들은 초등학생들과의 놀이를 매우 즐거워하며 다음에도 함께 놀기로 약속했다.

 "선생님! 다음에 또 형아들이랑 해요. 형아들이랑 하니까 진짜 재밌어요."

 "그리고 밖에서 하니까 더 재밌어요."

 "그래, 다음에 또 해보자."

발상을 바꿔 이어지는 놀이1

보자기로 텐트와 집 만들기

교실로 돌아온 유아들은 커다란 보자기를 가지고 텐트를 만들기 시작했다. 책상을 엎어 보자기를 씌울 생각을 한 것이다.

 "보자기로 텐트 만들면 어때? 진짜 재밌겠지?"

 "텐트를 어떻게 만들 수 있을까? 보자기만 있으면 되나?"

 "책상도 있어야 해요."

 "책상은 왜?"

 "기둥을 세워야 하거든요."

 "선생님은 거기서 보고 계세요."

텐트를 완성한 유아들은, 비가 샐 것 같다며 텐트를 방수보자기로 보강해 집으로 확장해 놀이했다.

발상을 바꿔 이어지는 놀이2

집 주변에 강, 밭, 둑 만들기

유아들은 집 주변을 점점 보자기로 꾸미기 시작했다. 파란색 보자기는 강, 갈색 보자기는 밭이라고 정하고 집 주위에 펼쳐놓았다.

 "근데 ○○아, 강이랑 밭이랑 붙어 있어도 괜찮을까? 비가 많이 오면 밭이 어떻게 될까?"

 "아, 참! 그렇지! 홍수가 나면 큰일이니까 둑을 세워야겠어요."

 "괜찮아, 홍수 안 나! 그냥 놀자! 물 안 넘쳐!"

 "안 돼! 우리 할아버지가 비 오면 걱정하신단 말야! 고춧대 다 뽑힌다고."

유아들은 호피무늬 보자기를 이용해 강 옆에 텃밭을 꾸민 다음, 홍수가 나도 밭이 망가지지 않게 종이벽돌 블록으로 둑을 세워 전원주택을 완성했다.
밭에는 돼지 인형, 강에는 오리 인형, 집 안에는 아기 인형을 배치한 유아들은 집에 들어가 놀이를 했다.

〈누리과정 영역별 내용〉

영역	내용
신체운동 · 건강	• 신체활동 즐기기 - 신체 움직임을 조절한다. - 기초적인 이동운동, 제자리 운동, 도구를 이용한 운동을 한다. - 실내외 신체활동에 자발적으로 참여한다.
의사소통	• 듣기와 말하기 - 말이나 이야기를 관심 있게 듣는다. - 자신의 경험, 느낌, 생각을 말한다. - 상황에 적절한 단어를 사용하여 말한다.
사회관계	• 더불어 생활하기 - 가족의 의미를 알고 화목하게 지낸다. - 친구와 서로 도우며 사이좋게 지낸다. - 약속과 규칙의 필요성을 알고 지킨다. • 사회에 관심 가지기 - 내가 살고 있는 곳에 대해 궁금한 것을 알아본다.
예술경험	• 아름다움 찾아보기 - 자연과 생활에서 아름다움을 느끼고 즐긴다. • 창의적으로 표현하기 - 다양한 미술 재료와 도구로 자신의 생각과 느낌을 표현한다. - 극놀이로 경험이나 이야기로 표현한다.
자연탐구	• 생활 속에서 탐구하기 - 물체의 위치와 방향, 모양을 알고 구별한다. • 자연과 더불어 살기 - 생명과 자연환경을 소중히 여긴다. - 날씨와 계절의 변화를 생활과 관련짓는다.

교사 이야기

유아들은 초등학생 형들과의 보자기 꼬리잡기 놀이에 신나고 재미있어 했다. 초등학생에 비해 상대적으로 민첩하지 않은 유아들이라 금세 꼬리가 잡혔지만, 형들과의 놀이라는 사실에 굉장히 즐거워했다. 유아들은 다음번에는 초등학생 형님들이 제안하는 놀이를 함께 해보기로 약속했다.

교실로 돌아온 유아들은 보자기 놀이를 재개했다. 유아들은 처음에 커다랗고 하얀 보자기로 텐트를 만들었다가, 그 보자기가 허술해 보였는지 빳빳한 갈색 보자기를 찾아 진짜 텐트 색깔처럼 바꾸고 이제 방수기능이 있는 텐트라고 말했다.
놀이를 하던 유아들은 아무래도 텐트가 집보다 튼튼하지 않다고 여겼는지 집을 만들자고 합의했다. 유아들은 보자기를 이용해 집을 꾸미고, 집 주변을 농촌에서 흔히 볼 수 있는 풍경처럼 꾸몄다. 파란색 보자기로 강을, 갈색 보자기로 땅을 표현했다.

누가 제안한 것도 아닌데 차츰 놀이가 확장되어 다양한 놀잇감(인형, 레고 등)을 추가하여 집 주변 환경까지 완성되었다.
유아들은 오전 활동 내내 보자기로 만든 집에서 놀이했고, 오후 시간에도 치우고 싶어하지 않아 그대로 두다가 집에 가기 전에야 정리하며 몹시 아쉬워했다. 굳이 정리하지 않고 다음 날까지 놀이를 지속해도 되는데, 교사가 습관처럼 "정리하자!"라고 했던 것이 미안해졌다. 다음엔 정리하기 전에 유아들에게 정리를 할 것인지 놀이를 연장할 것인지 미리 물어보고, 유아가 만든 결과물들을 원하는 시간만큼 그대로 두고 놀이하도록 배려해야겠다. 교사는 그렇게 마음속으로 다짐했다.

동료교사

"유아들이 다양하게 놀이를 확장해가는 모습이, 진짜 놀이에 푹 빠져 있는 것 같아 행복해 보여요."

05 보자기 꽃이 피었습니다

분 류 • 만 3세 • 교실 • 소집단

준비물 다양한 종류와 크기의 보자기, 아기 인형 등

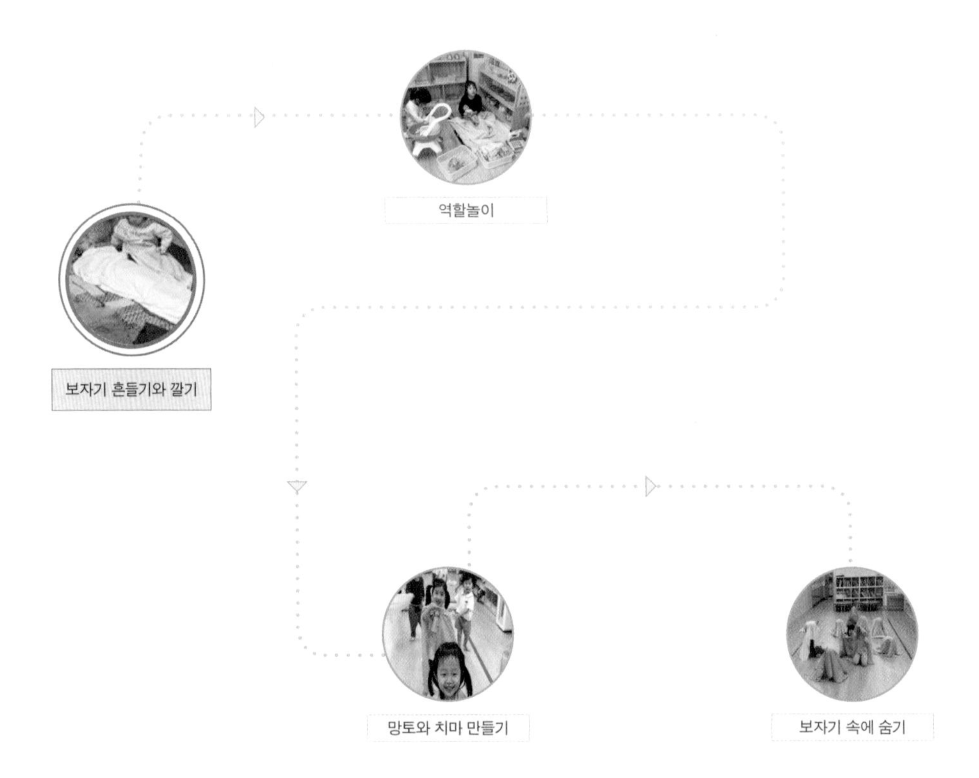

Tip 처음에 준비한 보자기의 양이나 종류가 적더라도 괜찮아요. 놀이의 흐름을 지켜보면서 시기를 달리해 다양한 보자기를 제공해주는 것도 좋아요. 유아들은 반복놀이를 하면서 또 다른 놀이를 발견하곤 한답니다.

여는 놀이 & 이어지는 놀이1

보자기 흔들기와 깔기 & 역할놀이

활동 전에 유아들에게 보자기를 탐색할 시간을 충분히 제공했다.

유아들은 다양한 크기의 보자기를 탐색해보며 자유롭게 놀이했다. 보자기를 흔들며 바람을 일으키는 유아도 있었고, 바닥에 깔고 누워보는 유아도 있었다. 보자기를 바닥에 깔고 누워 있던 유아가 아기를 재운다며 역할놀이를 시작했다. 보자기는 역할놀이에서 이불과 식탁보로 가장 많이 사용되었고 바람 놀이, 숨기 놀이 등에서도 소품으로 사용되었다.

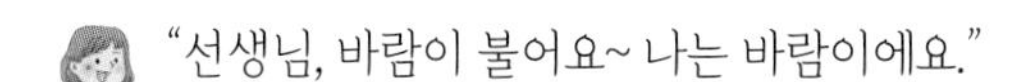

"선생님, 바람이 불어요~ 나는 바람이에요."

"나는 애기 이불 만들어줄 거예요."

"선생님, 나도 이불 있어야 돼요."

"내가 바람 불어줄까?"

"바람 불면 아기가 추워!"

"그래, 바람이 불면 아기가 추울 거야."

이어지는 놀이2

망토와 치마 만들기

보자기를 흔들며 놀던 한 유아가 큰 보자기를 이용해 몸에 둘렀다. 그러자 다른 유아들도 교사에게 치마나 망토로 묶어달라고 요청하고, 날아다니는 흉내를 내거나 춤을 추는 등 신체활동으로 이어졌다.

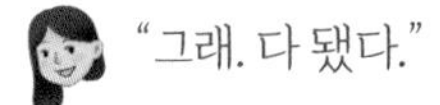

"보세요. 보자기가 망토가 됐어요! 멋지죠?"

"저는 원피스예요, 공주님이에요."

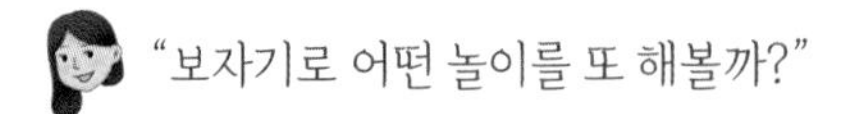

같은 놀이가 계속 반복되자 교사는 유아들과 보자기로 할 수 있는 놀이에 대해 이야기했다.

"보자기로 어떤 놀이를 또 해볼까?"

발상을 바꿔 이어지는 놀이

보자기 속에 숨기

교사는 보자기를 몸에 두른 유아들을 보고, 보자기 속에 숨는 놀이를 떠올려 제안했다.

 "이번엔 보자기 속에 숨어볼까?"

보자기 속에 숨는 놀이를 기존의 '무궁화 꽃이 피었습니다' 놀이와 연계하여, '보자기 꽃이 피었습니다' 놀이를 했다. '보자기 꽃이 피었습니다' 놀이를 할 때, 유아들이 보자기 안에 숨을 수 있는 시간을 충분히 제공했다.

 "보자기 꽃이~ 다 숨었니? 보자기 꽃이 피었습니다! ○○, 움직였네!"

 "선생님, 내가 해볼래요."

 "○○가 술래 해볼래?"

 "보자기 꽃이 피었습니다~"

〈누리과정 영역별 내용〉

영역	내용
신체운동 · 건강	• 신체활동 즐기기 - 신체를 인식하고 움직인다. - 신체 움직임을 조절한다. - 기초적인 이동운동, 제자리 운동, 도구를 이용한 운동을 한다. - 실내외 신체활동에 자발적으로 참여한다.
의사소통	• 듣기와 말하기 - 말이나 이야기를 관심 있게 듣는다. - 자신의 경험, 느낌, 생각을 말한다. - 바른 태도로 듣고 말한다. • 책과 이야기 즐기기 - 말놀이와 이야기 짓기를 즐긴다.
사회관계	• 더불어 생활하기 - 친구와 서로 도우며 사이좋게 지낸다. - 서로 다른 감정, 생각, 행동을 존중한다. - 약속과 규칙의 필요성을 알고 지킨다.
예술경험	• 창의적으로 표현하기 - 신체나 도구를 활용하여 움직임과 춤으로 자유롭게 표현한다. - 극놀이로 경험이나 이야기를 표현한다.

교사 이야기

보자기는 준비가 간단하고, 유아들이 자유롭게 놀이할 수 있고 다양한 표현 활동이 가능한 놀이도구이다.

교사는 유아들에게 스카프만 한 크기의 작은 보자기나 중간 크기의 보자기를 제공해주었다. 그러자 유아들은 보자기를 들고 흔들며 바람 흉내를 내거나, 테이블보, 이불, 피크닉 매트 등 주로 역할놀이나 소풍 놀이 등의 도구로 사용했다.
이번에는 유아들에게 온몸을 덮을 수 있을 만큼 커다란 보자기를 주어보았다. 그러자 유아들은 보자기를 망토나 드레스처럼 몸에 두르고 춤을 추거나, 보자기 속에 숨는 등 활동적으로 놀이하기 시작했다.

교사는 일부러 개입하지 않고 유아가 자유롭게 놀이하는 모습을 관찰해보았다. 일주일 이상 같은 놀이가 반복되며 이어지자, 유아들이 차츰 흥미를 잃어가는 모습이 보였다.
이때 교사는 보자기로 할 수 있는 다른 놀이에 대해 이야기해보고, 아이들이 좋아하는 '무궁화꽃이 피었습니다' 놀이와 연결해서 다른 놀이를 시도해보았다. 어렵지 않고, 더욱 자유롭게 놀이할 수 있다는 장점이 있었다.

놀이경험이 많지 않은 만 3세 유아들에게는 놀잇감을 탐색하고 자유롭게 놀이할 시간이 충분히 제공되는 것이 중요하다. 유아에게 친숙해진 놀잇감을 가지고 교사가 놀이를 제안했을 때, 신체활동에 소극적인 유아도 쉽게 적극적으로 참여하고 즐거워하는 모습을 보였기 때문이다.

동료교사

"어린 연령일수록 교사의 역할이나 상호작용이 중요한 듯합니다. 한정된 아이들의 생각을 선생님의 추임새로 확장시킨 것 같아요! 특히 '보자기 꽃이 피었습니다'는 우리 아이들과도 꼭 함께하고 싶어요."

06 밭을 갈고 강을 건너요

분 류 • 만 4세 • 교실 • 소집단

준비물 파란색과 갈색의 커다란 그물 보자기와 일반 보자기, 여러 가지 블록, 장화, 모래놀이용 삽, 물고기 교구 등

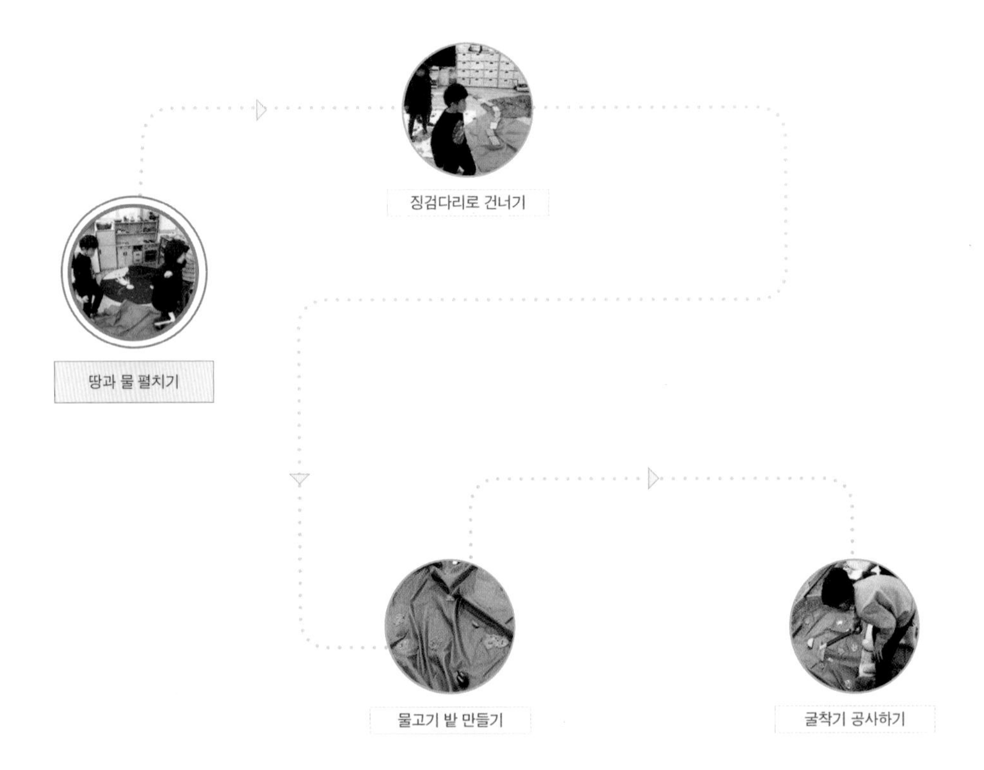

Tip 놀이의 흐름을 따라가다 보면 교실이 지저분해질 수도 있고, 놀이에 지원하는 소품에 따라 교실이 어수선해질 수도 있어요. 그래도 놀라지 마세요. 놀이에 빠진 유아의, 아이들의 시선에서 놀이를 바라봐주세요.

여는 놀이

땅과 물 펼치기

파란색과 갈색의 커다란 보자기를 유아들에게 따로 소개하지 않고 교실 앞쪽에 두었다. 보자기 재질은 일반 보자기, 그물 보자기의 2종류였다.
그러자 유아들은 교실 바닥에 보자기를 하나씩 크게 펼쳐놓기 시작했다. 주로 갈색 보자기는 땅이나 밭, 파란색 보자기는 강이나 저수지로 상상하여 놀이했다.

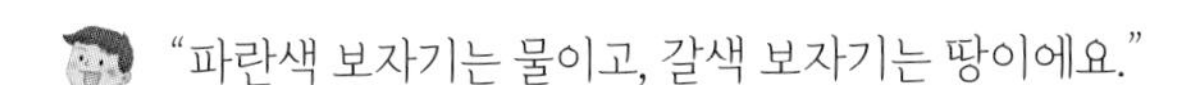

"파란색 보자기는 물이고, 갈색 보자기는 땅이에요."

"우와! 교실에 커다란 물이 생겼네? 그런데 어떻게 건너가지? 징검다리를 만들어볼까?"

교사는 유아들에게 다른 놀이로 확장할 수 있는 제안을 했다.

"네, 선생님. 물에 빠지면 안 돼요. 그럼 수영을 해야 돼요."

"징검다리를 놓으려면 종이벽돌이 필요해요."

유아들은 징검다리를 놓기 위해 종이벽돌 블록을 나르기 시작했다.

이어지는 놀이

징검다리로 건너기

유아들은 쌓기 영역의 종이벽돌 블록을 하나씩 가져와 징검다리를 만들어 건너는 놀이를 했다. 징검다리 중간중간에 우레탄 블록을 세워 장애물을 만들어놓았다.
유아들은 징검다리 위에 갈색 그물 보자기를 펼치더니, 일반 보자기와 재질이 다른 점에 착안해 진흙이라고 이야기했다.

 "여기는 원래 흙이었는데, 비가 너무 많이 와서 진흙이 넘쳤어요."

 "윽! 그럼 징검다리를 어떻게 건너면 좋을까? 뛰어넘어야 하나?"

교사는 진흙을 피해 건널 방법을 생각하다가, 진흥원 안전교육자료에 있던 장화를 유아들에게 제공했다. 장화가 한 개뿐이라 유아 한 명이 장화를 신고 먼저 진흙을 건넌 다음, 장화를 벗어서 다른 친구에게 건네주는 놀이를 했다.

 "내가 먼저 건너고 너한테 줄게!"

 "응. 진흙은 미끄러우니까 조심해."

물고기 밭 만들기 & 굴착기 공사하기

유아들은 갈색 보자기 위에 물고기 교구를 올려놓고, 물고기가 나오는 마법 밭 놀이를 했다. 이때 교사가 모래놀이용 삽을 제공해주었다. 교사는 이처럼 유아들이 참여할 수 있도록 기회와 놀잇감을 충분히 지원해주어야 한다.

그러자 유아들은 와플 블록을 가지고 굴착기를 만들어 공사를 시작했다. 이제 교실의 3분의 1이 보자기 놀이 공간이 되어버렸다. 처음에는 3명의 유아들이 시작한 놀이였는데, 나중에는 7명의 유아들이 함께 놀이하게 되었다. 교사는 놀잇감으로 인해 교실이 어수선해져도 놀이를 지켜보며 지원해주어야 한다.

"지금 나는 공사하는 거야!"

"나도 공사하고 싶다."

"여기에서 고기가 나와."

"더 넓어졌네. 고기 더 많이 잡겠다."

〈누리과정 영역별 내용〉

신체운동 · 건강
• 신체활동 즐기기 - 신체를 인식하고 움직인다.
- 신체 움직임을 조절한다.
• 안전하게 생활하기 - 일상에서 안전하게 놀이하고 생활한다.
의사소통
• 듣기와 말하기 - 자신의 경험, 느낌, 생각을 말한다.
- 상대방이 하는 이야기를 듣고 관련해서 말한다.
사회관계
• 사회에 관심 가지기 - 내가 살고 있는 곳에 대해 궁금한 것을 알아본다.
• 더불어 생활하기 - 친구와 서로 도우며 사이좋게 지낸다.
예술경험
• 창의적으로 표현하기 - 극놀이로 경험이나 이야기를 표현한다.
- 다양한 미술 재료와 도구로 자신의 생각과 느낌
을 표현한다.
자연탐구
• 생활 속에서 탐구하기 - 일상에서 모은 자료를 기준에 따라 분류한다.
- 도구와 기계에 대해 관심을 가진다.
• 자연과 더불어 살기 - 생명과 자연환경을 소중히 여긴다.

교사 이야기

유아의 놀이를 관찰하고 지원할 때는 교사가 힘을 뺄 필요가 있을 듯하다. 보자기가 물이 되고 땅이 될 때부터 놀이 영역이 점점 확장되더니, 결국 모든 유아들이 놀이에 참여하고, 놀이 영역이 교실의 3분의 1 이상을 차지하게 되었다.
유아들과 놀면서도 '바깥에서 보기에 교실이 너무 지저분해 보이면 어떡하지? 놀이를 일단 중지하고 정리하고 나서 다시 놀이를 시작해야 하나?'라고 몇 번이나 고민했다. 그러나 정리를 한 번 시키고 놀이를 다시 시작하면 유아들의 흥미가 많이 떨어질 것 같아, 꾹 참고 놀이를 계속해서 진행했다.

어떤 유아가 점심시간에 "재미있게 놀이했으니까 밥 많이 먹어야지."라고 말하는 것을 듣고, 놀이를 허용하길 잘했다는 생각이 들었다. 어른의 기준으로 보기에는 무질서해 보이더라도, 유아들의 기준으로는 의미 있고 가치 있는 놀이가 될 수 있겠다.

놀이나 놀잇감에 관심을 가지는 유아 한 명만 있어도 놀이는 성공하는 듯하다. 교사가 먼저 놀잇감을 펼쳐놓고 놀이를 제안할 경우, 유아들에게 외면당할 때가 많았다. 그래도 놀잇감에 관심을 가지는 유아가 한 명이라도 있다면, 그 유아와 상호작용하며 놀이를 진행시키다 보면 어느새 한 명이 두 명이 되고, 두 명이 세 명이 되며, 놀이가 크게 확장되었다.
교사는 처음에 유아들이 관심을 보이지 않는다고 해서 상처받지 말고 놀잇감을 지속적으로 열어두고, 한 명의 관심이라도 놓치지 않고 놀이를 지속시키는 것도 놀이를 성공시키는 방법이겠다.

동료교사

"아이들이 물이 넘쳤다고 할 때, 장화를 지원해주시는 선생님의 센스! 너무 멋져요! 박수를 보내드립니다."

07 보자기 썰매로 쌩쌩 달려요

분 류 • 만 3~5세 • 교실 • 소집단

준비물 다양한 종류의 보자기, 보자기를 묶어 고정할 기둥 등

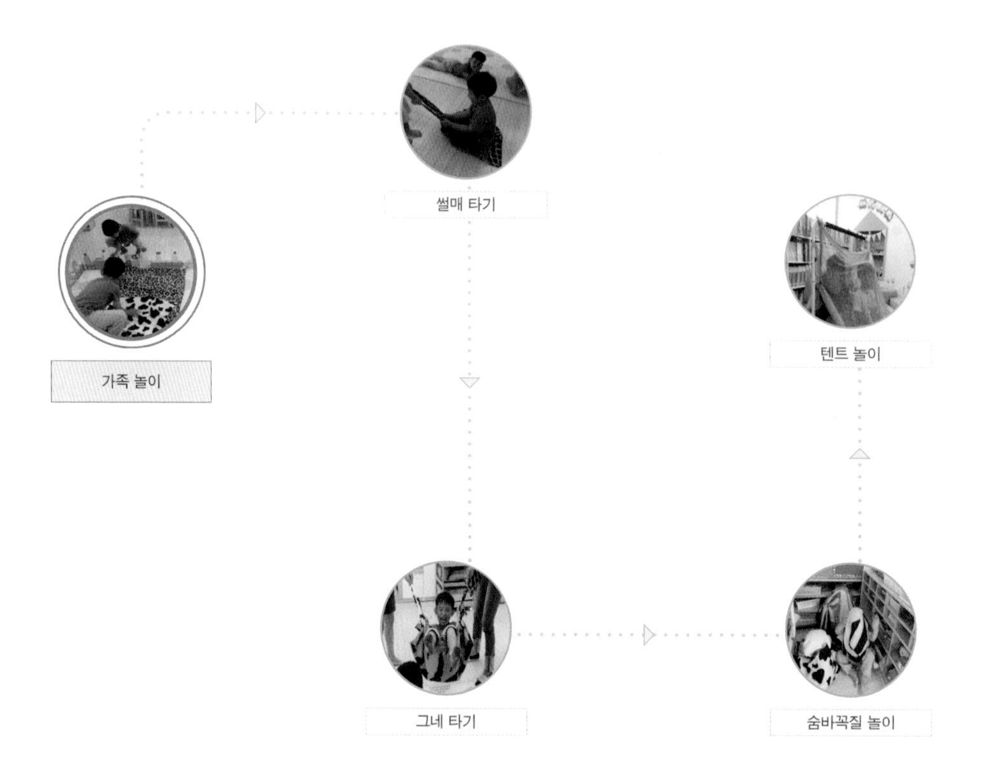

Tip 여러 연령이 섞인 학급이라면, 유아가 보자기를 탐색할 시간이나 유아끼리 놀이경험을 충분히 나누는 시간이 필요할 거예요. 이때 교사가 놀이 친구로 놀이에 참여한다면, 어린 유아들에게도 놀이의 안전성을 확보할 수 있겠지요?

여는 놀이

가족 놀이

교사와 유아들은 함께 보자기라는 놀잇감을 탐색하며 놀이에 대한 생각 나누기를 했다.

 "보자기로 무엇을 할 수 있을까?"

 "이불이요!"

 "수건을 만들 수 있어요."

유아들은 이불, 치마, 스카프, 드레스, 수건, 걸레 등 생각한 것들을 다양하게 표현해보았다. 그러면서 가족 놀이를 시작했다.

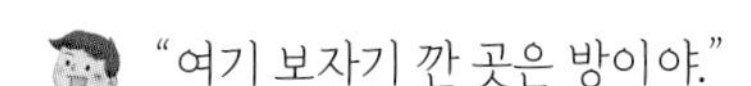 "여기 보자기 깐 곳은 방이야."

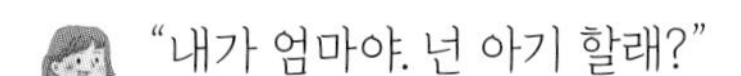 "내가 엄마야. 넌 아기 할래?"

"아기는 여기에 누워. 이불 덮어줄게."

그 외에도 유아들은 김밥 말이 놀이, 썰매 타기, 그네 타기 같은 여러 가지 아이디어를 내놓았다.

이어지는 놀이1

썰매 타기

생각 나누기에서 나왔던 놀이 중, '썰매 타기'를 오늘의 놀이로 정하고 해보았다.
보자기 썰매를 경험했던 유아가 설명하고 시범을 보여주었다. 교사는 유아들과 함께, 썰매를 끌어 당길 때 친구들이 안전하게 탈 수 있는 방법에 대해 알아보았다.
유아들은 힘이 비슷한 친구와 짝을 지어 서로 번갈아가며 썰매를 끌어주었다.

 "엉덩이가 간질거려요, 신나요!"

 "조금 힘들어요."

 "친구가 즐거워해서 기분 좋아요."

보자기 썰매를 타던 유아들은 속도를 내기도 했다. 앞에 있는 유아가 "도와줘!" 하고 소리를 지르면, 앉아서 순서를 기다리던 유아가 달려가 밀어주기도 했다.

 "더, 더 세게!"

이어지는 놀이2

그네 타기

보자기를 이용한 신체놀이에 빠진 유아들은 그네 타기, 몸 숨기기, 김밥 말이 놀이, 유령 놀이 등을 하며, 교사에게 다양한 경험을 시켜주었다.
그네를 탈 때, 처음에는 교사 둘이서 보자기를 들고 그 안에 유아를 태운 다음에 박자를 맞춰 흔드는 방법으로 탔다. 만 3~4세 유아들이 특히 그네 타기를 즐겼다.
그러다 유아들은 유아끼리 간편하게 그네 타는 법을 생각해냈다. 보자기를 낮은 높이의 놀이기구 기둥에 연결하고, 그 보자기에 탄 유아를 뒤에서 적절한 세기로 밀어주는 것이었다.

 "그네를 탈 때 너무 흔들리지 않도록, 누가 기둥을 잡아주렴."

 "선생님, 내가요."

 "기다려야 돼. 내가 탈 거야."

 "거기 꼭 잡고 서 있어."

 "그럼 내가 밀어줄게."

이어지는 놀이3

숨바꼭질 놀이

다양한 모양과 크기의 보자기는 유아들의 몸을 감싸기에 충분했다. 보자기에 몸을 감고 구르자 김밥이 되었고, 일어나서 걸으니 나무 기둥이 되었다.

 "○○가 나무 같구나."

 "나무다~"

교사의 말을 들은 유아는 놓치지 않고 나무 뒤에 몸을 숨겼다. 나무가 된 큰형님과, 그 뒤에 가려 보이지 않는 어린 동생. 그렇게 숨바꼭질 놀이가 또 시작됐다.

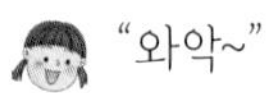

"와악~"

 "깜짝이야!"

보자기로 머리를 감춘 유아들이 교구장 여기저기에 몸을 숨겼다. 머리에 보자기를 쓰기만 하면 밖이 안 보이니, 유아들은 몸이 완전히 가려지지 않아도 제대로 숨었다고 생각했다.

이어지는 놀이4

텐트 놀이

기둥에 묶은 그네를 타던 유아들은 커다란 보자기를 가져오더니, 기둥 여기저기에 묶어 텐트로 변신시켰다.

 "와! 멋진 텐트가 됐네. 여러 명이 들어갈 수 있겠는데?"

몸 숨기기 놀이를 하던 유아들이 관심을 보이며 다가왔다. 아주 커다란 보자기 속에 들어가 온몸이 가려지는 친구들을 보고 텐트에 들어가고 싶어 했다.

 "텐트다!"

 "나도 같이 들어갈래!"

 "눕고 싶다."

 "야, 안 돼. 그럼 좁아."

유아들은 서로 텐트에서 나오지 않으려고 했다. 텐트를 하나 더 만들기로 유아들과 약속한 후에야 텐트 다툼을 마무리할 수 있었다.

〈누리과정 영역별 내용〉

영역	내용
신체운동 · 건강	• 신체활동 즐기기 - 신체를 인식하고 움직인다. - 기초적인 이동운동, 제자리 운동, 도구를 이용한 운동을 한다. • 안전하게 생활하기 - 일상에서 안전하게 놀이하고 생활한다.
의사소통	• 듣기와 말하기 - 말이나 이야기를 관심 있게 듣는다. - 자신의 경험, 느낌, 생각을 말한다. - 상황에 적절한 단어를 사용하여 말한다. - 바른 태도로 듣고 말한다.
사회관계	• 더불어 생활하기 - 친구와의 갈등을 긍정적인 방법으로 해결한다. - 친구와 서로 도우며 사이좋게 지낸다. - 약속과 규칙의 필요성을 알고 지킨다.
예술경험	• 창의적으로 표현하기 - 신체나 도구를 활용하여 움직임과 춤으로 자유롭게 표현한다. - 극놀이 경험이나 이야기를 표현한다.
자연탐구	• 생활 속에서 탐구하기 - 물체를 세어 수량을 알아본다. - 일상생활에서 길이, 무게 등의 속성을 비교한다. - 도구와 기계에 대해 관심을 가진다. • 자연과 더불어 살기 - 주변의 동식물에 관심을 가진다.

교사 이야기

교사와 유아들은 보자기를 가지고 어떤 놀이를 할 수 있는지 충분히 생각 나누기를 했다. 그러자 보자기는 이불, 치마, 드레스, 스카프, 목도리, 샤워 타월, 수건, 걸레, 머리띠, 면사포 등으로 변신했다.

한동안 소꿉놀이 소품으로 놀이하던 유아들은 살아 있는 생물인 지렁이나 뱀을 만드는 놀이도 했다. 늘 가까이에서 자연을 접하는 유아들이다. 유치원을 오가는 길이나 집 주변에서 실제로 봤을 동식물을 놀이 속에서 자연스럽게 표현하는 것도 당연하다. 유아들은 손으로 보자기를 흔들며 "이건 뱀이야.", "나는 지렁이야.", "지렁이는 비 오면 나와." 라며 교실 이곳저곳을 다니며 놀이했다.

보자기를 이용한 신체놀이로는 몸 숨기기, 김밥 말이 놀이, 슈퍼맨 놀이, 유령 놀이, 썰매 타기, 그네 타기 등 다양한 놀이가 있었다. 유아들의 생각 속에서 보자기를 활용한 놀이들이 다양하게 발견되어, 오히려 교사에게 다양한 경험을 시켜주었다.

교사는 유아의 연령별로 선호하는 놀이가 달라진다는 것을 관찰할 수 있었다. 만 3~4세의 어린 유아들은 그네 타기를 특히 좋아했다. 밀어주는 유아는 1부터 5까지의 숫자를 틀리게 말하면서도 계속 반복해서 셌다. 만 5세 유아들은 썰매 타기, 김밥 말이 놀이, 유령 놀이를 재미있어 했다.

유령 놀이의 경우, 어린 유아들이 무섭다고 마구 도망을 다니는 바람에 안전상의 이유로 교사가 개입하여 그만두게 할 수밖에 없었다. 혼합연령으로 구성된 학급에선 경우에 따라 놀이를 중단해야 할 때가 종종 발생하기도 한다는 것을 알 수 있었다.

동료교사

"유아들의 연령별로 달라지는 놀이 모습을 볼 수 있어서 좋았습니다. 저도 그네를 교실에 달아주고 싶어졌어요. 유아의 의견이 나오기까지 선생님의 놀이 빠짐도 배우고 싶어요. 아이들의 제안을 모두 들어주시는 선생님 멋쟁이!"

08 박쥐가족의 소풍

분 류 • 만 3~5세 • 교실, 넓은 다목적실 • 소집단

준비물 다양한 종류의 보자기, 박쥐에 대한 자연관찰책 및 박쥐 관련 동영상, 테이블 등

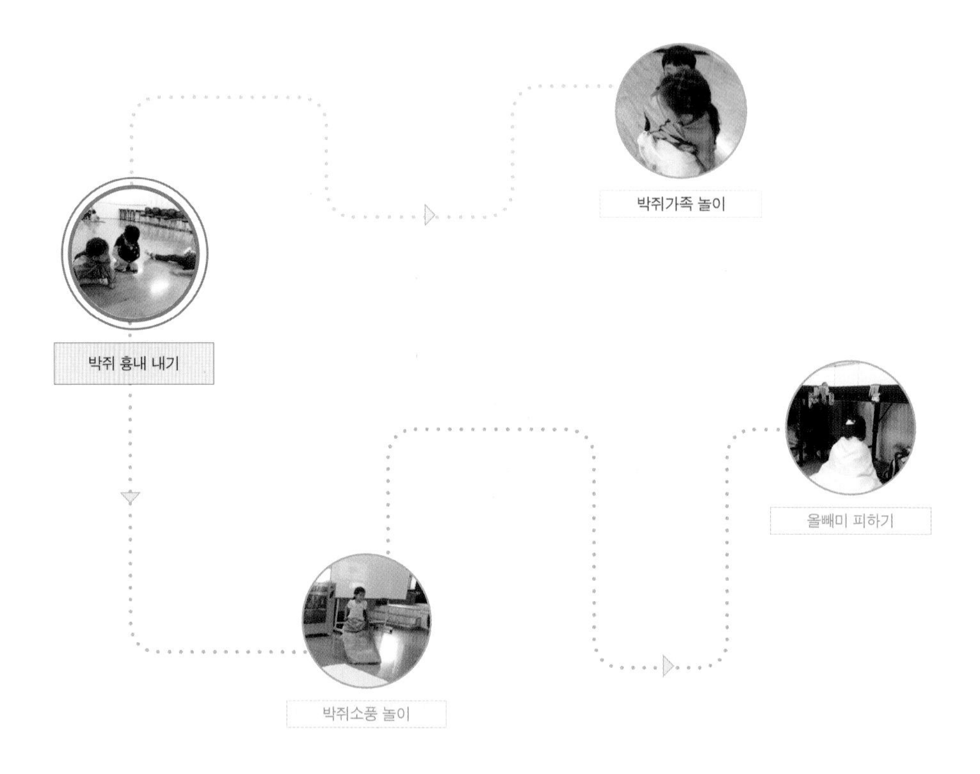

Tip 유아들의 놀이가 제한적으로 나타날 경우, 교사가 놀이를 제안하거나 장소를 이동해보면 어떨까요? 교사의 놀이제안과 소개가 유아에게 새로운 경험이 되어, 새로운 놀이가 탄생할지도 몰라요.

박쥐 흉내 내기 & 박쥐가족 놀이

유아들은 꼬리잡기, 술래잡기, 침대 놀이, 영화관 놀이, 동대문 놀이, 줄다리기, 무궁화 꽃이 피었습니다, 나비가 되어 꽃 찾기, 점점 더 작은 보자기를 만들어 올라타기 등 보자기를 이용한 여러 가지 자유놀이를 했다.

교사는 유아들과 함께 박쥐 자연관찰책을 살펴본 후, 박쥐의 다양한 움직임을 표현해보는 놀이를 제안했다. 이때 몸을 움직이며 서로 부딪히지 않도록 주의함과 동시에, 함께 움직이다 보면 약간 부딪히는 것은 어쩔 수 없는 일이니 이해하도록 이야기했다.

그러자 대부분의 유아들은 보자기를 목 주변에 묶어달라고 해서 박쥐 날개를 만들어, 빙빙 돌기 시작하더니 서로 쫓기고 쫓으며 잡기 놀이를 했다.

한 유아는 아빠박쥐가 아기박쥐를 안아주는 모습을 취했다. 그러자 유아들은 박쥐가족을 정하기 시작했다.

 "이리 와. 우린 박쥐가족이야."

 "아기박쥐들이 엄마박쥐에게 매달려서 젖을 쪽쪽 먹는구나."

박쥐소풍 놀이

교사는 좀 더 다양한 움직임이 표현되도록 유아들과 함께 박쥐의 생활을 다룬 유튜브 동영상을 시청했다. 그리고 자유롭게 움직일 수 있도록 교실보다 넓은 다목적실로 장소를 이동했다. 교사는 유아들의 다양한 움직임 표현을 위해 지속적인 추임새를 넣어주었다.

"박쥐는 눈이 좋지 않아 입과 코로 초음파를 보내 앞에 무엇이 있는지 알아낸다는데, 어떻게 표현해볼까?"

"박쥐는 먹이를 어떻게 잡았지?"

"박쥐는 뾰족한 입으로 먹이를 물고 날카로운 이빨로 먹는대."

"박쥐는 대부분 곤충을 먹는데, 꽃향기나 꽃가루를 좋아하는 박쥐도 있구나!"

몇몇 유아들은 박쥐소풍 놀이를 하겠다고 한쪽에 보자기를 펼치며 놀고 있었다. 교사는 넓은 장소로 이동한 보람을 느꼈다.

장소를 바꿔 이어지는 놀이2

올빼미 피하기

교사는 박쥐 극놀이로 전개될 수 있도록 책과 동영상에서 본 지식을 활용해 추임새를 계속 넣었다. 유아들은 교사의 추임새에 따라 움직임을 표현했다.

"흡혈박쥐 가족과 여우박쥐 가족이 함께 소풍을 와서 먹이를 찾고 있는데 갑자기 무서운 올빼미가 나타난 거야. 이 박쥐가족들은 어떻게 될까? 너희들이 역할을 정해서, 이 박쥐가족의 상황을 표현해볼까?

무서운 올빼미를 피해, 한쪽 구석에 있는 테이블 밑을 동굴이라고 정해 그곳에 숨어 휴식을 취하는 유아들도 있었다.

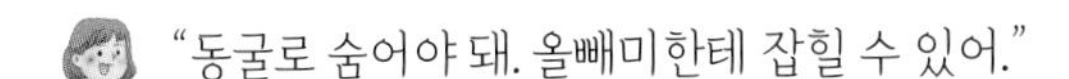

"동굴로 숨어야 돼. 올빼미한테 잡힐 수 있어."

"여기는 동굴이라서 올빼미 못 오지?"

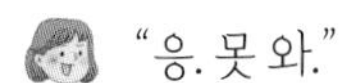

"응. 못 와."

"숨어!"

〈누리과정 영역별 내용〉

영역	내용
신체운동 · 건강	• 신체활동 즐기기 - 신체를 인식하고 움직인다. - 실내외 신체활동에 자발적으로 참여한다. • 안전하게 생활하기 - 일상에서 안전하게 놀이하고 생활한다.
의사소통	• 듣기와 말하기 - 자신의 경험, 느낌, 생각을 말한다. - 상대방이 하는 이야기를 듣고 관련해서 말한다. • 책과 이야기 즐기기 - 책에 관심을 가지고 상상하기를 즐긴다. - 말놀이와 이야기 짓기를 즐긴다.
사회관계	• 나를 알고 존중하기 - 내가 할 수 있는 것을 스스로 한다. • 더불어 생활하기 - 친구와 서로 도우며 사이좋게 지낸다. - 서로 다른 감정, 생각, 행동을 존중한다.
예술경험	• 창의적으로 표현하기 - 신체나 도구를 활용하여 움직임과 춤으로 자유롭게 표현한다. - 극놀이로 경험이나 이야기를 표현한다.
자연탐구	• 탐구과정 즐기기 - 주변 세계와 자연에 대해 지속적으로 호기심을 가진다. • 자연과 더불어 생활하기 - 주변의 동식물에 관심을 가진다. - 생명과 자연환경을 소중히 여긴다.

교사 이야기

보자기를 이용한 자유놀이를 관찰했을 때, 주로 꼬리잡기를 하며 뛰어노는 놀이가 주를 이루고 있었으며 단발적 놀이가 수시로 나타났다 사라졌다.
교사는 '놀이가 확장될 수 있도록 무엇인가를 제시해야 되지 않을까?'라는 생각이 계속 들었다. 자신이 하고자 하는 놀이에 대한 생각을 갖고 있다 보니, 유아들에게 이에 맞는 표현이 나올 수 있도록 계속해서 추임새와 상호작용을 하고 있는 교사 자신의 모습을 발견하게 되었다.

'이래도 되는 걸까? 놀이가 활동중심이 되는 건 아닐까?'
교사는 놀이하는 순간순간마다 고민했다. 그러나 유아들의 놀이를 보면서, 자신이 가졌던 고민과 놀이를 이끌어가는 방법에 대한 나름의 정의를 내릴 수 있었다. 바로, 교사가 유아들의 놀이를 인정해주면서 기다려주고 적절한 지원을 해줌으로써 놀이의 확장을 기대할 수 있다는 것이다. 교사의 지원은 장소가 될 수도 있고 재료가 될 수도 있으며, 놀이를 대하는 교사의 태도일 수도 있다.

유아주도의 놀이에 다가가기 위해서는 어떻게 해야 할까? 고민하던 교사는 마침내 답을 찾았다.
교사는 놀이에서 주제를 던지되, 그 안에서 놀이 방법과 과정은 유아들 스스로 찾을 수 있도록 지원하고 격려해주어야 한다. 그것이 바로 유아들이 누려야 할 권리인 '놀이'이며, 놀이를 올바르게 누리는 모습이다.

동료교사

"놀이가 확장되기 위해서는 경험이 중요한데, 매체를 활용해서 경험을 제공하는 것도 중요해 보여요. 다양한 움직임을 위해 동영상을 제공한 것도 참 좋았고, 책을 보고 확장된 활동도 흥미 있게 진행되었네요. 교사의 풍성한 재료 준비와 환경 구성 제안의 필요성을 느꼈습니다."

09 전부 보자기로 만들었어요

분 류 • 만 5세 • 교실, 바깥놀이터 • 소집단

준비물 다양한 재질과 크기의 보자기, 풍선, 여러 가지 장난감 등

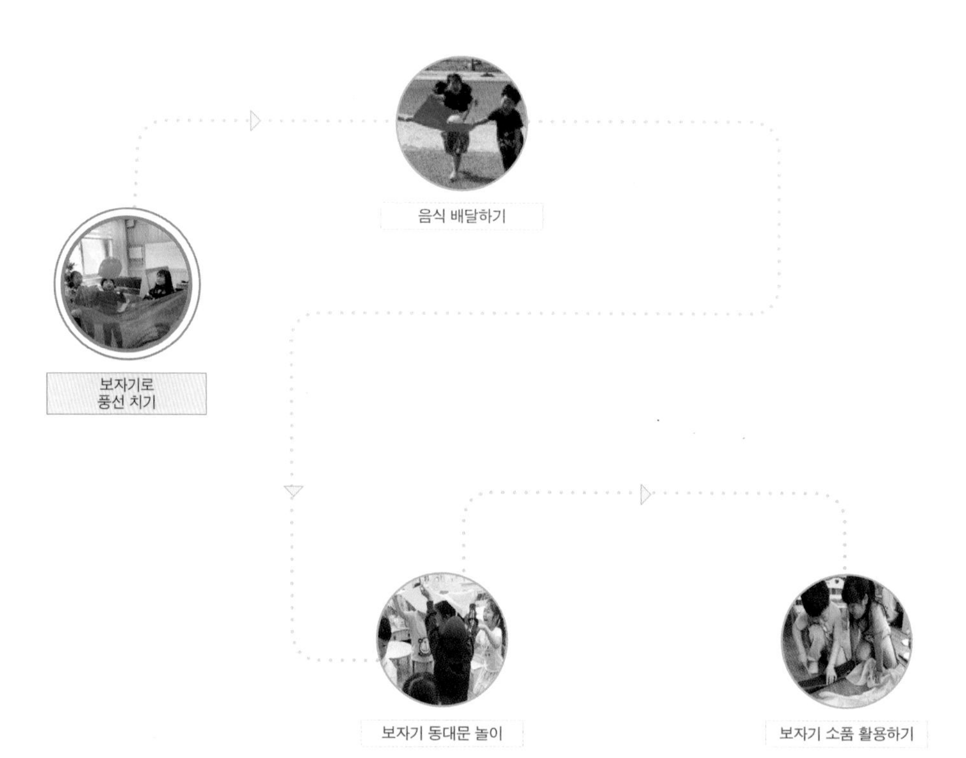

Tip 여러 가지 모양으로 변신하는 보자기는 놀이에서 빠질 수 없는 소품이랍니다. 실내뿐만 아니라 적당한 실외공간에도 보자기를 담을 주머니나 통을 놓아둔다면, 유아들이 어떤 소품놀이를 만들어낼지 기대되지 않나요?

여는 놀이 & 이어지는 놀이

보자기로 풍선 치기 & 음식 배달하기

역할영역에 기존의 보자기보다 다양한 색깔과 재질의 보자기를 추가해서 제공해주며, 유아들이 탐색하도록 했다.

 "우와! 보자기가 더 많아졌다. 이렇게 많은 보자기로 무슨 놀이를 하면 재미있을까?"

교사는 보자기로 풍선 치기 놀이나 보자기로 음식 옮기기 놀이 등 여러 가지 놀이도 직접 제안했다.

 "음식 배달 놀이 하고 있네. 우리, 보자기를 이용해서 음식 배달 게임 해볼까?"

 "네. 좋아요."

 "누구한테 배달해요? 빨리 해요."

보자기로 음식 배달하기 놀이는 밖에서 이루어졌다. 두 명의 유아가 보자기 위에 풍선을 놓고, 떨어지지 않게 빨리 배달하는 놀이이다. 유아들은 풍선 대신 음식을 보자기에 싸서 배달하자고 요구했다. 배달한 음식이 그대로 캠핑 놀이로 이어지자, 보자기는 천막으로 변신했다.

이어지는 놀이2

보자기 동대문 놀이

전에 함께 놀이했던 동대문 놀이를 기억해낸 유아의 제안으로, 유아들은 보자기를 활용해서 동대문을 만들어 놀이했다.

"보자기로 터널을 만들어서 동대문 놀이 하자!"

"분홍색으로 할까?"

"동대문 놀이 할 사람, 다 모여!"

"한 줄로 서야 돼. 그래야 통과할 수 있어."

"동동 동대문을 열어라~ 12시가 되면은 문을 닫는다."

놀이할 때 보자기를 잡고 있던 유아는 다른 놀이를 제안했다.

"보자기를 공으로 만들어서, 숨기고 찾기 놀이 하자!"

이어지는 놀이3

보자기 소품 활용하기

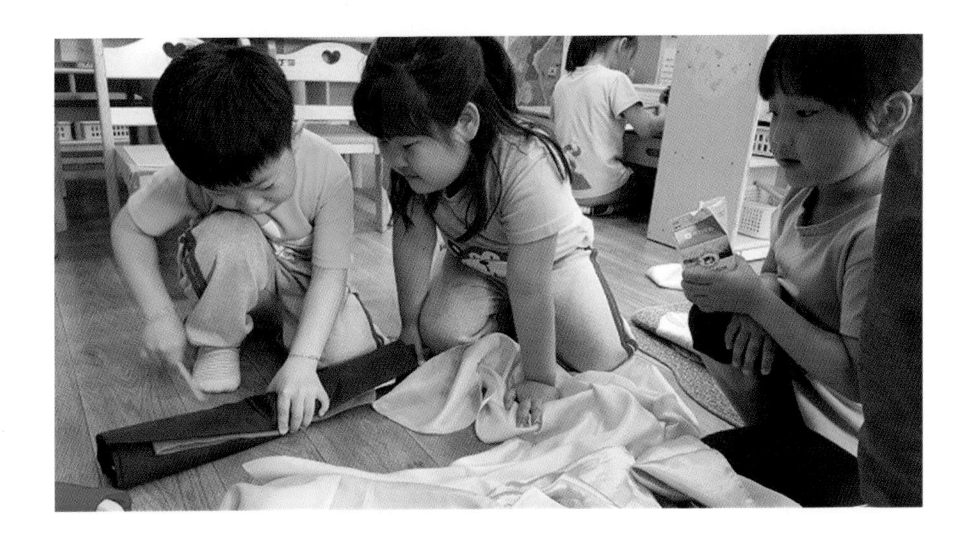

유아들은 보자기를 소품으로 활용하여 다양한 놀이를 즐겼다. 보자기는 컵 속의 물, 행주, 수건, 이불, 옷, 머리띠, 식탁보 등 여러 가지 소품으로 변신했다. 그 외에도 번데기 흉내 내기, 천막 치기, 슈퍼맨 놀이, 아기요람 놀이, 줄다리기, 이불 개기, 날개 달린 곤충 흉내 내기, 꼬리잡기, 유령 놀이, 캠핑 놀이, 보자기 공 찾기, 할로윈 의상 놀이, 김밥 만들기 등 유아들의 놀이는 계속 만들어지고 사라지기를 반복하고 있었다.

"그게 뭐야?"

"김밥이야. 시금치랑 햄 넣었어."

"나 시금치 싫은데."

"편식하면 안 돼. 이제 잘라서 먹을 거야."

"이 보자기 걸치니까 할로윈 같아."

"응. 그럼 우리 가면 만들까? 호박도 있어야 되는데."

〈누리과정 영역별 내용〉

영역	내용
신체운동 · 건강	• 신체활동 즐기기 - 신체를 인식하고 움직인다. - 신체 움직임을 조절한다. - 실내외 신체활동에 자발적으로 참여한다. • 안전하게 생활하기 - 일상에서 안전하게 놀이하고 생활한다.
의사소통	• 듣기와 말하기 - 자신의 경험, 느낌, 생각을 말한다. - 상대방이 하는 이야기를 듣고 관련해서 말한다. • 책과 이야기 즐기기 - 말놀이와 이야기 짓기를 즐긴다.
사회관계	• 더불어 생활하기 - 친구와 서로 도우며 사이좋게 지낸다. - 서로 다른 감정, 생각, 행동을 존중한다. - 약속과 규칙의 필요성을 알고 지킨다.
예술경험	• 아름다움 찾아보기 - 예술적 요소에 관심을 갖고 찾아본다. • 창의적으로 표현하기 - 다양한 미술 재료와 도구로 자신의 생각과 느낌을 표현한다. - 극놀이로 경험이나 이야기를 표현한다. • 예술 감상하기 - 서로 다른 예술 표현을 존중한다.

교사 이야기

보자기에 관심을 갖게 하기 위해 교사의 제안으로 신체활동이나 게임이 여러 종류 진행되었다. 꼬리잡기, 보자기로 풍선 치기, 음식 배달하기, 요람 태우기 등이었다.
그러나 유아들은 보자기를 신체활동에 활용하거나 주된 놀잇감으로 가지고 놀기보다는, 놀이의 소품으로 많이 활용했다. 보자기는 엄마 놀이의 이불이 되는가 하면, 어느 날은 캠핑 놀이의 텐트가 되기도 하고, 다른 날에는 할로윈데이의 멋진 의상으로 변신하기도 했다.
유아들의 놀이는 교사의 예상과는 다르게 진행이 될 때가 많아서, 교사는 자주 놀라곤 했다. 유아들은 교사가 제안한 놀이를 하기보다는 친구와 새로운 놀이를 하는 것에 더 재미를 느꼈고, 놀이영역의 단순한 놀잇감을 가지고도 보자기 놀이에 소품으로 사용했다.

보자기 놀이의 진행을 살피면서 다양한 크기와 재질의 보자기를 중간에 보충해주자, 유아들은 놀이소품으로 필요한 재질과 색깔의 보자기를 적절하게 골라서 놀이에 활용하는 모습도 보였다.
이와 같이 보자기는 놀이할 때 다양한 소품으로 활용될 수 있는 놀이재료이므로, 1년 내내 제공해주면 좋을 것이다.

교사는 유아들이 하는 보자기 놀이를 지켜보며 감탄했다. 유아들은 보자기 놀잇감을 이용하여 자신이 경험했던 그동안의 놀이를 되살리기도 하고 새로운 놀이를 만들어내기도 하면서 놀이에 재미를 더했다. 교사의 제안에 따르기보다 스스로 제안하고 만들어내며, 더 나아가 친구들의 참여까지 이끌어내는 유아들의 모습이 흐뭇했다.

동료교사

"놀이재료의 장기적 제공을 말씀하셨는데, 저는 중간에 치우고 싶은 마음이 들어 활성화되지 못했어요. 기다림이 정말 중요한 것 같네요. 재료를 충분히 탐색할 수 있었던 아이들에게서 다양한 놀이가 나왔다고 생각해요."

PART
3

비구조화 놀잇감으로 상자 놀이에 빠진 유아들

01 바지런한 일개미들

분 류 • 만 4~5세 • 교실, 바깥놀이터 • 개별활동, 소집단

준비물 다양한 크기의 상자, 종이벽돌 블록, 색연필이나 크레파스, 테이프, 노끈, 자전거 등

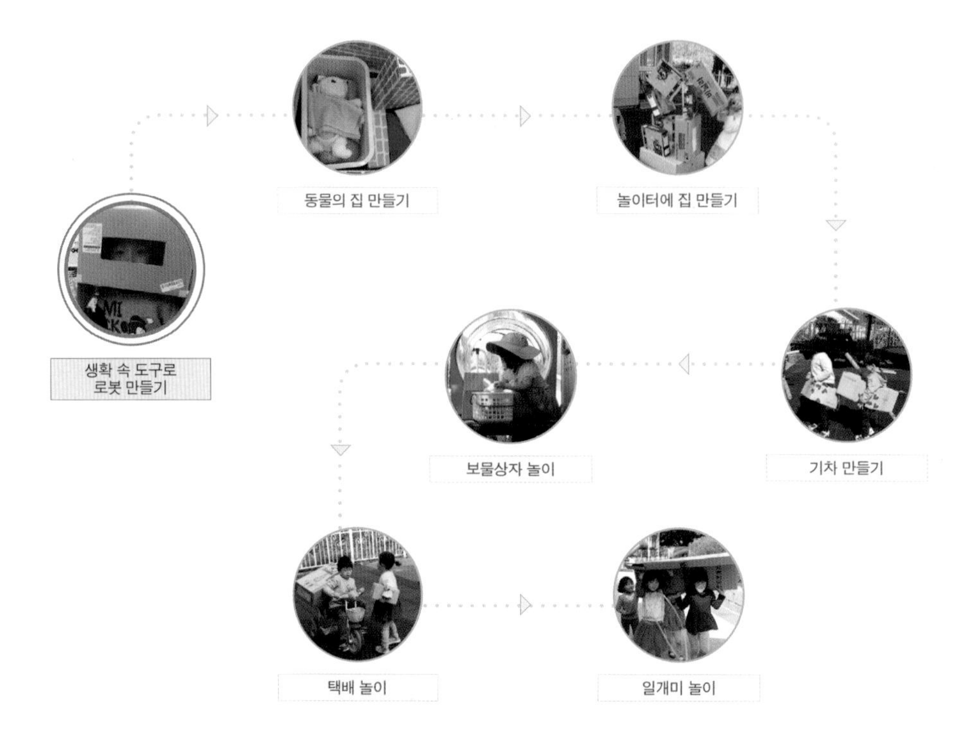

Tip 상자 놀이에는 다양한 크기와 종류의 상자가 필요해요. 우유갑처럼 작은 상자, 아이들의 몸을 다 가릴 정도의 큰 상자 등. 재활용 상자도 좋지만 이미 유치원 교실 안에 종이상자로 만들어진 교구가 많습니다. 열린 시각으로 교실을 둘러본 후, 환경을 조성해주세요.

여는 놀이

생활 속 도구로 로봇 만들기

상자 놀이를 열기 위해, 교사는 교실과 바깥놀이터에 유아들이 쉽게 들거나 옮길 수 있을 만큼 작은 상자를 제공했다. 조립된 상태와 펼쳐진 상태의 상자를 일부러 다양하게 준비해두었다.

 "교실에 있는 상자로 어떤 놀이를 할 수 있을까?"

유아들은 가면, 핸드폰, 로봇, 자동차 놀이를 하겠다며 교사에게 만들어달라고 요청했다. 무엇이든 스스로 해야 애착이 생기므로, 교사는 유아가 참여할 수 있는 발문을 시도했다.

 "그럼 ○○가 어디에 로봇의 눈을 만들어주면 좋을지 색연필로 표시해줄래?"

 "여기 눈 표시했어요. 나도 할 수 있어요."

 "당연하지, 우리 ○○도 스스로 할 수 있지!"

놀이의 가장 좋은 점은 '정답이 없다'라는 점이다. 교사에게는 유아의 선택을 존중하여 인정하는 자세가 필요하다.

이어지는 놀이

동물의 집 만들기

한 유아는 종이벽돌 블록과 상자로 공간을 만든 후, 토끼 인형을 안에 넣고 여기가 집이라고 교사에게 설명했다.

 "토끼가 정말 따뜻하겠네!"

교사가 유아의 설명을 듣고 놀이 추임새를 해주자, 유아는 작은 천을 가져다 인형의 몸을 덮어주었다.

 "토끼 친구들도 불러볼까? 또 어떤 동물들이 집에서 살 수 있을까?"

 "우리 집엔 고양이가 놀러 와요."

 "그럼 고양이도 데려올까?"

 "호랑이는 집에서 살 수 있을까?"

유아는 교사의 추임새를 듣고 강아지, 고양이, 햄스터, 코끼리, 호랑이 인형을 가져와 집에 누이기 시작했다.

장소를 바꿔 이어지는 놀이1

놀이터에 집 만들기

종이벽돌 블록과 작은 상자로 집을 만들어본 유아들은, 교실 밖에 자신들의 공간을 만들고 싶어 했다.

 "우리, 집도 만들고 싶어요! 바깥놀이터에 만들어요!"

 "바깥에다 집을 지으려면 필요한 것이 뭐가 있을까? 우리, 필요한 재료를 함께 찾아보자."

교사는 유아의 제안에 따라 교실에서 집을 짓기 위한 재료를 함께 찾아보았다. 유아들은 재료가 될 상자를 가져왔다.
만 5세인 △△에게 어떤 집을 짓고 싶은지 물어보자, 스케치북에 설계도면을 구상하여 교사에게 보여주었다.

 "이렇게 3층 집을 만들래요."

재료를 들고 놀이터로 나간 유아들은 다양한 크기의 상자를 높이 쌓아 집을 만들었다가 부수기도 하며 놀이했다.

기차 만들기

유아들이 집을 짓고 부수는 과정 중에 상자의 일부가 훼손되었다. 한 유아가 위아래가 뚫린 상자를 몸에 끼고 돌아다니기 시작하자, 다른 유아도 냉큼 상자 안에 들어갔다. 두 명이 한 상자에 들어가니 좁다고 느낀 유아가 기차 만들기를 제안했다.

 "기차 만드는 건 어때?"

 "우와~ 그럼 우리 다 탈 수 있겠네?"

 "자, 필요한 상자를 가져와 볼까?"

교사에게는 유아들의 생각을 구체화할 수 있도록 적절하게 발문하는 태도가 필요하다.

 "상자끼리 이으려면 어떤 재료가 필요하니?"

유아들은 테이프와 끈을 달라고 교사에게 요청했다. 교사가 바로 끈으로 이어줄 수도 있었지만, 아이들이 재료를 직접 사용할 수 있도록 기다려주었다.

장소를 바꿔 이어지는 놀이3

보물상자 놀이

장난감이 든 플라스틱 바구니를 가지고 나온 □□가 미끄럼틀 안에 앉아서 장난감을 상자에 옮기고 있었다. 교사의 물음에 □□는 손가락을 입 가까이 대더니 나지막한 목소리로 이야기했다.

 "□□야, 지금 뭐 하니?"

 "선생님, 비밀이에요. 여기에 제 보물이 숨겨져 있어요."

 "그래. 알았어. 그런데 선생님한테 어떤 보물인지 말해줄 수 있어?"

 "비밀이라니까요. 비밀은 말해주는 거 아니에요."

 "아. 그렇구나…. 비밀이었지? 미안~"

교사는 유아가 시작한 보물상자 놀이에 기꺼이 함께해주었다. 몸을 숙이고 유아의 목소리처럼 나지막하게 대답해주자, 유아는 귀엽게도 빙그레 웃었다. 유아의 놀이를 이해하기 위해서는 무엇보다도 가장 먼저, 유아의 시선으로 바라보아야 할 것이다.

장소를 바꿔 이어지는 놀이4

택배 놀이

만 5세 유아들은 상자 겉면에다 평소에 갖고 싶었던 물건 그림을 그리며, 마치 그 안에 실제 물건이 들어 있는 것처럼 뿌듯해했다.

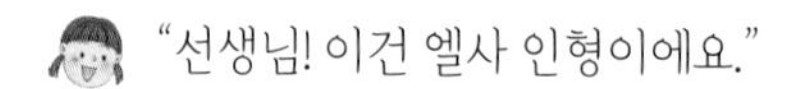

"선생님! 이건 엘사 인형이에요."

한편 다른 유아들은 바깥놀이터에 있는 자전거를 이용해 택배 놀이를 시작했다. 자전거 위에 유아들이 꾸민 상자를 싣고, 옮기는 것이다.

"오빠! 나 택배 보낼 것 있어."

"난 오빠 아닙니다."

잠시 생각에 잠겼던 유아는 다시 고쳐 말했다.

"기사님, 저 택배 보낼 것 있는데요?"

"네, 손님. 지금 배달하는 것 있으니까 조금 기다리세요."

발상을 바꿔 이어지는 놀이

일개미 놀이

상자 놀이의 마무리는 놀이에 사용된 여러 상자들을 정리하는 것이다. 이때, 유아들이 직접 기준을 세워 정리를 시작한다. 다시 놀 수 있는 상자는 조합놀이터 위에 올려둔다. 혹시라도 비나 바람이 불어 상자가 망가질 수 있기 때문이다. 조금 상한 상자는 테이프나 끈으로 고치지만, 더 이상 쓸 수 없을 만큼 망가진 상자는 놀이가 끝난 후 함께 정리를 한다.
상자의 분리배출을 위해 모든 유아가 함께 참여하여 옮기기 시작했다. 그러자 교사는 이것을 '일개미 놀이'라고 불러 유아들의 협동성을 높였다.

 "차례차례 상자를 가져가는 모습이 꼭 일개미 같구나."

 "킥킥킥, 일개미래~"

 "일개미~ 일개미~"

유아들은 일개미 놀이를 할 때 리듬을 붙여가며 흥을 돋웠다.
놀이만큼 중요한 것은 놀이 후 마무리 과정이다. 그러나 정리를 지나치게 강조하면, 유아들이 놀잇감 사용을 망설일 수 있다. 마무리 과정까지 즐겁게 참여할 수 있도록 교사의 지원이 필요하다.

〈누리과정 영역별 내용〉

영역	내용
신체운동 · 건강	• 신체활동 즐기기 - 신체 움직임을 조절한다. - 기초적인 이동운동, 제자리 운동, 도구를 이용한 운동을 한다. - 실내외 신체활동에 자발적으로 참여한다.
의사소통	• 듣기와 말하기 - 상황에 적절한 단어를 사용하여 말한다. - 상대방이 하는 이야기를 듣고 관련해서 말한다. • 책과 이야기 즐기기 - 동화, 동시에서 말의 재미를 느낀다. - 말놀이와 이야기 짓기를 즐긴다.
사회관계	• 나를 알고 존중하기 - 나의 감정을 알고 상황에 맞게 표현한다. - 내가 할 수 있는 것을 스스로 한다. • 더불어 생활하기 - 친구와 서로 도우며 사이좋게 지낸다. - 약속과 규칙의 필요성을 알고 지킨다.
예술경험	• 창의적으로 표현하기 - 신체, 사물, 악기로 간단한 소리와 리듬을 만들어본다. - 다양한 미술 재료와 도구로 자신의 생각과 느낌을 표현한다. • 예술 감상하기 - 다양한 예술을 감상하며 상상하기를 즐긴다.
자연탐구	• 탐구과정 즐기기 - 궁금한 것을 탐구하는 과정에 즐겁게 참여한다. - 탐구과정에서 서로 다른 생각에 관심을 가진다. • 생활 속에서 탐구하기 - 일상에서 모은 자료를 기준에 따라 분류한다 • 자연과 더불어 살기 - 주변의 동식물에 관심을 가진다.

교사 이야기

새로운 놀잇감에 열광하는 유아들도 있지만, 유아들의 놀이를 깊게 관찰하다 보면 익숙하거나 경험해본 놀잇감과 놀이가 많다는 것을 확인할 수 있다. 상자를 처음 제공해주었을 때 유아들은 큰 관심을 보이지는 않았다. 하지만 놀이공유 시간에 유아에게 생각할 기회를 제공하며 적극적으로 의견을 촉진하자, 차츰 관심을 보였다.
유아들은 교실의 종이벽돌 블록과 작은 상자로 로봇, 핸드폰, 가면, 인형의 집 등을 만들더니, 교실에서의 경험을 바탕으로 교실 밖의 놀이터에서 집 만들기, 기차놀이, 택배 놀이, 우리 유치원을 상징하는 커다란 로봇 만들기 등으로 놀이를 확장시켰다.

지금껏 종이상자와 종이벽돌 블록은 다른 놀이를 할 때 영역을 구분하기 위한 소재로 활용되거나 놀이의 보조자료 정도로 쓰였다. 그러나 유아들은 스스로 자유롭게 놀이를 만들어갈 수 있는 상자에 각별한 애정을 나타냈다.
물론 처음에는 익숙한 놀이로 시작됐다. 유아는 종이벽돌을 활용하여 집을 짓기 시작하더니, 다 만들어지자 동물을 안에다 넣고 '동물의 집' 놀이를 시작했다. 교사는 유아의 놀이를 방해하고 싶지 않아 한참을 살펴보며 유아가 필요로 할 때 필요한 재료를 제공해주었다. 왜 집이 필요한지 물어보자, 유아는 작년 경험한 청설모 프로젝트에서 청설모에게 집을 제공해주었던 일과 함께 동물에게 따뜻한 집이 필요하다고 이야기했다.
교사가 "또 집이 필요한 동물이 있을까?" 하고 묻자 유아는 또 다른 동물모형 중 집에서 기르는 동물을 골라 가져와 집에 누이고, 집의 크기를 넓히는 등 다시 놀이에 집중했다.
놀이와 학습은 교사의 기다림에 따라 구분될 수 있음을 느꼈으며, 유아들의 놀잇거리는 결국 경험에서 시작됨을 다시 확인했다.

동료교사

"집을 만들다 훼손된 상자를 보고 부드럽게 기차놀이로 전환하는 아이들! 유아 주도의 놀이는 이런 것이 좋네요. 일개미 놀이도 참 좋아요. 유아들은 놀이정리 시간을 힘들어하는데, 정리마저 놀이로 실현시키다니 놀라워요!"

02 상자 놀이의 대반란

분 류 • 만 4~5세 • 교실 • 개별활동, 대집단

준비물 다양한 상자, 여러 가지 색의 테이프 등

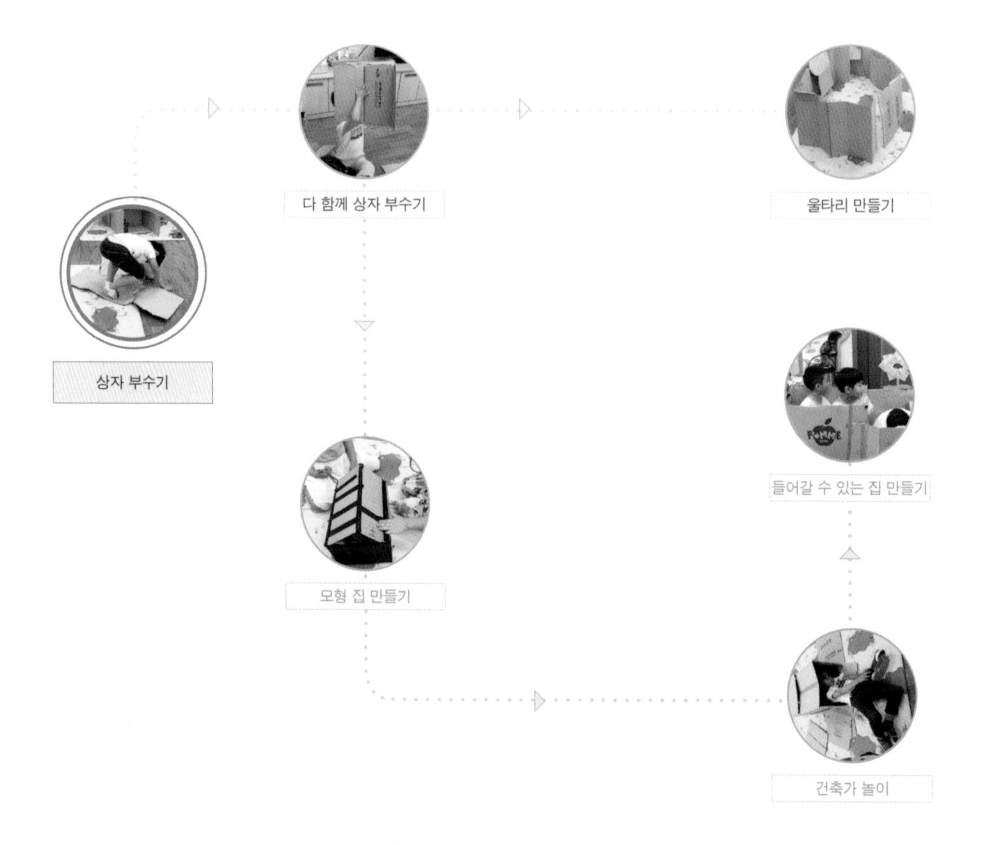

Tip 여러 가지 상자를 어떻게 계속 제공할 수 있을까요? 해답은 유치원으로 오는 여러 가지 택배에 있습니다. 놀다가 상자를 아무리 많이 망가뜨려도, 그 자리를 메울 새 상자를 계속 공급해주는 화수분이지요.

여는 놀이

상자 부수기

교사는 유아들의 상자 놀이 사진을 보며 유아들과 함께 이야기를 나누고, 상자 놀이를 확장시킬 아이디어를 공유했다. 그러면서 실제로 유아들에게 다양한 종류와 크기의 상자, 여러 가지 색의 테이프, 유치원 교실의 다양한 놀잇감(플레이콘, 색종이, 동물모형 등)을 제공했다.

 "상자로 무얼 하며 놀까?"

 "만들기 해요! 엄마 놀이도 하고 싶어요!"

 "타고 놀고 싶어요!"

그런데 아침에 기분이 안 좋은 상태로 등원한 유아가 상자를 보더니 주먹과 발로 부수기 시작했다.

 "아~ 두두두두, 팍팍, 씩씩! 아악~"

 "○○아~ 기분이 안 좋아 보여."

교사는 유아의 긍정적 혹은 부정적 감정을 표현하는 놀이를 인정해줄 필요가 있다.

이어지는 놀이

다 함께 상자 부수기

상자를 부수는 유아의 놀이를 본 다른 유아들은 놀이의 즐거움을 단번에 찾아내었다. 즐거운 상자 부수기 놀이는 그대로 친구들에게 전염되었고, 유아들은 작은 상자 안에 뛰어들어가 주저앉으며 웃었다.

"나도, 나도 상자 부술래!"

"나는 뛰어들어가서 주저앉아야지!"

"하하하하, 재밌다."

"나두 할래!"

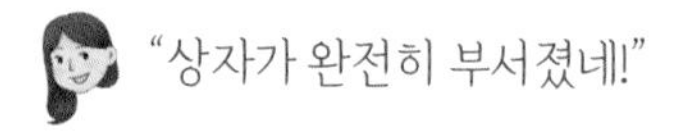
"상자가 완전히 부서졌네!"

교실 여기저기에서 상자 부서지는 소리와 함께 웃음소리가 가득했다.
상자 부수기 놀이는 부정적인 감정에서 시작되었지만, 놀이라는 형태를 거치자 모두 함께 즐길 수 있는 놀이가 되어 긍정적인 감정으로 변화했다.

발상을 바꿔 이어지는 놀이1

울타리 만들기

부서진 상자는 유아들의 상자 놀이의 패턴을 변화시켰다. 상자를 원형 그대로 유지하고 놀던 유아들은 해체된 상자 조각을 이용해 여러 가지 놀이를 하기 시작했다. 상자 조각은 유아들의 손에 의해 울타리로 만들어졌다. 유아들은 상자 조각끼리 이어서 울타리의 길이를 늘렸다.

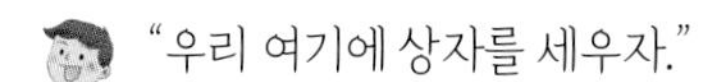

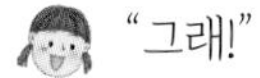

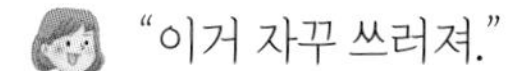

이렇게 저렇게 여러 가지 방법을 사용하던 유아 한 명이 상자를 접어 지지대를 만들었다.

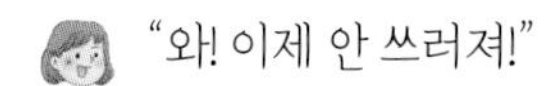

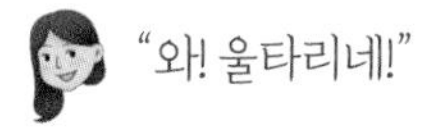

교사는 유아들에게 엄지를 척 들어 보였다. 언어적 추임새 못지않게 비언어적 추임새도 중요하다.

모형 집 만들기

유아들은 부서진 상자로 작은 모형 집을 만들기 시작했다. 그러나 작은 상자 조각은 중심을 잡지 못하고 자꾸 옆으로 쓰러졌다. 집이 자꾸 쓰러지자, 유아들은 상자와 상자 사이에 상자 조각을 끼우고 세워놓거나 테이프를 두껍게 붙이는 해결책을 고안해냈다.

 "왜 자꾸 쓰러지지?"

 "줘봐. 여기에 상자 조각을 넣어보자."

 "그래도 또 쓰러져. 아! 여기에 테이프 붙이자!"

 "좋아! 아주 많이 붙이자!"

교사는 유아의 놀이를 인정하는 추임새를 하고, 필요한 활동자료가 더 있는지 물어보며 유아들의 놀이를 지원했다.

 "테이프를 둘러서 붙여주니 탄탄해졌구나! 다른 색깔 테이프를 더 사다줄까?"

발상을 바꿔 이어지는 놀이3

건축가 놀이

조각난 상자는 다양한 놀이로 만들어졌다. 한 유아는 조각난 상자 조각을 이어서 몸이 들어갈 수 있는 공간을 만들었다. 그 공간에 들어간 유아는 건축가처럼 테이프를 붙이고 떼며 몰입하여 놀았다.

 "와~ 멋지다! 뭘 만드는 거야?"

 "네, 집이에요. 우리가 들어가서 놀 집이요."

그 이후에도 유아는 한동안 집중하여 집 만들기에 몰입했다. 얼마 후, 집을 완성한 유아는 최고의 놀이 추임새를 했다.

 "신나게 놀았더니 배고파요!"

 "배가 고플 정도로 진짜 재미있게 놀았구나!"

유아주도 놀이를 하면서 유아들은 "언제 놀아요?"가 아닌 "신나게 놀았어요!", "배고파요~"라는, 놀이에 있어서 최고의 추임새를 하곤 했다.

들어갈 수 있는 집 만들기

유아들은 각자가 만들던 집을 합쳐서 더 큰 집을 만들기도 했다.

"우리, 집 합칠까?"

"그래~ 그래서 우리 다 들어갈 수 있게 만들자!"

"너는 여기에 테이프 붙여줘."

"나는 이렇게 잡고 있을게."

"완전 커지겠다."

아이들은 놀이 속에서 함께하며, 자신의 놀이와 협동놀이를 스스로 만들어가고 있었다. 교사는 이런 아이들이 참 대견해서, 유아의 놀이를 인정해주는 언어적·정서적 지원을 해주었다. 그리고 한 번 더 엄지를 척 들어 보였다.

 "어머! 힘을 합쳐서 더 큰 집을 만드나 보구나! 좋은 생각인데!"

〈누리과정 영역별 내용〉

영역	내용
신체운동 · 건강	• 신체활동 즐기기 - 실내외 신체활동에 자발적으로 참여한다. • 건강하게 생활하기 - 하루 일과에서 적당한 휴식을 취한다. • 안전하게 생활하기 - 일상에서 안전하게 놀이하고 생활한다.
의사소통	• 듣기와 말하기 - 상대방이 하는 이야기를 듣고 관련해서 말한다. - 상황에 적절한 단어를 사용하여 말한다. - 자신의 경험, 느낌, 생각을 말한다.
사회관계	• 더불어 생활하기 - 친구와 서로 도우며 사이좋게 지낸다. - 서로 다른 감정, 생각, 행동을 존중한다. • 사회에 관심 가지기 - 내가 살고 있는 곳에 대해 궁금한 것을 알아본다.
예술경험	• 창의적으로 표현하기 - 다양한 미술 재료와 도구로 자신의 생각과 느낌을 표현한다. • 아름다움 찾아보기 - 예술적 요소에 관심을 갖고 찾아본다.
자연탐구	• 생활 속에서 탐구하기 - 물체의 특성과 변화를 여러 가지 방법으로 탐색한다. - 물체의 위치와 방향, 모양을 알고 구별한다. - 일상에서 길이, 무게 등의 속성을 비교한다.

교사 이야기

상자는 여러 가지 놀이를 만들어내는 비(非)구조화 놀잇감이었다. 처음엔 '상자를 어떻게 구해서 가져다줘야 할까?'라는 놀이 지원 고민을 하게 되었다. 그러나 고민과 달리 상자는 우리 주변에서 손쉽게 구할 수 있는 놀이 도구였다. 그 대표적인 예가 집과 학교로 배달되어오는 택배상자였다. 교사는 상자 놀이를 지원하면서 주위를 잘 살펴보게 되었고, 주변에 우리 아이들이 가지고 놀 비구조화 놀잇감은 아주 많이 있다는 것을 알게 되었다.

기분이 안 좋게 등원한 유아의 상자를 부수는 행동을 보는 순간, 교사는 잠깐의 고민이 있었다. 하지만 놀이의 주인인 유아의 행동을 존중하기로 결심하자, 유아주도의 놀이는 확장되고 다양해졌다.
사람의 인생도 그럴 것이다. 원형을 깨지 않으려고 하다보면 답답해지고, 달성할 수 있는 일이 적어진다. 하지만 틀을 깨고 실패도 해보고 고민도 하다 보면, 어느덧 자신이 하고 싶은 일을 다양하게 하고 있을 것이다. 어린 유아들은 인생의 진리를 교사보다 먼저 알고 있었다.

2019 개정 유아중심 놀이중심 교육과정도 그렇다. 교사가 인식하고 있는 놀이 및 교육에 대한 틀을 깨야 한다. 놀이의 형식, 시간, 공간, 방법 등을 말이다. 그러면 놀이는 더 다양해지고 풍부해질 것이다.
또한 교사는 유아를 관찰하고, 유아 스스로 배울 수 있는 놀이를 지원하며, 적절한 시기에 추임새를 넣어 놀이를 더 홍이 나게 하여 유아의 발달을 돕는 역할을 해야 할 것이다.

동료교사

"아이들과 놀이할 때 '이 놀이는 교육적일까? 이 놀이는 말려야 하지 않을까?'라며 내심 고민이 많은 저는 내면의 추임새에 공감했습니다. 경험에서 나오는 유아들의 놀이가, 공간이 확장됨에 따라 다양한 놀이 확장을 거듭하는 모습도 좋아요."

03 나는야 상자 예술가

분 류 • 만 4~5세 • 교실, 뜰, 숲 • 개별활동, 대집단

준비물 다양한 상자, 여러 가지 색의 테이프, 여러 가지 꾸미기 재료(크레파스, 사인펜, 색연필, 풀, 가위, 본드) 등

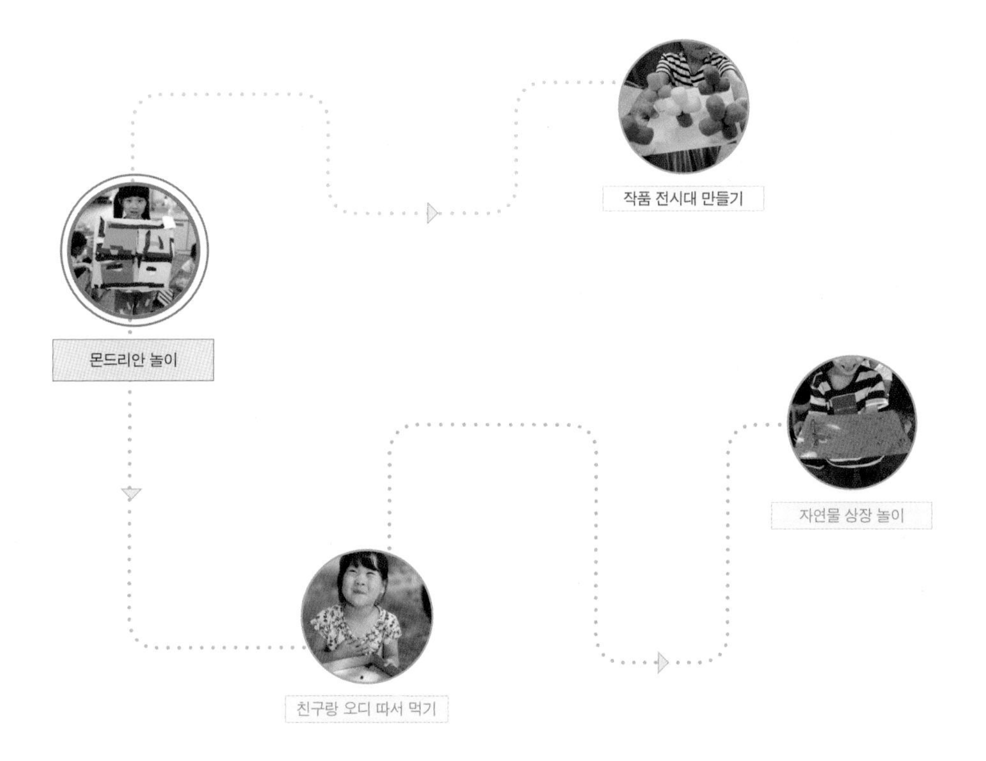

Tip 상자와 함께 제공되는 다양한 꾸미기 재료(크레파스, 사인펜, 색연필, 풀, 가위, 본드, 테이프 등)와 계절마다 볼 수 있는 다양한 자연물은 아이들의 상자 놀이를 확장하는 자료이자 아이들의 생각을 이해하게 되는 중간 매개체입니다.

몬드리안 놀이

유아들은 부순 상자의 조각으로 자기만의 개성 있는 미술작품도 만들기 시작했다. 한 유아는 크고 작은 상자 조각을 여러 가지 색의 테이프로 붙이고 색종이도 붙였다. 여러 가지 색면을 검정색의 두꺼운 선이 나누고 있는 모습이 흡사 몬드리안의 명화 '빨강, 파랑, 노랑의 구성' 같았다.

 "선생님! 이거 사진 찍어주세요."

 "와! 멋지다."

 "이거 내가 만든 거예요. 색종이를 모아서 붙였어요."

 "뭘 사용했어?"

 "검정색 테이프로 붙였어요."

 "예술가 작품 같아~ 진짜 좋다! 유치원 교실에 걸어두고 싶어."

교사는 진심으로 몬드리안의 그림보다 유아의 색종이 구성 작품이 더 예술작품으로 보였다.

이어지는 놀이

작품 전시대 만들기

유아들은 상자 조각에 색지를 붙여 작품 전시대도 만들었다. 튼튼한 상자 조각은 미술 작품을 올려 놓기에 알맞았다.

 "선생님, 이거 보세요!"

 "이렇게 하니 전시대가 되네!"

 "네! 여기에 색종이 붙였어요."

 "색종이 위에 있는 건 뭘 만든 거야?"

 "이건 나무예요. 여긴 나무가 많은 정원이에요."

 "그러게. 지난번 공원에 갔을 때 보았던 나무들 같구나!"

유아들은 여러 가지 예술 조형물을 만들며 푹 빠져 놀았다. 유아들의 풍부한 창의력은 예술가의 창의력을 능가한다.

장소를 바꿔 이어지는 놀이1

친구랑 오디 따서 먹기

날씨가 좋은 어느 날, 유아들은 상자를 가지고 밖에 나가서 놀았으면 좋겠다는 의견을 냈다.

 "선생님! 우리, 상자 가지고 밖에 나가서 놀아요."

 "그래, 좋은 생각이야! 우리 나가서 놀자!"

알고 보니 유아들에게는 상자를 가지고 나갈 만한 이유가 있었다.

 "우리 오디 먹자."

 "그래. 우리 많이 따서 먹자."

 "응. 우리 상자에 오디 많이 모으자."

유치원 뜰 안의 오디나무에 오디가 달콤하게 익어가던 날, 유아들은 제철 과일 오디의 맛을 즐기는 미식가가 되려고 했던 것이다.

장소를 바꿔 이어지는 놀이2

자연물 상장 놀이

유치원 안에 있는 자연숲에서 유아들은 상자를 가지고 놀았다. 교사는 유아들에게 바깥놀이에 가지고 갈 상자와 함께, 필요한 놀잇감을 물어보았다.

 "얘들아, 무얼 더 가지고 나가서 놀면 좋을까?"

 "테이프요! 우리 상자에 여러 가지 붙이고 싶어요."

 "그래. 좋아!"

이러한 놀이 소통을 거쳐 탄생한 '자연물 상장'을 가지고 유아들은 서로 칭찬을 주고받았다.

 "위 어린이는 유치원 활동에 열심히 참여하여 이 상장을 줍니다."

 "나도 너한테 상장 줄게. 위 어린이는 유치원 활동에 열심히 참여하여 이 상장을 줍니다."

자연과 상자가 결합해 '자연물 상장'이라는 놀이의 결실을 낳는 모습을 보고, 교사는 아이들의 기발한 생각과 무궁무진한 놀이환경에 감탄했다.

〈누리과정 영역별 내용〉

영역	내용
신체운동 · 건강	• 신체활동 즐기기 - 신체를 인식하고 움직인다. - 실내외 신체활동에 자발적으로 참여한다. • 건강하게 생활하기 - 몸에 좋은 음식에 관심을 가지고 바른 태도로 즐겁게 먹는다.
의사소통	• 듣기와 말하기 - 상대방이 하는 이야기를 듣고 관련해서 말한다. - 고운 말을 사용한다. • 읽기와 쓰기에 관심을 가지기 - 말과 글의 관계에 관심을 가진다. - 주변의 상징, 글자 등의 읽기에 관심을 가진다.
사회관계	• 나를 알고 존중하기 - 내가 할 수 있는 것을 스스로 한다. • 더불어 생활하기 - 친구와 서로 도우며 사이좋게 지낸다. - 서로 다른 감정, 생각, 행동을 존중한다.
예술경험	• 창의적으로 표현하기 - 신체, 사물, 악기로 간단한 소리와 리듬을 만들어본다. - 다양한 미술 재료와 도구로 자신의 생각과 느낌을 표현한다. • 예술 감상하기 - 다양한 예술을 감상하며 상상하기를 즐긴다.
자연탐구	• 탐구과정 즐기기 - 궁금한 것을 탐구하는 과정에 즐겁게 참여한다. • 생활 속에서 탐구하기 - 일상에서 길이, 무게 등의 속성을 비교한다. - 일상에서 모은 자료를 기준에 따라 분류한다.

교사 이야기

자기가 만든 작품을 가지고 와서 "선생님~" 하고 부르는 유아의 목소리엔 참 많은 것이 들어 있다. "선생님, 나 정말 잘했죠!", "선생님, 이거 정말 멋지지 않아요?", "선생님, 나 진짜로 열심히 했어요!", "선생님, 제 작품을 보고 깜짝 놀랄걸요!" 등등.

우리 사랑이들은 상자와 여러 가지 비구조화된 놀잇감을 가지고 다양한 예술작품을 만들어내고 있었다.

아이들 안에는 여러 예술가들이 숨어 있다는 생각이 든다. 아이들이 놀이를 통해 예술작품을 만들어내는 것은 인간의 자연스러운 본능이기도 하다. 아이들은 예술과 놀이 본능으로 상자를 가지고 자기 자신을 표현하며 즐거움을 느끼고, 지원된 여러 가지 놀이자료를 잘 융합하여 놀이 예술을 꽃피우는 것이다.

그러고 보면 예술과 놀이는 참 많은 점이 닮은 듯하다.

예술은 본능이며 발달과정이다. 예술은 정답이 없는 창조활동이다. 예술은 자기 자신을 표현한다. 놀이 또한 본능이며 발달과정이다. 놀이 또한 정답이 없고 창조적이다. 놀이 또한 자기 자신을 표현한다.

그러므로 예술은 곧 놀이이고, 놀이는 곧 예술이다. 유아들은 상자 놀이를 하는 예술가였고, 예술을 하는 상자 놀이 작가였다. 이러한 확실한 증거가 있는데 어찌, 우리 아이들을 예술가라고 지칭하지 않을 수 있을까?

인간이 행복해지기 위해서는 일상에서 예술을 즐길 줄 알아야 한다는 말이 있다. 유아들은 일상에서 놀이를 즐기고, 그 속에서 예술을 표현하고 있었다. 유아들의 놀이를 잘 관찰하다 보면, 아이들이 표현하는 창의성이 바로 예술 그 자체임을 알 수 있었다.

동료교사

"와! 아이가 만들어낸 작품이 정말 몬드리안의 작품과 똑같아요~ 아이들의 손은 정말 예술가의 손인 것 같아요! 색종이와 종이상자에 테이프가 있었을 뿐인데, 어쩜 저렇게 근사한 작품을 만들까요?"

04 부릉부릉 상자 자동차

분 류 • 만 3세 • 교실 • 대집단

준비물 다양한 종류의 상자, 가위, 풀, 테이프, 그리기 도구 등

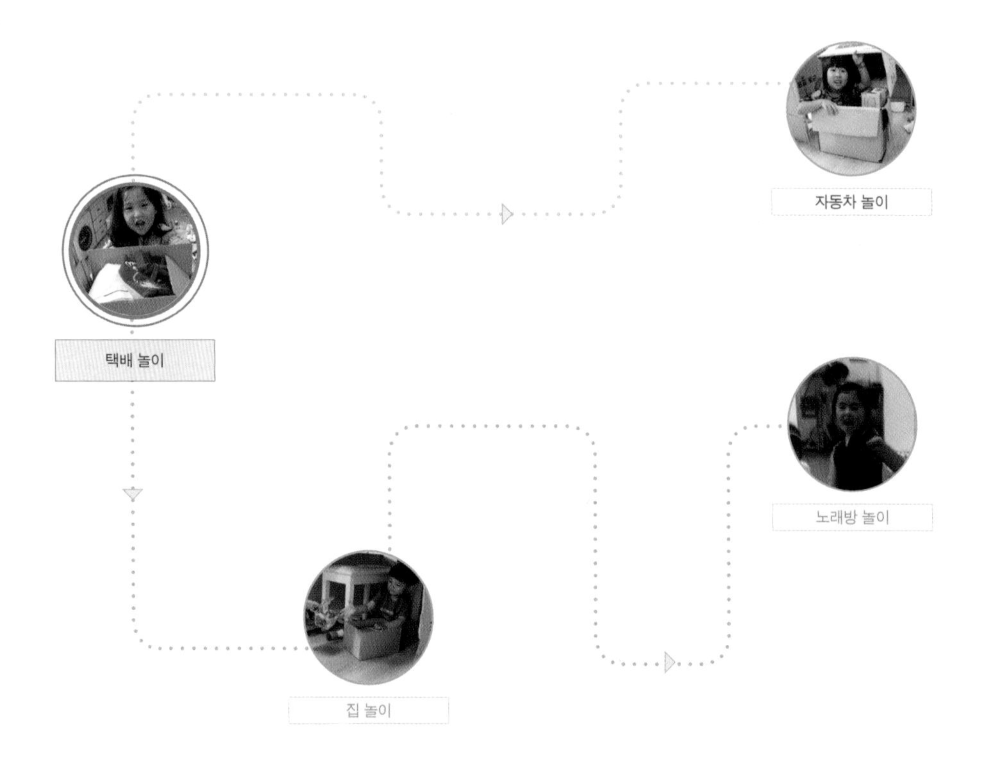

Tip 보여주기식 놀이로 상자를 꾸미는 데만 집중하다 보면 유아가 흥미를 잃기도 해요. 꾸미는 놀이를 좋아하는 유아에게는 꾸미기 재료를 다양하게 제공해주고, 상상의 놀이를 좋아하는 유아에게는 유아의 놀이 흐름에 즐겁게 따라주세요. 유아의 성향에 따라 놀이하면 놀이가 더욱 풍성해져요.

여는 놀이

택배 놀이

다양한 크기의 상자, 가위, 풀, 테이프, 그리기 도구를 기본적으로 준비해두었다. 그 외에 유치원에 크고 작은 상자가 생길 때마다 수시로 제공해주었다.
상자를 제공해주자 가장 먼저 택배 놀이가 시작되었다. 상자 안에 다양한 물건을 넣고 들고 다니던 유아는 포장된 택배상자처럼 테이프를 붙이려다, 잘 되지 않자 교사에게 도움을 요청했다.

 "선생님, 테이프 붙여주세요!"

 "테이프는 왜?"

 "테이프를 붙여야지요, 안 붙이면 트럭에서 다 쏟아져서 없어지죠."

 "테이프 붙여서 누구에게 보내주려고?"

 "엄마지요~ 엄마한테 자랑할 거예요."

유아들은 상자를 이용해 자동차 놀이나 택배 놀이를 가장 많이 했고, 놀이활동 기간 동안 거의 매일 상자 놀이가 이어졌다.

이어지는 놀이

자동차 놀이

상자 안에 들어간 유아가 이 상자는 자동차라고 하자, 다른 유아가 그 상자를 밀어주었다.

 "자동차에 바퀴를 만들어서 붙여줄까? 방향을 바꾸려면 운전대도 있어야지."

자동차 놀이를 하는 유아에게, 자동차에 바퀴나 핸들을 달거나 겉모양을 꾸미는 것을 제안해보았다. 그러나 유아들에게는 눈으로 보이는 자동차의 모습이 전부가 아니라, 상상 속에 존재하는 자동차의 모습이 있었던 듯했다.

 "이게 바퀴고, 이게 운전하는 손잡이예요. 여기가 창문이구요."

 "아, 그렇구나…. 선생님이 못 봤네."

 "빨간색이에요."

 "아하, 빨간색 차였구나!"

교사에게 자동차의 모습을 설명해준 유아들은 그림 그리기, 색칠하기 등의 만들고 꾸미는 활동보다 상자를 가지고 놀이하는 활동에 집중하고 싶어 하는 모습이었다.

발상을 바꿔 이어지는 놀이1 & 발상을 바꿔 이어지는 놀이2

집 놀이 & 노래방 놀이

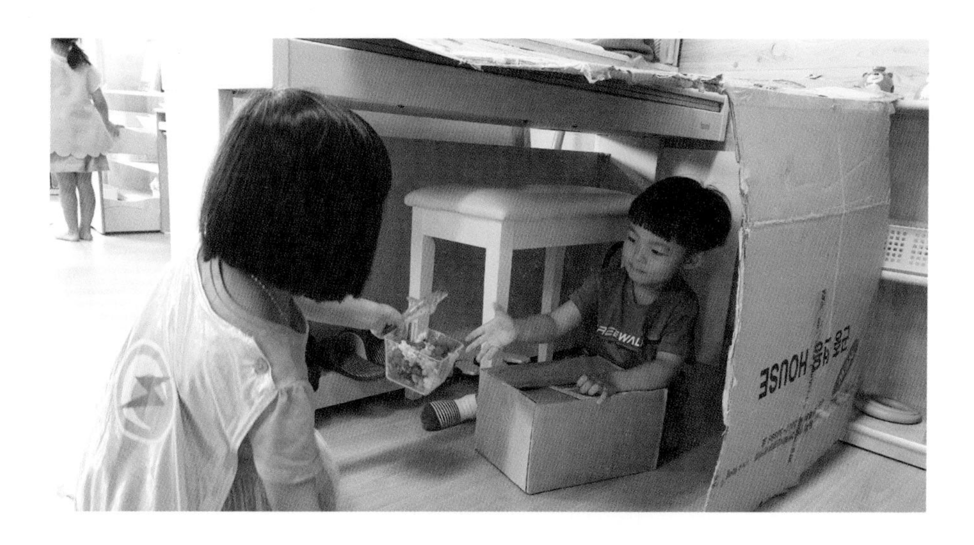

유아들은 가지고 놀던 상자가 찢어져도 다른 놀잇감으로 바꾸기보다 그대로 계속 가지고 놀고 싶어 하며 애착을 보였다.

"선생님, 상자가 찢어졌는데 더 갖고 놀고 싶어요."

"찢어졌는데 어떻게 가지고 놀지? 여기에 그림 그릴까?"

"음, 이걸로 집 만들어주세요."

"이 상자는 튼튼하지 않아서 금방 무너질 텐데, 무슨 방법이 없을까?"

"그럼 지붕만 만들어주세요. 저기 피아노가 벽이에요."

"여기는 우리 집이야. 집이 좁으니까 세 명만 들어올 수 있어!"

유아들은 집 안에서 악기와 마이크를 이용해 노래를 하다가, 노래방 놀이를 시작했다.

"여기서 노래하니까 꼭 노래방 같다. 이제부터 노래방이라고 할까?"

〈누리과정 영역별 내용〉

영역	내용
신체운동 · 건강	• 신체활동 즐기기 - 신체를 인식하고 움직인다. - 실내외 신체활동에 자발적으로 참여한다. • 안전하게 생활하기 - 일상에서 안전하게 놀이하고 생활한다.
의사소통	• 듣기와 말하기 - 말이나 이야기를 관심 있게 듣는다. - 자신의 경험, 느낌, 생각을 말한다. - 상대방이 하는 이야기를 듣고 관련해서 말한다.
사회관계	• 나를 알고 존중하기 - 내가 할 수 있는 것을 스스로 한다. • 더불어 생활하기 - 서로 다른 감정, 행동을 존중한다.
예술경험	• 창의적으로 표현하기 - 다양한 미술 재료와 도구로 자신의 생각과 느낌을 표현한다. - 극놀이로 경험이나 이야기를 표현한다. • 예술 감상하기 - 서로 다른 예술 표현을 존중한다.
자연탐구	• 탐구과정 즐기기 - 탐구과정에서 서로 다른 생각에 관심을 가진다. • 생활 속에서 탐구하기 - 물체의 위치와 방향, 모양을 알고 구별한다. - 도구와 기계에 관심을 가진다.

교사 이야기

상자는 주변에서 흔히 구할 수 있는 재료이며 유아들이 가장 좋아하는 놀잇감 중 하나이다. 유아들은 작은 상자를 받자 무엇인가 담을 거리를 찾아 상자에 담고 테이프로 포장하고 다시 뜯고 포장하고를 반복했다. 교사가 큰 상자를 제공해주자 유아들은 머리, 다리, 몸 전체를 상자에 넣고 하는 놀이를 즐겼다.

교사는 자동차 놀이를 하는 유아에게 좀 더 자동차다운 모양으로 만들고 꾸미길 권유했다. 기성품인 멋진 자동차 모양 상자도 제공해주었으나, 몇 명의 유아만 하루 정도 관심을 보이며 그림을 그리거나 색칠을 하며 놀이했고 그다음 날부터는 교실 한쪽 구석을 차지하게 되었다. 유아들은 상상으로 만들어져 아무 장식도 없는 상자 자동차를 일주일이 지나도 계속 갖고 놀고 싶어 했고, 한껏 신이 난 모습을 보였다.
교사는 교사로서의 욕심을 버리고 유아가 원하는 대로 자동차를 끌어주고 밀어주는 도움만 주었는데, 훨씬 즐겁게 놀이하는 모습을 볼 수 있었다.

교사가 찢어진 상자를 지붕처럼 연결해 간단하게 공간을 만들어주었을 때도, 어른의 시선으로는 지저분하고 정돈되지 않아 보여 좀 더 깔끔하고 예쁘게 꾸미고 싶어서 다양한 제안을 해보았다. 그러나 유아들은 몇 차례에 걸쳐 자신들만의 보수를 진행하면서 꾸준히 놀이를 진행했고 매우 즐거워했다.
유아들의 놀이를 바라볼 때는 교사의 시선보다 유아의 시선에서 함께 바라보기가 중요한 것 같다. 교사의 눈에 보이는 구조적 결함이, 유아들에게는 또 다른 놀이의 통로인 듯 싶다.

동료교사

"아이들이 스스로 만들어 노는 놀잇감이 최고라는 것을 다시 실감하는 시간이었습니다. 아이들은 상자로 만든 공간에 들어가서, 놀고 쉬면서 안정을 취하는 것 같아요. 놀이환경에 대한 생각을 하게 됐답니다."

05 상자는 변신쟁이

분 류 • 만 5세 • 넓은 실내공간, 바깥놀이터 • 대집단

준비물 다양한 크기와 종류의 상자, 그리기 도구, 가위 등

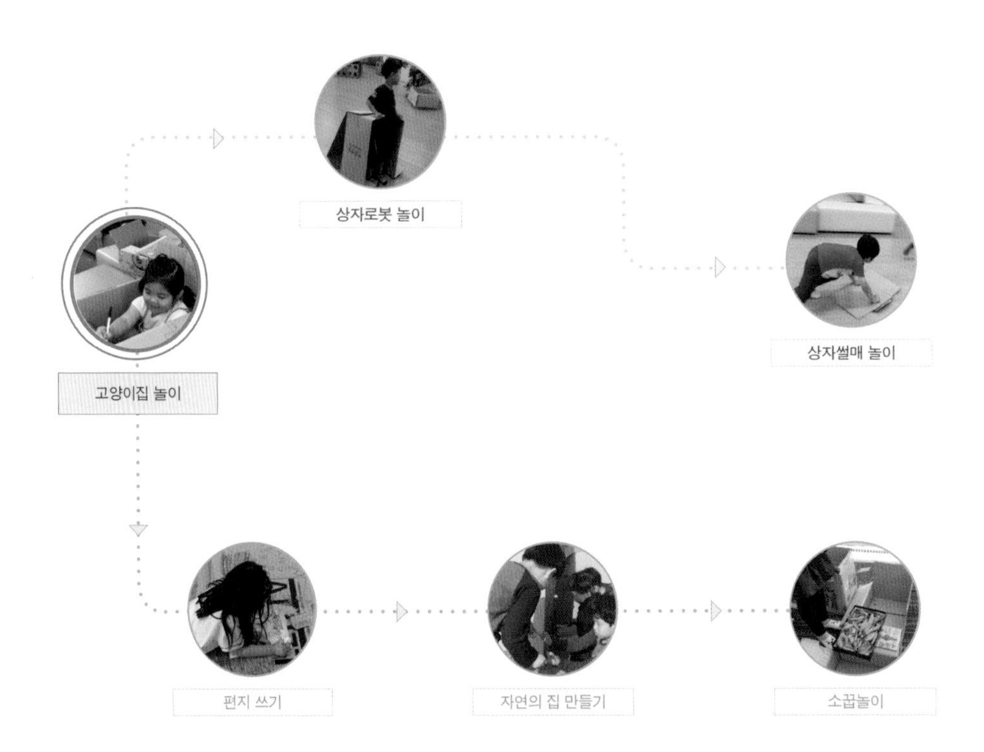

Tip 놀잇감인 상자의 크기가 다양한 만큼 교실을 벗어나 복도, 넓은 공간, 실외놀이터 등 장소에 변화를 준다면 상자의 변신은 더 무궁무진할 거예요. 밖에서 놀이를 한다면 미술도구(가위, 그리기 도구, 테이프 등)와 함께 혹시 모를 유아의 요구에 대비한 문구용 칼도 교사가 준비하면 좋을 것 같아요.

여는 놀이

고양이집 놀이

교사는 교실 영역에서 작은 상자를 이용하여 놀잇감을 만들며 놀기를 원했다. 그러나 유아들은 가정에서 가져온 상자 놀잇감과, 유치원에서 수집한 여러 가지 크기의 상자로 놀고 싶다고 했다. 교사는 유아들의 요구를 수용하여 공간이 넓은 어울림방으로 놀이장소를 변경했다.
여자아이들은 각자 상자를 정해서 꾸미거나 글자를 쓰고 고양이집 놀이를 시작했다.

"여기는 내 집이야. 창문도 만들어야지."

남자아이들도 각자 상자를 차지해 그 안에 들어앉자, 한 유아가 먹이를 주며 고양이집 놀이를 했다.

"야, 나한테도 먹이 줘야지."

교사는 강아지도 있는데 왜 '고양이집'이란 놀이를 하는지 궁금해 유아들에게 물어보았다.

"고양이는 귀여워요."

"우리 집에 고양이 키워요."

유아들은 집에서 키우는 고양이의 행동을 보고 놀이로 만들고 있었던 것이다.

상자로봇 놀이 & 상자썰매 놀이

유아들은 교사에게 상자를 원하는 모양으로 잘라달라고 요구했다. 상자 옆면을 잘라줬을 뿐인데, 유아의 몸이 그 속으로 들어가니 멋진 로봇이 되었다. 그 모습을 보던 유아는 쌍둥이 로봇이라며 친구의 로봇처럼 움직이는 행동을 따라 했다.
로봇 놀이를 하던 상자가 망가지자, 유아들은 한쪽 면을 찢어 어울림방의 마룻바닥에 깔고 그 위에 올라탔다. 뛰는 속도와 힘을 이용해 썰매 놀이가 시작되었다.

 "이거 썰매야! 하하, 나 좀 봐. 썰매 탄다."

 "우리 시합 할까?"

썰매를 타는 유아들 옆을 지나가던 한 유아는 그 유아들에게 다가가 "부딪히지 않게 타."라며 놀이 안전에 대한 약속을 상기시켜주기도 했다.
그렇게 한참 동안 상자 조각을 밀며 썰매를 타던 유아는 도전을 시도했다.

 "우리 서서도 타볼까?"

발상을 바꿔 이어지는 놀이

편지 쓰기

고양이집 놀이를 하던 여자아이들은 상자에 글자나 그림을 그려넣더니 종이에 편지를 써서 남자아이들이 놀고 있는 곳으로 던지기 시작했다.

 "편지 써야지. 선생님, '좋은 아침' 어떻게 써요? 써주세요."

 "'좋은 아침'이라고 써주면 되는 거니?"

교사가 '좋은 아침'이라고 써주자 유아는 똑같이 따라 쓰고 자신이 쓸 수 있는 나머지 내용을 썼다.

"'좋은 아침, 나 자니까 들어오지 마.' 다 썼다."

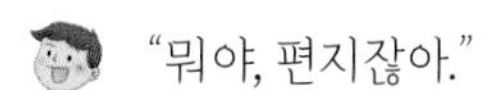
"뭐야, 편지잖아."

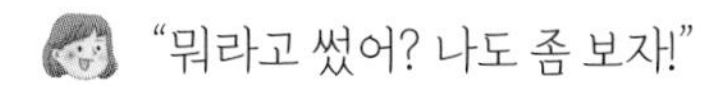
"뭐라고 썼어? 나도 좀 보자!"

편지를 써서 한참을 던지고 받기를 반복하더니, 배달을 해주겠다는 유아가 나타나기도 했다.

장소를 바꿔 이어지는 놀이1

자연의 집 만들기

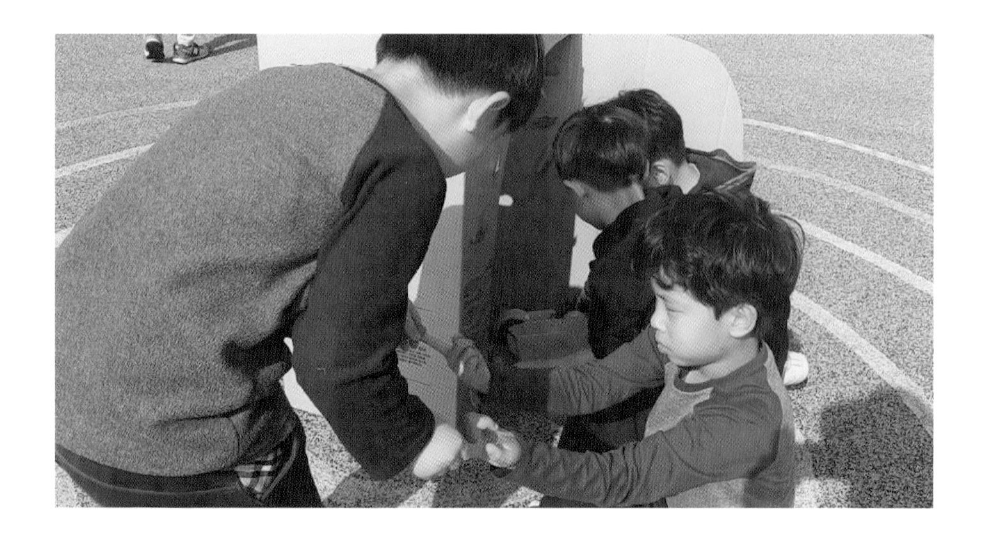

고양이집이었던 상자는 사람의 집이 되어 친구를 초대하며 소꿉놀이로 확장됐다. 유아들은 상자집을 자유자재로 들고 다니며 바깥놀이터에서 놀이시설물과 한 건물이 되게끔 만들기도 하고, 친구들이 있는 곳을 찾아다니며 이사 놀이도 했다.

하나의 놀잇감을 공유해야 하는 놀이라 유아들 사이에 갈등이 생길까 염려한 교사의 걱정은 기우였다. 유아들은 자신의 의견을 말하고 친구의 생각을 존중하며 놀이를 지속해갔다. 교사의 마음을 흐뭇하게 만든 장면이었다.

"우리 이거 이따가 친구들한테 소개할까?"

"그래. 이건 '자연의 집'이라고 하자. 나뭇잎이 있으니까."

"여기 창문에도 테이프 더 붙여야 돼. 어, 테이프가 없네?"

"자, 이거 써."

한 유아는 친구가 테이프를 찾자, 자신이 쓰려던 테이프를 친구에게 바로 주었다. 교사는 놀이하면서 유아들 사이에서 자연스럽게 협동심이 자라는 모습을 목격했다.

장소를 바꿔 이어지는 놀이2

소꿉놀이

유아들은 상자와 그리기 도구만 가지고도 먹고 싶은 음식을 척척 그려냈다. 놀이터 주위에 있던 나뭇잎을 주워 담은 상자는 도시락이 되었다.

 "여기가 식당이야. 조금 이따가 이리 와."

 "나는 애기라서 기다리는 거야."

 "이거는 도시락이야. 나뭇잎 도시락."

지나가던 교사는 놀이에 초대받고 싶은 마음에 놀이에 참여했다.

 "선생님도 배고픈데, 들어가도 돼?"

 "흐흐, 네."

두 개의 상자뚜껑은 테이블이 되고, 다양한 색깔의 매직은 마술사 같은 유아들의 손에 의해 음식이 되어 식탁 위에 그려졌다. 자연물을 주변에서 쉽게 구할 수 있다는 것은 바깥놀이의 장점이다.

〈누리과정 영역별 내용〉

영역	내용
신체운동 · 건강	• 신체활동 즐기기 - 실내외 신체활동에 자발적으로 참여한다. • 안전하게 생활하기 - 일상생활에서 안전하게 놀이하고 생활한다.
의사소통	• 듣기와 말하기 - 자신의 경험, 느낌, 생각을 말한다. • 읽기와 쓰기에 관심 가지기 - 말과 글의 관계에 관심을 가진다. - 주변의 상징, 글자 등에 읽기에 관심을 가진다. - 자신의 생각을 글자와 비슷한 형태로 표현한다.
사회관계	• 더불어 생활하기 - 친구와 서로 도우며 사이좋게 지낸다. - 친구와의 갈등을 긍정적인 방법으로 해결한다. - 서로 다른 감정, 생각, 행동을 존중한다. - 약속과 규칙의 필요성을 알고 지킨다.
예술경험	• 창의적으로 표현하기 - 다양한 미술재료와 도구로 자신의 생각과 느낌을 표현한다. • 예술 감상하기 - 서로 다른 예술 표현을 존중한다.
자연탐구	• 탐구과정 즐기기 - 주변 세계와 자연에 대해 지속적으로 호기심을 가진다. • 자연과 더불어 살기 - 주변의 동식물에 관심을 가진다. - 날씨와 계절의 변화를 생활과 관련짓는다.

교사 이야기

4주 정도 상자 놀이를 하면서, 아이들의 상자 놀이가 끊임없이 변하며 같은 상자를 가지고도 놀이에 지치지 않고 새로운 놀이로 확장시키는 것을 볼 수 있었다.
놀이 순서는 '상자에 그림 그리기'→'고양이집 놀이'→'글자 쓰기'→'편지 보내기'→'실외 놀이터에서 집 놀이(소꿉놀이) 하거나 실내공간에 전시하기'였다. 전시된 집은 더 어린 유아들의 놀이터가 되기도 했다.

혼자 하는 놀이였던 '상자로봇 놀이'는 함께 놀이하는 '모방해서 만들기'로 바뀌었다가 '썰매 타기'로도 이어졌다. 유아들은 썰매를 탈 때 처음에는 앉아서 타다가 서서 탔다. 서서 탈 때는 힘과 속도를 조절하며 타는 모습도 보였다.
이처럼 유아의 놀이는 혼자 하는 놀이로 시작했더라도 곧 여럿이 함께 놀며 놀잇감을 공유하거나 협동놀이가 자연스럽게 이루어졌다. 교사는 유아들이 친구의 놀이가 재미있게 보이면 다가가 "같이 놀자!"라고 말을 걸며 친구 관계를 형성하는 것을 관찰했다.

유아들이 가지고 놀던 상자는 망가지면 고치기를 반복했다. 실외에서 놀이가 이루어질 땐 유아 스스로 놀잇감을 옮기면서 자신들의 놀잇감을 자랑스러워하며 소중하게 다루는 모습도 보여주었다. 놀이가 끝나면 놀잇감을 소개하고 놀이를 공유하는 시간이 활성화되었는데, 특히 놀이했던 장면을 그대로 재연해 보일 때 유아들이 높은 관심을 나타내며 즐거워했다.
상자는 크기가 다양하고 변형이 가능할 뿐 아니라 유아들이 원하는 장소에 자유자재로 이동이 가능하다. 무엇보다 우리 주변에서 쉽게 구할 수 있다는 점이 가장 큰 장점인 놀잇감이다.

동료교사

"비구조화된 놀잇감은 망가져도 아이들이 속상해하지 않고 다시 다른 놀이로 전환할 수 있다는 점, 그것이 최고의 장점 같아요."

06 나는 촬영감독, 너는 로봇

분 류 • 만 4~5세 • 교실 • 개별활동, 소집단

준비물 다양한 종류의 상자, 미술 재료(테이프, 풀, 가위, 시트지 등) 등

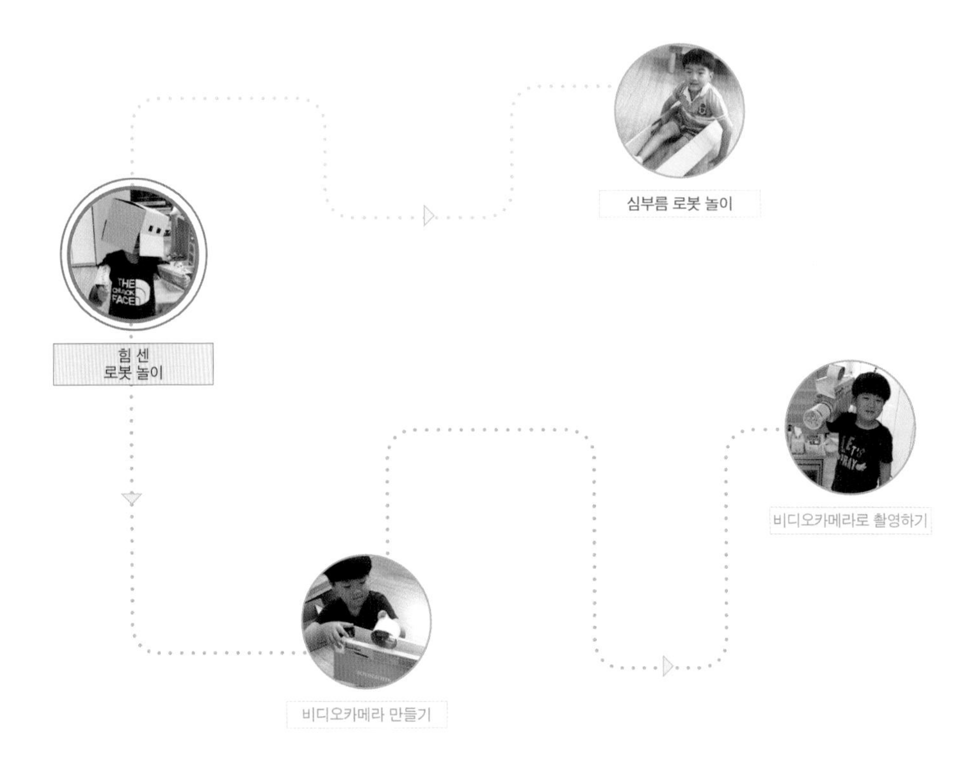

Tip 상자에 구멍을 낼 때 유아에게 뚫는 위치를 표시해달라고 하세요. 처음에는 알맞은 위치를 잘 가늠하지 못해서 엉뚱한 곳에 구멍이 뚫리겠지만, 같은 과정을 여러 번 반복하다 보면 어느새 유아에게 방향과 위치 감각이 생기게 된답니다.

여는 놀이

힘 센 로봇 놀이

일주일 동안 크고 작은 여러 가지 형태의 상자들, 미술 재료(테이프, 풀, 가위, 시트지 등)를 놀잇감으로 열어두었다.
요즘 한창 로봇에 빠져 있던 만 4세 ○○는 상자를 보자마자 택배 상자에 눈이 보이게 구멍을 뚫어 달라고 했다. ○○는 눈 구멍을 뚫은 상자를 머리에 쓰고, 팔에 맞는 상자를 양팔에 끼우더니 힘이 센 로봇 흉내를 내며 놀이했다. 상자 몇 개를 얼굴과 손에 끼우기만 했는데도 로봇이 된 유아는, 진짜 로봇처럼 삐그덕거리며 교실 속을 돌아다니며 재미있어 했다.

"나는 힘센 로봇이다. 어려운 일을 당한 사람을 도와준다."

"그럼 선생님이 위험에 처해 있으면 달려와서 도와줄 거야?"

"당연히 그렇죠!"

"멀리 있어도 올 수 있어?"

"나는 멀리서 나는 소리도 잘 들을 수 있는 로봇이거든. 힘도 진짜 세!"

심부름 로봇 놀이

상자 놀이가 시작되면서 교사는 유아와 함께 우리가 볼 수 있는 로봇과 미래의 로봇 역할에 대해 이야기를 나누고, 우리 교실 속 로봇의 역할을 정해보았다.
상자를 쓰고 로봇이 되었던 유아는 다음 날 상자에 팔 들어가는 부분을 뚫어달라고 해서 옷처럼 입으며 자신을 심부름 로봇이라 했다.

"형아! 나는 심부름 로봇이야! 나한테 시킬 거 있으면 시켜봐!"

"그럼 나 저기 있는 블록 좀 갖다줄 수 있어?"

"아, 선생님! 저한테 좋은 생각이 났어요. 저 이 상자를 변신시켜서 타고 다니는 로봇이 되면 진짜 빨리 심부름을 할 수 있을 것 같은데요?"

상자 옷을 입고 심부름 로봇이 되었던 유아는 상자 옷을 벗어 바닥에 놓은 뒤, 상자에 들어가 손으로 밀며 심부름 로봇 놀이를 했다. 유아는 자신이 변신하여 타고 다니는 심부름 로봇이 되었다고 했다. 로봇 옷이 자동차처럼 탈것으로 변신한 것이다.

발상을 바꿔 이어지는 놀이1

비디오카메라 만들기

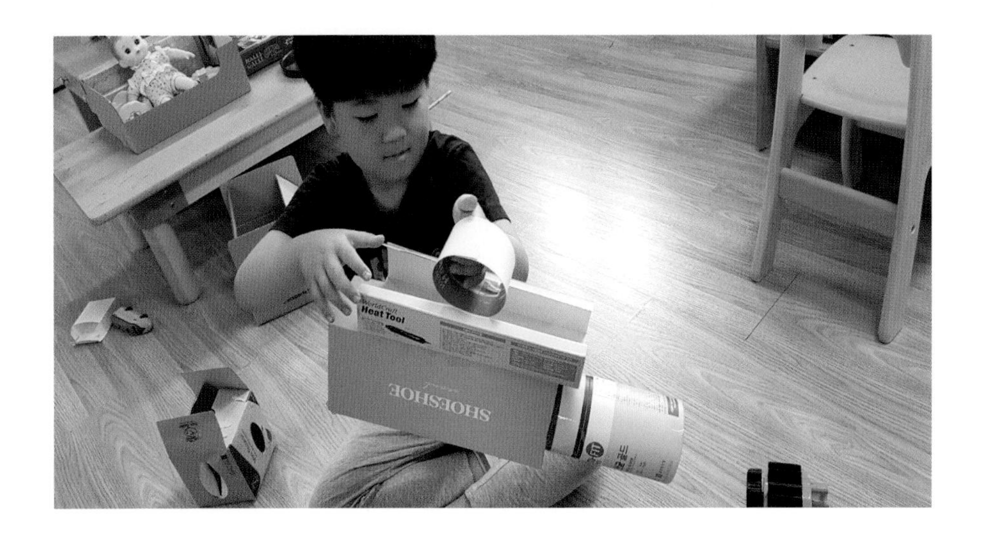

여러 가지 종류와 크기의 상자를 제시했을 때, 만 5세 △△는 네모난 상자와 둥근 모양의 상자를 이용해 비디오카메라 만들기 놀이를 시작했다.
교사가 인터넷에서 비디오카메라의 모양을 찾아 종이에 출력해주자, △△는 자세히 살펴보고 비슷한 형태로 만들어냈다.

 "선생님, 상자 윗부분 잘라주세요. 손잡이가 있어야 하거든요."

교사가 유아의 요청대로 상자를 잘라주자, 유아는 잘린 상자 조각을 동그랗게 말아 비디오카메라의 손잡이로 만들었고 그럴듯한 카메라의 모습이 되었다.
만 5세 △△가 비디오 카메라를 완성하자 만 4세 ○○는 비디오카메라가 대포 같다며 깔깔깔 웃고 좋아했다.

 "카메라가 대포 같이 생겼어. 진짜 재밌다."

 "△△가 만든 비디오카메라, 진짜 실제랑 비슷하게 생겼다. 정말 근사하다."

비디오카메라로 촬영하기

△△는 만들어진 비디오카메라를 이용하여 교실 속을 촬영했다. 친구들의 모습이나 선생님의 모습, 초등학교에 다니는 형들의 모습도 촬영했다. 교사가 야외촬영 제안을 하자, 유아는 매우 즐거워하며 바깥 풍경을 촬영하며 놀이에 빠졌다.

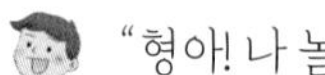
"형아! 나 놀이하는 것도 찍어주라!"

유아는 카메라 감독이 되고 싶다는 장래희망에 대해서 교사와 이야기를 나누었다.

"사진 찍는 것도 재밌고, 텔레비전에 나오는 사람들을 제가 찍으면 좋을 것 같아요."

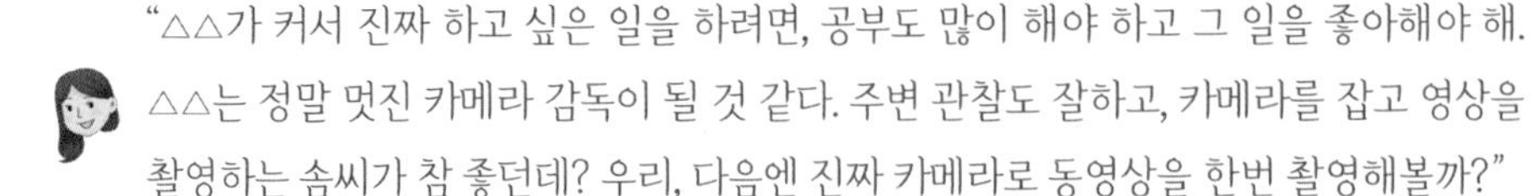
"△△가 커서 진짜 하고 싶은 일을 하려면, 공부도 많이 해야 하고 그 일을 좋아해야 해. △△는 정말 멋진 카메라 감독이 될 것 같다. 주변 관찰도 잘하고, 카메라를 잡고 영상을 촬영하는 솜씨가 참 좋던데? 우리, 다음엔 진짜 카메라로 동영상을 한번 촬영해볼까?"

"네! 진짜. 꼭이요!"

〈누리과정 영역별 내용〉

영역	내용
신체운동 · 건강	• 신체활동 즐기기 - 신체를 인식하고 움직인다. - 신체 움직임을 조절한다. • 안전하게 생활하기 - 일상에서 안전하게 놀이하고 생활한다.
의사소통	• 듣기와 말하기 - 자신의 경험, 느낌, 생각을 말한다. - 상황에 적절한 단어를 사용하여 말한다. • 읽기와 쓰기에 관심 가지기 - 주변의 상징, 글자 등의 읽기에 관심을 가진다.
사회관계	• 나를 알고 존중하기 - 내가 할 수 있는 것을 스스로 한다. • 더불어 생활하기 - 친구와 서로 도우며 사이좋게 지낸다. • 사회에 관심 가지기 - 다양한 문화에 관심을 가진다.
예술경험	• 창의적으로 표현하기 - 다양한 미술 재료와 도구로 자신의 생각과 느낌을 표현한다. - 극놀이로 경험이나 이야기를 표현한다.
자연탐구	• 생활 속에서 탐구하기 - 물체의 특성과 변화를 여러 가지 방법으로 탐색한다. - 물체의 위치와 방향, 모양을 알고 구별한다. - 도구와 기계에 대해 관심을 가진다.

교사 이야기

교사는 여러 가지 상자를 제시해줄 때 처음에는 오로지 상자만 제시해주었다. 유아들은 상자만 있어도 교사의 예상보다 너무 즐겁게 놀이를 하며, 놀이시간이 어떻게 지나가는 지도 모르게 흠뻑 빠져 상자 놀이를 했다.

구성물을 구성하기보다 몸과 관련된 것으로 만들어 사용하는 것을 좋아하는 만 4세 유아 ○○는 상자를 보자마자 로봇을 만들겠다고 했다.
교사는 처음엔 로봇을 만드는 조형 활동을 하겠다는 줄 알았지만 교사의 예상과 달리 ○○는 자신이 로봇이 되겠다고 했다. 만 4세 유아는 만 5세 유아보다 생각이 단순하고 몸을 쓰는 놀이를 더 좋아한다는 것을 느끼게 되는 시간이었다.
또 상자를 몸에 끼워 로봇이 된다던 유아가 생각을 전환하여 타고 다니는 변신 로봇이 된다는 발상도 재미있었다.

만 5세 △△는 만4세 유아와는 달리 상자를 보고 구조물을 만들거나 창의적으로 무언가를 만들어내는 것을 좋아했다. 상자로 비디오카메라 만들기를 시작하면서, 교사와 함께 다양한 종류의 카메라도 알아보고 카메라를 이용한 직업도 생각하게 되었다. 만 4세 유아의 놀이와 확실히 차이가 있었고 구체적인 생각을 했다.
△△는 상자로 증명사진을 찍는 공간도 만들고 싶어 했고, 몸이 들어갈 만큼 큰 상자가 없는 것을 아쉬워했다. 재활용품 쓰레기장에 커다란 냉장고 상자가 나오기를 기대해보기로 했다.

동료교사

"유아들의 관심사인 로봇을 상자로 만드는 줄 알았는데, 직접 로봇이 되어보는 창의력에 깜짝 놀랐어요. 게다가 로봇 만들기에서 끝내지 않고 친구에게 도움을 주는 로봇이 되다니…. 아이들은 정말 놀이 속에서 성장하는 것 같습니다."

07 우리 마을에 놀러 오세요

분 류 • 만 4~5세 • 교실 • 개별활동, 소집단

준비물 다양한 크기와 종류의 상자, 다양한 종류의 블록(종이벽돌 블록, 유니트블록, 레고 등), 사람 모형, 미술 재료(테이프, 풀, 가위, 시트지 등), 매직 등

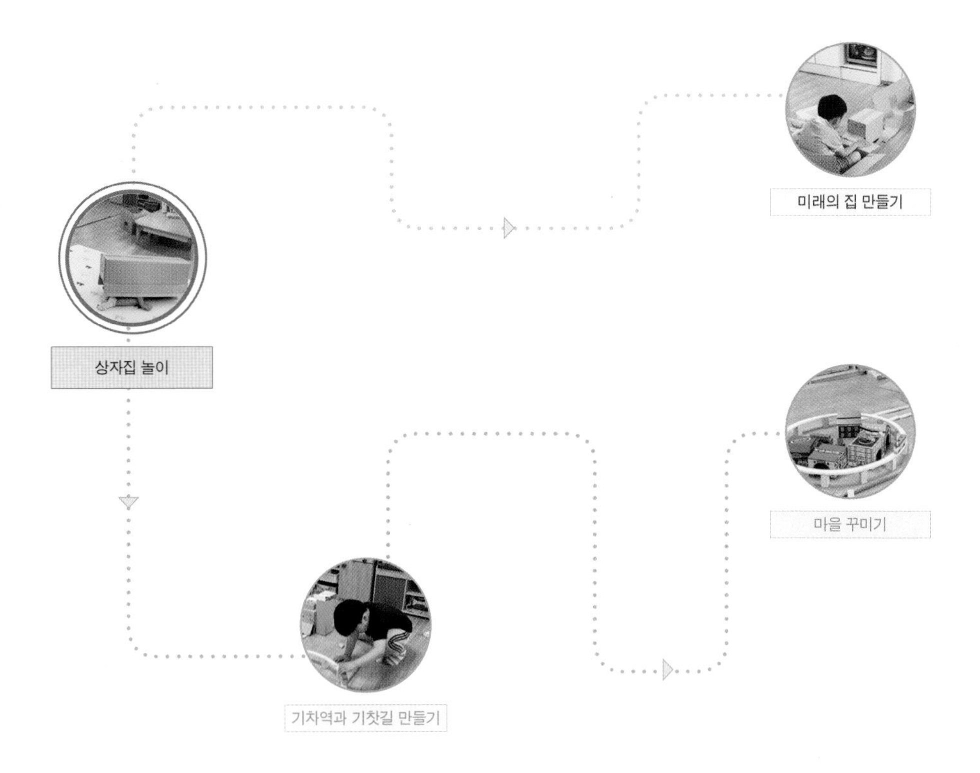

Tip 유아들이 만든 작품이 쌓여 교실이 지저분해 보여도, 즐겁게 놀이하는 중이라고 알려주세요. 유아들의 놀이가 다음 날에도 이어질 때, 다른 교사가 실수로 치우지 않도록 종이에 커다랗게 '놀이하는 중입니다. 치우지 마세요.'라고 써놓으세요. 모르고 치우려던 원장선생님이 유아들의 놀이를 더 세심하게 관찰하게 될 수도 있어요.

여는 놀이

상자집 놀이

교사는 여러 가지 형태의 크고 작은 상자들과 미술 재료(테이프, 풀, 가위, 시트지 등)를 놀잇감으로 열어두었다.

유아는 가장 크고 긴 상자를 보자마자 앉고 쉴 수 있는 자기 집이라고 했다. 그 속에 들어가 앉기도 하고, 뒤집어쓰기도 했다.

상자만 보면 그 속에 들어가고 싶어 하는 만 4세 유아 ○○는 상자를 가지고 오늘은 어떻게 놀이할지 많은 고민을 하는 것 같았고, 교사 역시 어떤 놀이로 발전할지 기대가 되었다.

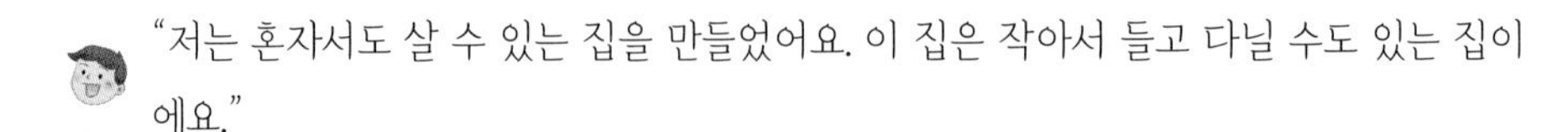

"저는 혼자서도 살 수 있는 집을 만들었어요. 이 집은 작아서 들고 다닐 수도 있는 집이에요."

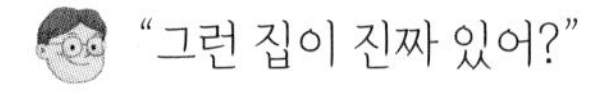

"그런 집이 진짜 있어?"

"미래엔 ○○가 생각하는 집이 생길 수도 있지. 지금도 진짜 필요한 공간만 가지고 있는 집이 많이 생기고 있거든."

이어지는 놀이

미래의 집 만들기

교사는 상자로 집을 만들며 놀이하는 유아들과, 미래의 집이 어떤 형태일지에 대해 이야기를 나누었다.

교사가 "미래의 집도 만들어보면 어떨까?"라고 묻자, 유아는 망설임 없이 게임도 하고 잠도 잘 수 있는 미래형 초소형 만능 집을 구성하여 그 속에서 놀이했다. 상자 여러 개를 다양한 형태로 연결해 집을 넓히고, 작은 상자에 매직으로 그림을 그려 게임기를 만들어 붙였다.

"집 참 좋다. 근데 넌 게임만 하니?"

"게임만 하는 건 아니야. 이렇게 잠도 잘 수 있는데?"

"집 속에 책도 좀 있어야겠다. 게임 많이 하면 머리 나빠진대."

"책은 밖에 많으니까 괜찮아!"

만 5세 형의 조언을 그대로 듣지 않고 집 밖에 책이 많다며 책꽂이를 가리킨 ○○는, 자신만의 개성 있는 집을 유지하며 끝까지 놀이했다.

발상을 바꿔 이어지는 놀이1

기차역과 기찻길 만들기

교통편이 불편한 산골 마을에 사는 우리 유치원의 유아들은 교통기관에 관심이 많았다. 상자로 놀이하면서 여러 가지 크기의 상자들을 제공해주었다. 작은 크기의 택배 상자를 보자마자 만 5세 유아는 기차역을 만들겠다고 했고, 그 주변에 기차 레일을 구성하여 기찻길을 완성했다.

"우리 동네는 시내를 나가려면 너무 멀어서, 기차가 다녔으면 좋겠어요."

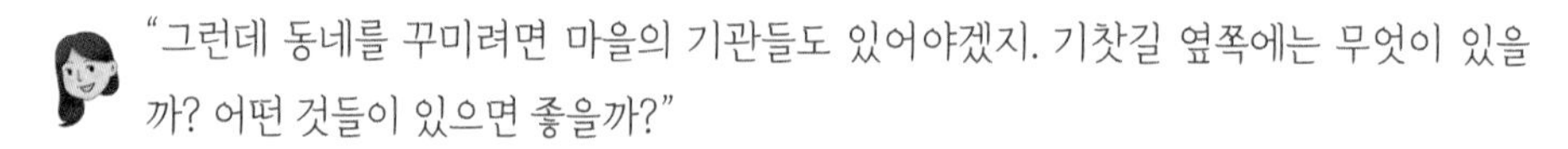
"그런데 동네를 꾸미려면 마을의 기관들도 있어야겠지. 기찻길 옆쪽에는 무엇이 있을까? 어떤 것들이 있으면 좋을까?"

유아는 교사와 함께 기차를 탔을 때의 느낌도 이야기 나누어보았다.

"기차 타고 갈 때 나무도 보이고 집들도 보였어요. 근데 빨리빨리 지나가서 자세히는 안 보였어요."

"저 서울 집에 갈 때 기차 타본 적 있는데, 엄청 빨랐어요. 덜컹덜컹 소리도 났어요. 진짜 재밌었어요!"

발상을 바꿔 이어지는 놀이2

마을 꾸미기

기차역과 기찻길이 완성되자 만 5세 유아는 기차역 주변이나 기찻길 안에 건물들을 세우기 시작했다. 소음 때문에 기찻길 안에 마을이 생기면 시끄러울 것 같았지만 이렇게 마을을 구성한 데에는 이유가 있었다.

 "왜 좁은 기찻길 안에 마을을 만들 생각을 했니?"

 "우리 할머니는 차 타러 나가기가 너무 힘드니까, 집이랑 아주 가까운 곳에 기차가 있어야 해요. 그리고 저는 기차가 다니는 걸 가까이에서 보고 싶으니까, 이 안에 마을이 있어야 하구요."

유아 혼자 놀이를 하던 중에, 만 4세 ○○가 합류하여 함께 놀이를 했다. 기차역과 기찻길 만들기 놀이는 움직이는 기차와 여러 기관 건물의 모형이나 사람 모형 등을 이용하여, 동네 사람들이 기차역을 이용하는 놀이로 확장되었다.

자신이 만든 기차역과 마을이 맘에 들었는지, 유아는 며칠 동안 그대로 두고 놀이를 계속해서 이어갔다.

〈누리과정 영역별 내용〉

영역	내용
신체운동 · 건강	• 신체활동 즐기기 - 신체 움직임을 조절한다. • 안전하게 생활하기 - TV, 컴퓨터, 스마트폰 등을 바르게 사용한다.
의사소통	• 듣기와 말하기 - 자신의 경험, 느낌, 생각을 말한다. - 상황에 적절한 단어를 사용하여 말한다. • 읽기와 쓰기에 관심 가지기 - 자신의 생각을 글자와 비슷한 형태로 표현한다.
사회관계	• 나를 알고 존중하기 - 내가 할 수 있는 것을 스스로 한다. • 더불어 생활하기 - 가족의 의미를 알고 화목하게 지낸다. • 사회에 관심 가지기 - 내가 살고 있는 곳에 대해 궁금한 것을 알아본다.
예술경험	• 아름다움 찾아보기 - 자연과 생활에서 아름다움을 느끼고 즐긴다. • 창의적으로 표현하기 - 다양한 미술 재료와 도구로 자신의 생각과 느낌을 표현한다. - 극놀이로 경험이나 이야기를 표현한다.
자연탐구	• 탐구과정 즐기기 - 주변 세계와 자연에 대해 지속적으로 호기심을 가진다. • 생활 속에서 탐구하기 - 물체의 특성과 변화를 여러 가지 방법으로 탐색한다. - 물체의 위치와 방향, 모양을 알고 구별한다. - 도구와 기계에 대해 관심을 가진다.

교사 이야기

여러 가지 종류의 상자를 보자마자 만 4세 유아 ○○는 큰 상자를 집어들고 집 만들기 놀이를 생각해냈다.
상자만 보면 몸에 끼우고 뒤집어쓰려고 하는 ○○는 큰 상자를 뒤집어쓰고 '내 집'이라고 했고 그 놀이는 근사한 미래의 집 만들기로 확장되어 이어졌다.

미래의 집은 어떤 모양일지 이야기를 나눌 때, ○○는 미래에는 잠만 자는 작은 집도 생길 수 있을 것 같다고 말했다. ○○가 생각하는 '미래에 살고 싶은 집'을 어떻게 구성하면 좋을지 이야기를 나누었다. 요즘 한참 휴대폰 게임을 한다던 ○○는 상자 여러 개를 합쳐 집의 형태를 만들어 게임을 할 수 있는 집을 구성하고, 놀이시간 내내 게임하기와 자기를 반복했다.

만 5세 유아 △△는 상자로 동네를 구성하는 놀이를 생각해냈다. △△는 현재 살고 있는 동네가 시내와 동떨어져 있고 주변에 큰 건물도 없으니, 우리 동네에도 기차가 다녔으면 좋겠다고 했다.
지역 여건상 교통편이 불편한 동네에 사는 유아들이라 그런지 놀이에서도 교통 불편이 해소되었으면 하는 바람들이 반영되었다. 유아들이 일상의 불편을 어떻게 개선하면 좋을지를 놀이에서 재미있게 표현하고 이야기하는 것이 기특하고 재미있었다.

동료교사

"초소형 집이 유아의 아이디어에서 시작되었다는 게 대단해요. 유아가 자신의 생각을 실물로 만들었다는 것이 큰 의미가 있을 것 같네요. 또, 기차역에서 시작한 놀이가 마을이 되다니…. 선생님의 관심과 추임새로 놀이에 활성화를 가져왔네요. 아이들이 적은 만큼, 선생님이 마치 친구나 엄마처럼 세심하게 보살펴주고 민감하게 반응해주시는 모습이 정말 좋습니다."

PART
4

비구조화 놀잇감으로 자연물 놀이에 빠진 유아들

01 알록달록 자연의 색

분 류 • 만 4세 • 숲, 교실 • 대집단

준비물 여러 가지 나뭇잎, 그 외 다양한 자연물(솔방울, 도토리, 나무열매 껍질 등), 게시판, 무지개 색 파라슈트 등

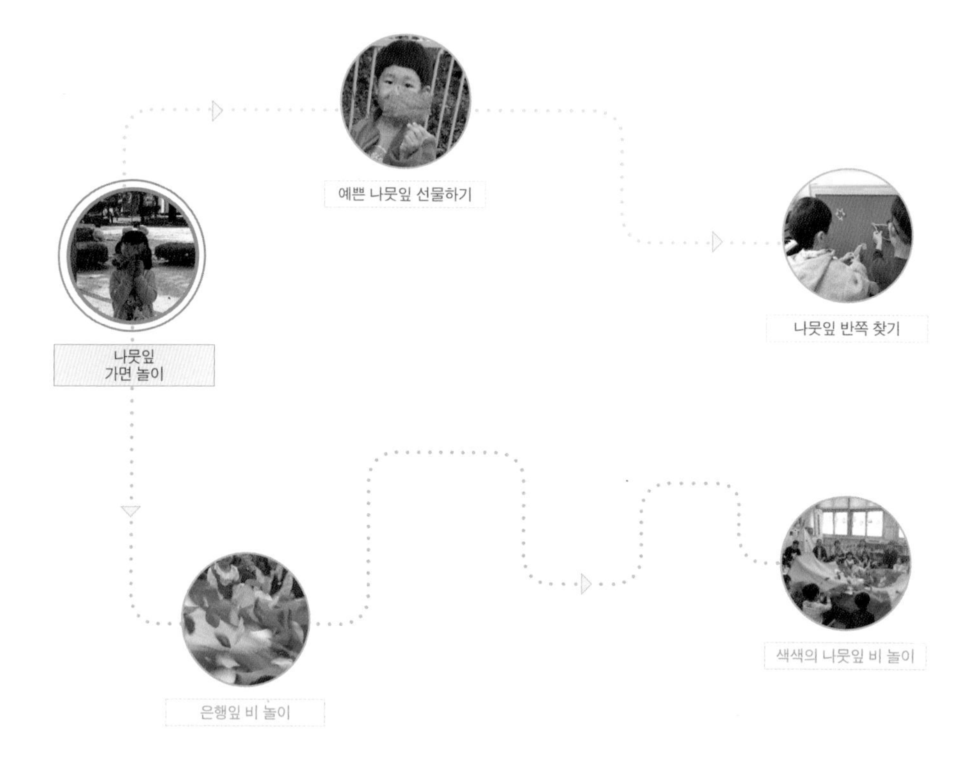

Tip 자연의 변화를 직접 몸으로 느끼고 궁금증과 호기심이 생긴 유아에게는 관련 동화를 들려주어 구체화시켜보세요. 평소에 과학동화는 읽어주어도 호응이 적은 편입니다. 하지만 유아가 관심을 가지는 분야에 과학동화로 접근하니, 정확한 정보를 유아들이 재미있게 습득할 수 있었어요.

여는 놀이

나뭇잎 가면 놀이

교사는 유아들과 함께 유치원 주변을 산책하는 시간을 가졌다. 유아들은 숲 체험 활동을 하며 나뭇잎이 떨어지는 현상과 나무에 달린 열매나 씨앗에 관심을 가지게 되었다. 이에 매일 바깥놀이 시간에 수목원에서 가을 낙엽, 열매, 씨앗 등 가을을 찾아보는 놀이를 해보았다.
유아들은 요술쟁이 가을을 찾는다며 색깔이 변한 나뭇잎, 단풍나무의 씨앗, 등나무의 길쭉한 씨앗, 잣송이를 찾느라 매일 바구니 가득 자연물을 수집하며 놀이했다.
유아들은 바깥놀이 시간에 찾은 나뭇잎으로 눈, 코, 입을 만들어 가면 놀이를 했다. 한 유아는 노랗고 길쭉한 나뭇잎 모양이 애벌레 인형을 닮았다며 눈, 코, 입을 만들고 다른 나뭇잎으로 머리카락도 달아주었다.

 "선생님! 이 나뭇잎은 우리 집에 있는 애벌레 인형 같아요."

 "그렇구나. 그럼 애벌레 인형처럼 꾸며보면 어떨까?"

교사는 나뭇잎이 떨어져 흙으로 변하거나 벌레의 이불이 되는 동화를 유아들에게 들려주었다. 그러자 유아들은 바깥놀이가 끝나면 벌레가 자연으로 돌아갈 수 있도록 나무 밑에 놓아두고 교실로 돌아오게 되었다.

이어지는 놀이1 & 이어지는 놀이2

예쁜 나뭇잎 선물하기 & 나뭇잎 반쪽 찾기

교사는 유아들이 영역의 구분 없이 놀잇감을 자유롭게 옮겨놓으며 놀이하도록 허용했다. 그러자 유아들은 알록달록하게 색이 변한 나뭇잎을 찾아 교사와 친구들에게 선물하며 가을의 아름다운 색깔을 느꼈다.

 "이 나뭇잎 색깔 예쁘지 않아? 선물로 줄게."

 "와! 예쁘다. 고마워."

교사는 여러 가지 나뭇잎 그림을 모양대로 오리고 반으로 나눈 다음 한쪽을 게시판에 붙였다. 그리고 나뭇잎 그림의 나머지 한쪽을 유아들이 알맞게 찾아 붙이는 놀이를 제안했다. 유아들은 다양한 모양의 나뭇잎 조각을 탐색하고, 알맞은 반쪽 나뭇잎을 찾아 하나의 나뭇잎으로 완성했다.

 "이 나뭇잎 반쪽은 어디 있을까?"

 "여기 있어요. 여기!"

 "이거 나뭇잎 짝 찾기 놀이 같아요."

발상을 바꿔 이어지는 놀이 & 재료를 바꿔 이어지는 놀이

은행잎 비 놀이 & 색색의 나뭇잎 비 놀이

유아들은 은행나무 밑에서 떨어진 은행잎을 주워 날려보는 놀이를 했다.
이를 보고 교사는 무지개 색깔의 파라슈트에 유아들이 나뭇잎 그림을 색깔대로 놓아보는 놀이를 제안했다. 이 활동을 진행하기 위해 교사는 유아들과 함께 다양한 색깔의 색지를 나뭇잎 모양대로 오려, 무지개처럼 알록달록한 색깔의 나뭇잎 그림을 만들었다.

 "나는 파란색 나뭇잎을 만들 거야."

 "파란색 나뭇잎 재밌다. 파란색 나뭇잎이 진짜 있다면 신기할 것 같아."

유아들이 나뭇잎 그림을 파라슈트의 색깔대로 분류하길 마치자, 교사는 그 나뭇잎 그림을 하늘로 날려 나뭇잎 비를 내리는 놀이로 확장시켰다. 유아들은 교사와 함께 파라슈트의 끝자락을 붙잡고 박자를 맞춰 흔들어 하늘로 날렸다.

 "나뭇잎 비가 내린다."

 "나뭇잎 비 맞고 싶다. 나뭇잎 비 맞으면 기분이 좋을 것 같아."

〈누리과정 영역별 내용〉

영역	내용
신체운동 · 건강	• 신체활동 즐기기 - 신체를 인식하고 움직인다. - 신체 움직임을 조절한다. - 실내외 신체활동에 자발적으로 참여한다.
의사소통	• 듣기와 말하기 - 말이나 이야기를 관심 있게 듣는다. • 책과 이야기 즐기기 - 책에 관심을 가지고 상상하기를 즐긴다. - 동화, 동시에서 말의 재미를 느낀다.
사회관계	• 나를 알고 존중하기 - 나의 감정을 알고 상황에 맞게 표현한다. • 더불어 생활하기 - 친구와 서로 도우며 사이좋게 지낸다. - 약속과 규칙의 필요성을 알고 지킨다.
예술경험	• 아름다움 찾아보기 - 자연과 생활에서 아름다움을 느끼고 즐긴다. - 예술적 요소에 관심을 갖고 찾아본다. • 창의적으로 표현하기 - 다양한 미술 재료와 도구로 자신의 생각과 느낌을 표현한다.
자연탐구	• 탐구과정 즐기기 - 주변 세계와 자연에 대해 지속적으로 호기심을 가진다. • 생활 속에서 탐구하기 - 물체의 위치와 방향, 모양을 알고 구별한다. • 자연과 더불어 살기 - 주변의 동식물에 관심을 가진다. - 생명과 자연환경을 소중히 여긴다.

교사 이야기

교실에서 몇 발자국만 나가면 계절을 느끼기에 충분한 자연환경이 조성되어 있어 가을 놀이에 흠뻑 빠져서 하루하루를 보내고 있다. 밖으로 나가면 유아들은 다양한 크기와 색깔의 낙엽들과 열매, 씨앗, 돌멩이 등을 수집하며 즐거워했고, 그것들을 교실로 가지고 오면서 보물처럼 소중하게 여겼다. 자신들만의 놀이를 만들어내던 유아들은 스스로 만든 놀이를 너무 재미있어 했다. 별거 아닌 듯해도 유아들에게는 특별한 일인 것이다. 유아들은 어른들이 미처 생각하지 못하는 놀이를 창의적으로 만들어내며 행복해하는 것 같았다.
특히 유아들이 가을이 되자 변하는 자연의 색을 자연스럽게 감상하면서 자연의 아름다움과 색의 아름다움을 느끼고, 그런 느낌을 자연스럽게 표현하는 것이 교사에게는 놀라웠다.

유아들에게 자연은 최고의 놀이터가 된다는 것을 실감할 수 있었고 늘 주변에서 발견할 수 있어 당연하게 여겼던 이러한 놀이환경이 얼마나 특별한 것이었는지를 깨닫게 되었다. 그동안 가을운동회, 학예회 등의 준비로 본의 아니게 가을놀이에 소홀했으나, 예년과 달리 깊어가는 가을이 아쉬울 만큼 우리 아이들과의 놀이가 즐거웠다.

유아들이 자연을 충분히 느끼고 놀이할 수 있도록, 이 자연환경이 아깝지 않도록 더 자주 밖으로 나가야겠다고 교사는 생각했다. 이 좋은 자연놀이 환경을 유아들이 충분히 활용할 수 있도록 해주는 것도 교사의 중요한 역할일 테다.

동료교사

"자연물 놀이는 확실히 유치원 주변의 자연환경이 좋을수록 더 풍성해지는 것 같습니다. 그리고 아무리 환경이 좋아도 교사의 민감성이 뒷받침해줘야 교육효과를 볼 수 있는데, 선생님의 적절한 추임새 덕분에 놀이가 풍요로워졌어요."

02 자연 속 보물찾기

분 류 • 만 3세 • 바깥놀이터, 교실 • 개별활동, 대집단

준비물 다양한 자연물(솔방울, 나무줄기, 나뭇잎, 꽃 등), 통 등

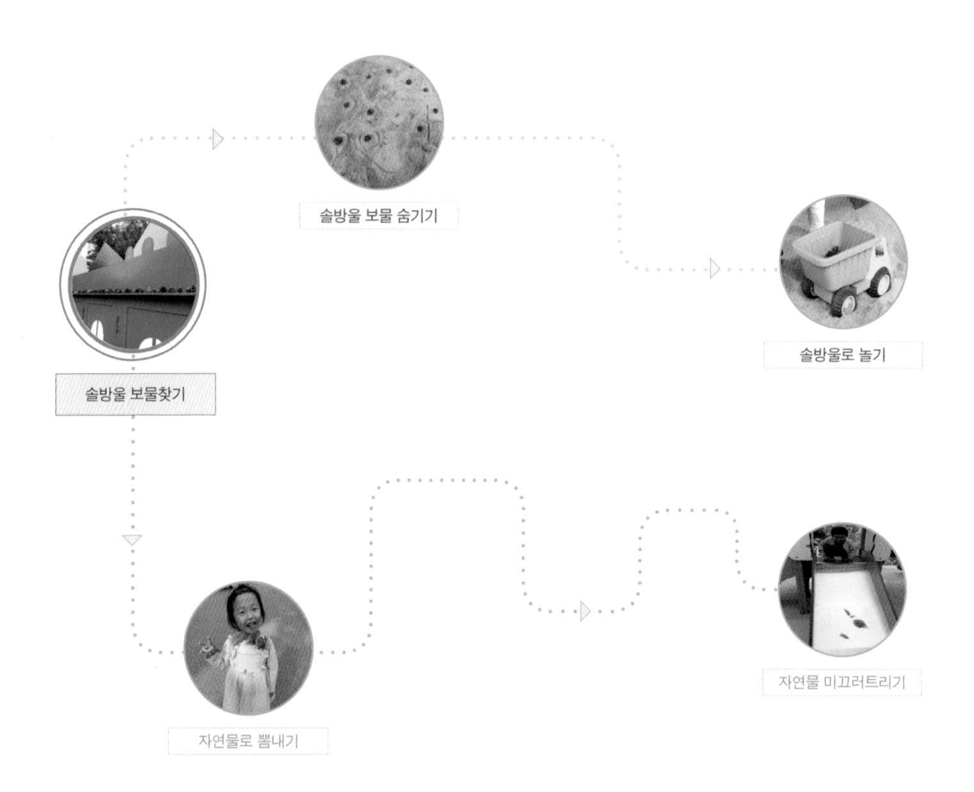

Tip 유아의 말을 따라가다 보면 재미있는 놀이가 나와요. 유아가 솔방울을 보고 "우와~ 보물이다~"라고 할 때, 교사는 "우리, 보물을 찾아보자!"라고 유아의 말을 따라가 보세요. 스스로 발견한 놀이에 기뻐하며 놀이에 빠지는 유아를 볼 수 있을 거예요.

여는 놀이

솔방울 보물찾기

교사는 바깥놀이 시간에 유아들이 다양한 자연물을 관찰하고 놀이에 활용할 수 있도록 하고, 활동 전에 자유롭게 자연물을 탐색할 시간을 충분히 제공했다.
한 유아가 바깥놀이터 미끄럼틀 밑에 떨어진 솔방울을 보고 보물을 찾았다며 기뻐했다.

 "선생님, 보물 찾았어요!"

 "와! 나도 보물 찾아야지."

 "보물이 너무 많아서 선생님 손에 가득 찼는데 어떡하지?"

 "그럼 통에 담으면 되잖아요."

 "어디 보자. 통에도 가득 찼는데, 이제 그만 찾을까?"

 "안 돼요! 아직 많아요. 저기 창고 선반에 전시하면 어때요?"

통에 가득 찬 솔방울이 창고 위쪽 선반에도 빼곡히 찰 때까지, 유아들의 보물찾기는 멈추지 않았다.

이어지는 놀이1 & 이어지는 놀이2

솔방울 보물 숨기기 & 솔방울로 놀기

솔방울 보물찾기에 빠진 유아들을 본 교사는 보물 숨기기를 제안하고, 찾아온 보물을 모래놀이장과 바깥놀이터 구석구석에 숨겼다.

 "이번에는 보물들을 숨겨놓고 찾아볼까?"

 "좋아요. ○○야, 빨리 숨겨. 선생님, 눈 감으세요!"

 "선생님, 내가 모래에다 숨길 테니까 선생님이 찾아보세요."

나뭇잎이나 솔방울을 숨기던 유아들은 솔방울을 모래 여기저기에 일정한 간격으로 꽂고, 주위에 동그라미나 네모 모양을 그려넣어 솔방울 컵케이크도 만들었다.
바깥놀이 시간이 끝나자 통에 담은 솔방울은 교실에 가져가서 놀이에 활용하기로 하고, 창고 위쪽 선반에 전시해놓은 솔방울은 다른 사람들이 볼 수 있도록 계속 두기로 했다. 교실에 가져온 솔방울은 역할영역에서 음식이 되기도 하고, 쌓기영역에서 사람이 되기도 하고, 솔방울을 구슬처럼 굴리고 맞추는 놀이에 쓰이기도 했다.
자연에서 만난 솔방울은 우리 유아들에게 그야말로 보물이 되었다. 자연은 만능 놀이도구라는 것을 새삼 느꼈다.

발상을 바꿔 이어지는 놀이1

자연물로 뽐내기

다음 날은 솔방울 대신 빨갛고 노란 나뭇잎이 보물이 되어 보물찾기가 시작되었다. 긴 막대만 찾던 유아는 얇고 긴 나무줄기를 뽑아 나뭇잎을 찾은 유아에게 주었다. 그리고 나무줄기에 나뭇잎을 끼워달라고 교사에게 요구했다.

 "우리 엄마는 이걸로 반지 만들어주는데, 선생님도 반지 만들 수 있어요?"

 "그래? 어떻게 반지를 만들 수 있지?"

유아는 교사의 말에 집중해가며 나무줄기를 엮었다.

 "이렇게요? 선생님 이거 못 해요?"

 "그래? 아… 그렇게 원을 만들어 묶으면 되는구나?"

교사는 제 나름대로의 방법을 설명해준 유아의 이야기를 존중해주며, 유아의 반지와 목걸이를 만들어보았다.

발상을 바꿔 이어지는 놀이2

자연물 미끄러트리기

유아들은 나뭇잎, 나무줄기, 작은 꽃을 모아와 반지, 목걸이, 팔찌 만들기를 했다.
다른 유아들은 나뭇잎, 솔방울, 나뭇가지 등 다양한 자연물을 이용해 미끄럼틀에서 놀이를 했다. 미끄럼틀에 자연물을 올려놓고, 미끄러지는 속도를 비교하는 것이다.

"어떤 나뭇잎이 더 빨리 내려가는지 맞춰보세요!"

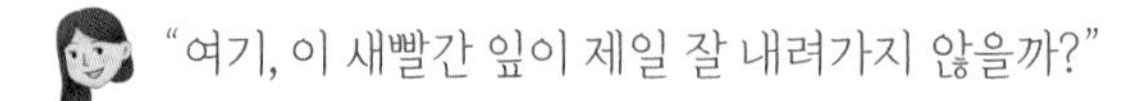
"여기, 이 새빨간 잎이 제일 잘 내려가지 않을까?"

"에이, 제일 큰 거!"

"아하… △△는 키가 제일 큰 잎이 제일 빠를 것 같다고 생각하는구나? 정말 그럴까?"

"에이. 선생님! 키가 제~일 큰 게 제일 빠르죠?"

"어느 잎의 키가 제일 클까? 한번 재어보자."

놀이 중에, 가시가 있거나 너무 긴 나뭇가지를 위험하게 가지고 놀지 않게 유아들에게 일러두었다.

〈누리과정 영역별 내용〉

영역	내용
신체운동 · 건강	• 신체활동 즐기기 - 신체 움직임을 조절한다. - 실내외 신체활동에 자발적으로 참여한다. • 안전하게 생활하기 - 일상에서 안전하게 놀이하고 생활한다.
의사소통	• 듣기와 말하기 - 말이나 이야기를 관심 있게 듣는다. - 자신의 경험, 느낌, 생각을 말한다. • 책과 이야기 즐기기 - 말놀이와 이야기 짓기를 즐긴다.
사회관계	• 나를 알고 존중하기 - 나를 알고 소중히 여긴다. - 나의 감정을 알고 상황에 맞게 표현한다. • 더불어 생활하기 - 친구와 서로 도우며 사이좋게 지낸다.
예술경험	• 아름다움 찾아보기 - 자연과 생활에서 아름다움을 느끼고 즐긴다. • 창의적으로 표현하기 - 다양한 미술 재료와 도구로 자신의 생각과 느낌을 표현한다. • 예술 감상하기 - 서로 다른 예술 표현을 존중한다.
자연탐구	• 탐구과정 즐기기 - 주변 세계와 자연에 대해 지속적으로 호기심을 가진다. • 생활 속에서 탐구하기 - 물체를 세어 수량을 알아본다. • 자연과 더불어 살기 - 주변의 동식물에 관심을 가진다.

교사 이야기

한 유아가 주운 솔방울을 보물이라고 부르자, 다른 유아들도 서로 보물을 찾는다며 솔방울을 모아 통에 담기 시작했다. 모은 솔방울이 통에 가득 차 더 이상 모을 곳이 없게 되자, 유아들은 창고 위쪽의 가느다란 선반에 전시하고 싶어 했다. 처음 솔방울을 주운 유아는, 자기가 발견한 보물찾기 놀이에 친구들이 모두 관심을 보이자 무척 자랑스러워하며 즐거워했다.

교사는 자연물을 가지고 하는 놀이의 시범을 따로 보이지 않았다. 그러나 유아들은 장식을 하거나 데굴데굴 굴리거나 숨기고 찾기 등 자연물로 다양한 놀이를 했고, 교실에서도 다른 장난감들과 같이 섞어서 놀이하며 여러 가지 놀이에 어울려 사용했다.
자연물 놀이는 가정에서 부모님들과 했던 놀이를 기억한 유아가 먼저 제안하는 경우가 많았다. 꽃이나 알록달록 예쁜 색의 나뭇잎은 목걸이, 반지, 팔찌 등으로 장식하는 놀이가 많았다. 넓은 나뭇잎으로는 날개처럼 펄럭이며 동물 흉내를 내기도 했다.
특히 유아들은 솔방울을 그 특유의 촉감만으로도 좋아했다. 습기에 따라 솔방울의 모양이 달라지는 것에 관심을 보이며 그 이유를 교사에게 물어보고, 교실에 솔방울을 가져와서 그 모습을 관찰하며 책을 찾아보기도 했다.

자연물은 1년 내내 어느 곳에서나 접할 수 있고 다양하게 변형이 가능한 놀잇감이다. 이번 자연물 소재 놀이가 진행된 시기는 가을이라, 주변에 예쁜 색깔의 나뭇잎이나 솔방울 등의 자연물이 항상 많아서 다양한 놀이를 즐길 수 있었다.

동료교사

"아이들의 표현이 최고의 '보물'이네요. 정말 사랑스럽습니다. 만 3세가 이렇게 자기 의사를 잘 표현한다구요? 선생님이 평소 아이들을 어떻게 대하시는지 대화만 봐도 보이네요."

03 비 오는 날 숲으로 가요

분 류 • 만 4~5세 • 숲 • 대집단

준비물 비옷, 우산, 숲에서 놀 거리 등

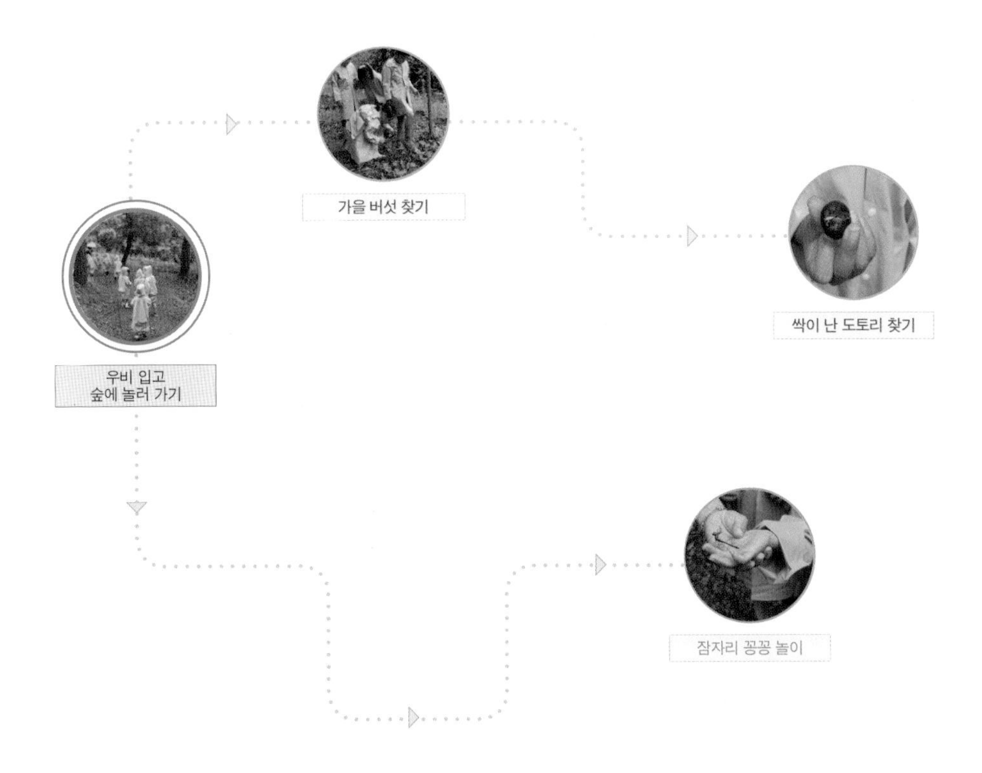

Tip 비가 오는 날이면 흔히 교사들은 '실외 놀이를 못 하겠구나'라고 생각하곤 합니다. 하지만 가벼운 보슬비가 내리는 날은 유아들이 색다른 자연을 관찰할 수 있는 최적의 날씨이기도 해요.

여는 놀이

우비 입고 숲에 놀러 가기

숲으로 놀러 가는 날, 아침부터 비가 오기 시작했다. 교사는 숲에 가야 하나 말아야 하나 고민하다가 유아들에게 제안을 해보았다.

 "우리, 숲에 놀러 가면 어떨까?"

 "좋아요, 좋아요!"

 "그런데 우리 다 젖으면 어떡해요?"

 "우비 입고 가면 되지?"

 "그래, 선생님이 저번에 우비 입고 놀려고 사다놓았지! 그거 입고 가자!"

 "와! 신난다."

이렇게 비 오는 날의 숲 놀이가 시작되었다.
유아들은 우비를 입고 우산을 쓰고 숲으로 향할 준비를 했다. 교사도 덩달아 숲이 아주 궁금해지기 시작했다.

이어지는 놀이1

가을 버섯 찾기

유아들은 교사를 보지도 않고 놀이에 빠져 있느라, 주의를 끌어보아도 잘 반응하지 않았다.

 "얘들아, 뭐 하니?"

유아들은 숲에 가면 고개를 들지 않는다. 숲속에서 유아들의 사진을 찍으면 유아들은 카메라를 응시하지 않는다. 그만큼 유아들은 자연 속 놀이에 푹 빠져 있다. 자연은 아이들에게 그런 몰입감을 준다.
특히 비 오는 숲에서 유아들은 발견할 것들이 너무 많았다. 가을을 맞이하여 나무 틈이나 돌 틈에 버섯들이 여기저기 얼굴을 내밀고 있었다.

 "선생님, 여기 봐요. 버섯이 아주 보들보들해요."

 "여기는 버섯천국이에요!"

 "김밥천국처럼! 아, 숲에 오니깐 김밥 먹고 싶다."

유아들의 대화는 정말 예측할 수 없었다.

이어지는 놀이2

싹이 난 도토리 찾기

자연이 보물창고라면, 특히 가을 숲은 특급 보물창고이다. 비 오는 가을 숲의 땅에서는 유아들이 찾을 보물이 너무 많았다.

 “와! 선생님, 이거 봐요!”

 “와! 그건 뭐야?”

 “우리가 찾았어요.”

비 오는 가을 숲에서 보물을 찾던 유아들은 싹이 트는 중인 도토리를 발견했다.

 “이거 집에 갖고 가서 심어보고 싶다.”

 “와! 이런 거 처음 봐.”

싹 난 도토리를 집에서 심으면 어떻게 될까? 교사도 그 결과가 궁금했다. 놀이에 빠진 아이들과 교사는 궁금증이 많아진다.

발상을 바꿔 이어지는 놀이

잠자리 꽁꽁 놀이

가을 숲은 유아들에게 신기함 그 자체였다.

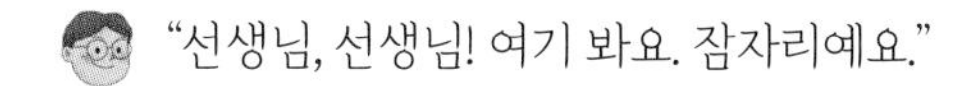

"선생님, 선생님! 여기 봐요. 잠자리예요."

한 유아가 부모님과 함께 했던 놀이가 생각났는지, 손가락을 하나 올리고 갑자기 노래를 부르기 시작했다.

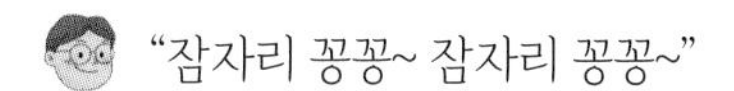

"잠자리 꽁꽁~ 잠자리 꽁꽁~"

그렇게 한참을 노래를 부르자 정말 잠자리가 와서 손가락 주위를 맴맴 돌았다. 마치 잠자리를 부르는 마술피리 같았다. 신이 난 유아들은 '잠자리 꽁꽁 알 낳아라' 노래를 함께 부르기 시작했다.

"와! 나 잠자리 잡았다."

"어디 봐봐. 진짜네! 잠자리채 없이도 잡을 수 있네."

자연에서 만난 잠자리는 돌아오는 길에 자연에 보내주고 왔다. 우리 유아들은 사랑이들이었다.

〈누리과정 영역별 내용〉

영역	내용
신체운동 · 건강	• 신체활동 즐기기 - 신체를 인식하고 움직인다. - 신체 움직임을 조절한다. - 실내외 신체활동에 자발적으로 참여한다. • 안전하게 생활하기 - 일상에서 안전하게 놀이하고 생활한다.
사회관계	• 더불어 생활하기 - 약속과 규칙의 필요성을 알고 지킨다. • 사회에 관심 가지기 - 내가 살고 있는 곳에 대해 궁금한 것을 알아본다.
예술경험	• 아름다움 찾아보기 - 자연과 생활에서 아름다움을 느끼고 즐긴다. - 예술적 요소에 관심을 갖고 찾아 본다. • 예술 감상하기 - 다양한 예술을 감상하며 상상하기를 즐긴다.
자연탐구	• 탐구과정 즐기기 - 우리 지역의 산, 동굴, 강, 바다, 숲 등 생태환경에 대해 지속적으로 호기심을 가진다. - 궁금한 것을 탐구하는 과정에 즐겁게 참여한다. - 탐구과정에서 서로 다른 생각에 관심을 가진다. • 자연과 더불어 살기 - 주변의 동식물에 관심을 가진다. - 우리 지역의 생태환경 관련 경험과 놀이를 통하여 생명과 자연환경을 소중히 여긴다. - 날씨와 계절의 변화를 생활과 관련짓는다.

교사 이야기

사실 비 오는 날 밖에 나가서 놀이를 하는 것은 교사에게 부담일 수도 있다. 유아들이 혹시 감기에 걸리지 않을까? 유아들의 옷이 젖어서 곤란한 일이 생기지 않을까? 유아들이 미끄러운 빗길에서 넘어져 다치지는 않을까?
그러나 이러한 부담을 떨치고 밖으로 나간다면, 아이들은 어른들이 기대하는 것보다 더 웃더 즐거움과 배움과 성장을 겪을 수 있다.

유치원에 유아들이 입을 우비를 구입해놓고 비가 오는 날 활동을 종종 하곤 했지만, 숲에 방문한 것은 처음이었다. 비가 내리는 날과 해가 쨍쨍한 날은 숲에서 볼거리가 많이 달랐다.

같은 장소, 같은 놀잇감이지만 환경에 조그마한 변화만 생겨도 유아들의 놀이는 달라지고 확장된다. 자연은 우리 유아들에게 그런 변화를 느끼게 하는 소중한 놀이 자료였다. 특히, 비 오는 날의 풀, 버섯, 도토리, 잠자리 등의 자연물을 보고 만지고 냄새 맡으면서 발견의 즐거움, 기쁨, 놀라움의 긍정적 감정을 느낀 우리 아이들은 오늘도 행복했다.

비 오는 날 숲에 다녀온 우리 유치원 사랑반은 다음 비 오는 날을 기다리고 있다.
"얘들아, 우리 다음 비 오는 날은 뭐 하면서 놀까?"
교사인 나는 '다음 비 오는 날은 무엇을 들고 가야 할까?'라고 놀이 지원을 고민하게 된다. 무척 즐겁고 기대되는 고민이다.

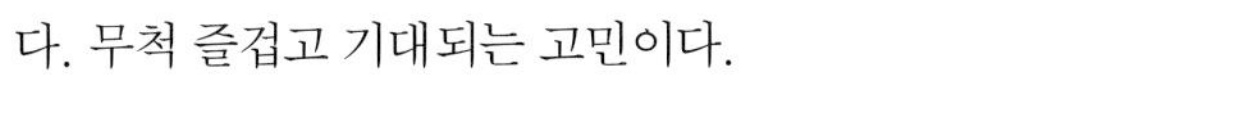

"와! 우리는 행복한 감정을 느끼려면 무엇을 해야 하나 고민해야 하는데 아이들은 몸으로, 눈으로, 감각으로 그걸 알고 있었네요. 저도 비 오는 날 아이들과 숲에 가봐야겠어요."

04 비 내리는 가을 숲

분 류 • 만 4~5세 • 숲 • 대집단

준비물 비옷, 우산, 숲에서 놀 거리, 루페 등

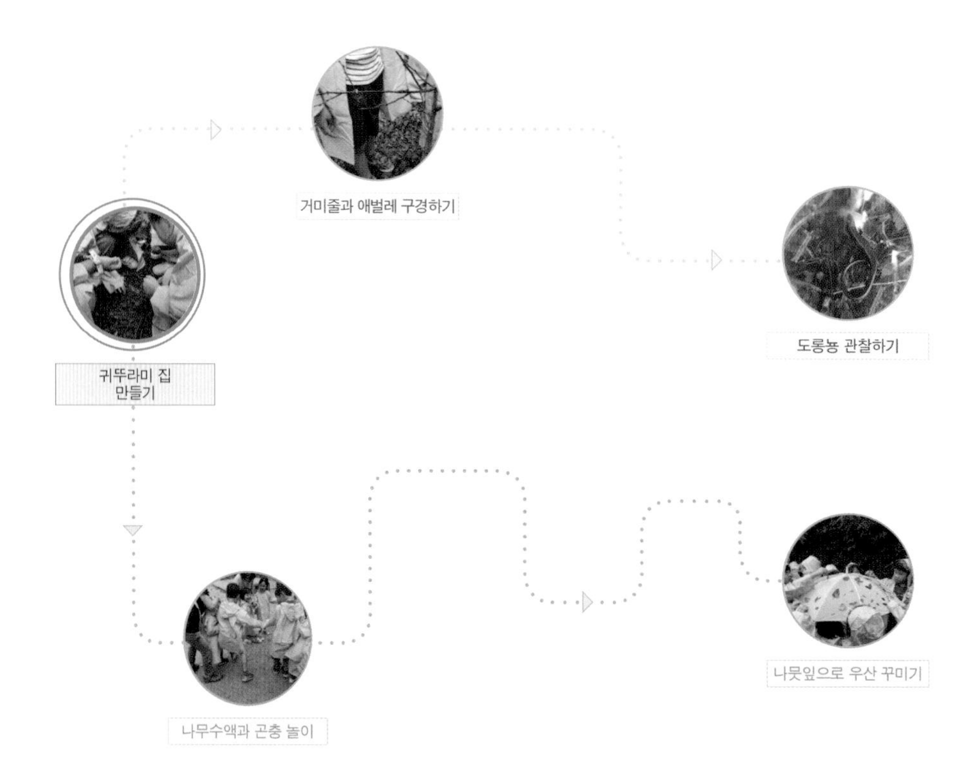

Tip 유아들은 살아 움직이는 곤충들을 교사보다 더 잘 만지곤 합니다. 이때, 교사는 놀라지 말고 담담히 연기를 해야 합니다.
"귀뚜라미를 잡았네. 안녕, 귀뚜라미야! 너 참 귀엽구나!"

여는 놀이

귀뚜라미 집 만들기

가을 숲에서는 여기저기서 뛰어오르는 곤충 때문에 깜짝 놀라기도 한다. 교사는 함부로 잡지 못하는 것들도 유아들은 친근하게 잡는다.

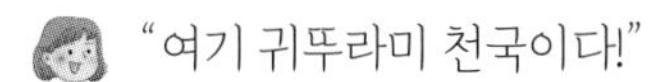
"여기 귀뚜라미 천국이다!"

"우리 귀뚜라미가 편안하게 집을 만들자! 이 하트모양 나뭇잎은 베개야."

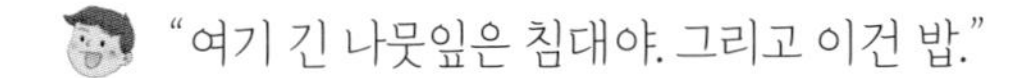
"여기 긴 나뭇잎은 침대야. 그리고 이건 밥."

귀뚜라미를 잡은 유아가 밥상을 만들고 그 앞에 귀뚜라미를 두었다. 두려운지 계속 움직이는 귀뚜라미가 걱정되었던 교사는 제지를 하려다 잠시 지켜보았다.
잠시 뒤 귀뚜라미를 놓아주고 일어선 유아들에게, 놓아준 이유를 물었다.

"귀뚜라미가 왔다 갔다 하는 모습이 불편해 보였어요. 그래서 놓아줬어요."

유아들을 기다려주면, 바람직한 방향으로 움직인다. 유아들의 놀이에는 동력이 있었다.

이어지는 놀이1

거미줄과 애벌레 구경하기

유아들은 나무에 달린 애벌레 껍질을 보았다. 숲선생님은 나비가 애벌레 집에 있다가 나와서 이렇게 빈 집이 생겼다고 설명해주었다. 유아들은 거미줄과 애벌레 한 마리를 발견하고 소통을 했다.

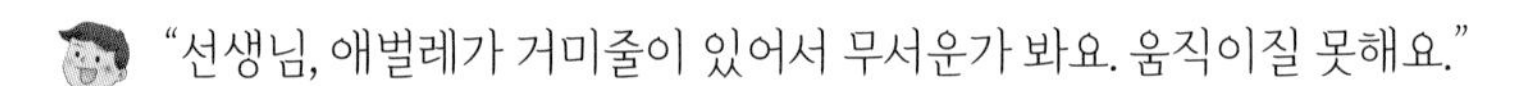

"선생님, 애벌레가 거미줄이 있어서 무서운가 봐요. 움직이질 못해요."

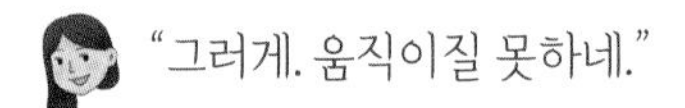

"그러게. 움직이질 못하네."

유아들은 애벌레에게 직접 말을 걸었다.

"거미줄은 못 움직여. 애벌레야, 잘 가봐!"

"애벌레야, 넌 왜 아직도 나비가 못 되고 남아 있는 거니?"

"엄마를 잃어버렸니? 그래서 그 자리에 가만있는 거니?"

숲에서 생명체와 이야기를 나누고, 숲에서 모든 생명을 존중해야 한다는 말의 의미를 알게 된다. 바로 이것이 살아 있는 놀이를 통한 배움일 것이다.

이어지는 놀이2

도롱뇽 관찰하기

숲속 비탈길에서 무언가를 발견했는지 여러 명의 유아들이 모여 있었다. 멀리서 보기에도 '평상시에 보지 못한 것을 발견했구나.' 하고 알 수 있었다.
잠시 뒤, 갑자기 교사를 부르는 유아들의 목소리에 다급함과 흥분과 놀람이 듬뿍 담겨 있었다.

 "선생님, 선생님! 이거 봐요!"

 "왜, 무슨 일이야?"

흥분한 유아들이 교사를 데려간 곳에 보기 드문 도롱뇽이 보였다.

 "어머, 이거 뭐야?"

 "도롱뇽이요, 이거 내가 발견했어요! 여기 구멍으로 들어가려고 하는 거, 내가 찾았어요!"

유아는 크리스마스트리 밑에서 자기 선물을 발견한 것처럼 기쁨에 가득 차 소리쳤다.
마침 숲으로 가지고 간 루페(볼록렌즈가 달린 확대경)로 도롱뇽을 크게 보며 관찰할 수 있었다.

발상을 바꿔 이어지는 놀이1

나무수액과 곤충 놀이

교사는 놀이 지원으로 함께 놀이할 수 있는 '나무수액과 곤충 놀이'를 제안했다. 유아주도 놀이를 할 때, 교사는 반드시 유아가 주도한 놀이만 해야 할지 고민을 하게 된다. 그러나 교사가 알려준 놀이를 유아가 응용하여 유아주도 놀이로 확장하는 것도 하나의 놀이유형이리라고 생각한다.

"얘들아, 우리 '나무수액과 곤충 놀이'할까?
먼저 두 친구가 손잡고 동그라미를 만들어. 동그라미는 나무가 된단다. 나머지 친구들은 곤충들이야! 곤충들은 동그라미 안을 들어갔다 나왔다 하며 수액을 먹는 거지. 그러다가 선생님이 '가을이 되었어요.'라고 말하면 동그라미를 닫아야 해. 왜냐하면 나무는 가을에는 겨울을 준비해야 하기 때문에 더 이상 수액을 줄 수 없거든. 이때 닫힌 동그라미 안에 있는 친구들은 나무가 되어 더 큰 나무를 만들 거야. 그리고 남아 있는 친구들만 곤충이 되어, 또다시 시작하는 거지!"

교사는 놀이를 설명하기 위해 자연의 이치를 해설했다. 유아들은 나무가 되고 곤충이 되어 신나게 놀았다. 유아들에게 놀이를 소개하는 것은 또 다른 놀이를 경험하게 하는 시작인 것 같다.

발상을 바꿔 이어지는 놀이2

나뭇잎으로 우산 꾸미기

다행히 비는 많이 오지 않고, 내리다가 그치다가를 반복했다. 교사는 우산을 펼치고 앉아, 유아들이 우산에 나뭇잎을 붙이기 쉽도록 했다. 흥미로운 활동 같아 보였는지 유아들이 하나둘씩 모였다.

 "얘들아~ 우산 위에 나뭇잎 붙여서 우산을 예쁘게 꾸며줄까?"

 "난 나뭇잎으로 하트를 만들 거야!"

 "난 내 이름을 쓸 거야!"

유아들은 다 함께 우산에 나뭇잎을 붙이며 놀았다. 빗물이 일종의 접착제처럼 작용하여 붙이기 쉬웠다.

 "선생님, 이렇게 들어서 봐요! 엄청 이뻐요."

비 오는 날, 유아들은 평소와 달리 우비를 입었다는 점과, 날씨 좋은 날에 보지 못한 것들을 숲에서 발견하고 놀이할 수 있다는 점에 아주 즐거워하고 놀이에 푹 빠졌다.

〈누리과정 영역별 내용〉

영역	내용
신체운동 · 건강	• 신체활동 즐기기 - 신체를 인식하고 움직인다. - 실내외 신체활동에 자발적으로 참여한다. • 안전하게 생활하기 - 안전사고, 화재, 재난, 학대, 유괴 등에 대처하는 방법을 알고 경험한다.
사회관계	• 나를 알고 존중하기 - 나를 알고 소중히 여긴다. • 더불어 생활하기 - 가족의 의미를 알고 화목하게 지낸다. - 친구와 서로 도우며 사이좋게 지낸다. • 사회에 관심 가지기 - 내가 살고 있는 곳에 대해 궁금한 것을 알아본다.
예술경험	• 아름다움 찾아보기 - 자연과 생활에서 아름다움을 느끼고 즐긴다. - 예술적 요소에 관심을 갖고 찾아본다. • 예술 감상하기 - 다양한 예술을 감상하며 상상하기를 즐긴다.
자연탐구	• 탐구과정 즐기기 - 우리 지역의 산, 동굴, 강, 바다, 숲 등 생태환경에 대해 지속적으로 호기심을 가진다. - 궁금한 것을 탐구하는 과정에 즐겁게 참여한다. - 탐구과정에서 서로 다른 생각에 관심을 가진다. • 자연과 더불어 살기 - 주변의 동식물에 관심을 가진다. - 우리 지역의 생태환경 관련 경험과 놀이를 통하여 생명과 자연환경을 소중히 여긴다. - 날씨와 계절의 변화를 생활과 관련짓는다.

교사 이야기

귀뚜라미 집을 만들어준다는 유아들의 놀이를 본 교사는 걱정이 많았다.
'귀뚜라미가 혹시 스트레스 받지는 않을까? 저러다가 애들이 힘 조절을 잘못해서 의도치 않게 죽게 하면 어쩌나.'

그런데 유아들의 놀이를 따라가며 읽어보니, 유아들은 귀뚜라미가 다치지 않게 스스로 조절하고 있었다.
귀뚜라미가 ○○의 손에 올라가니 유아들은 이렇게 이야기했다.
"귀뚜라미가 ○○를 좋아하나 봐!"
아이들은 귀뚜라미에 애정을 갖게 되고 귀뚜라미를 걱정하게 되었다.

교사는 생각했다.
'다른 생명에게 애정이 생겨야, 그 생명을 존중하는 법도 알게 되겠지. 위험하다거나 걱정된다고 아이들의 놀이를 막거나 금지시킨다면, 또 다른 경험의 가능성과 자기 결정권을 빼앗는 것 아닐까?'

인간은 스스로 성장하고자 하는 성향을 갖고 있다고 한다. 유아들도 그런 능력을 충분히 갖고 있다. 교사는 유아들을 믿고 기다려야 할 것이다.

동료교사

"아이들이 얼마나 즐거웠을지 보여요. 저도 비 오는 날 우비를 입고 운동장에 나가본 적이 있어요. 아이들은 비가 오는 날 밖에 나간다는 것 자체가 즐거운 놀이인 듯하더군요. 그렇게 놀고 온 날은, 하루 종일 저를 보는 아이들의 눈에 하트가 가득이었어요. 저도 운동장뿐만 아니라 숲으로도 나가봐야겠어요. 자연물 놀이는 끝이 없네요. 열린 마음으로 더욱더 아이들과 열심히 놀이하겠습니다."

05 산소리길에서 놀아요

분 류	• 만 4~5세	• 바깥놀이터, 뒷산 산책길	• 개별활동, 소집단

준비물 여러 가지 자연물(꽃, 잣송이 등), 페트병, 도화지, 커터칼, 소꿉놀이 그릇, 테이블보, 거울 등

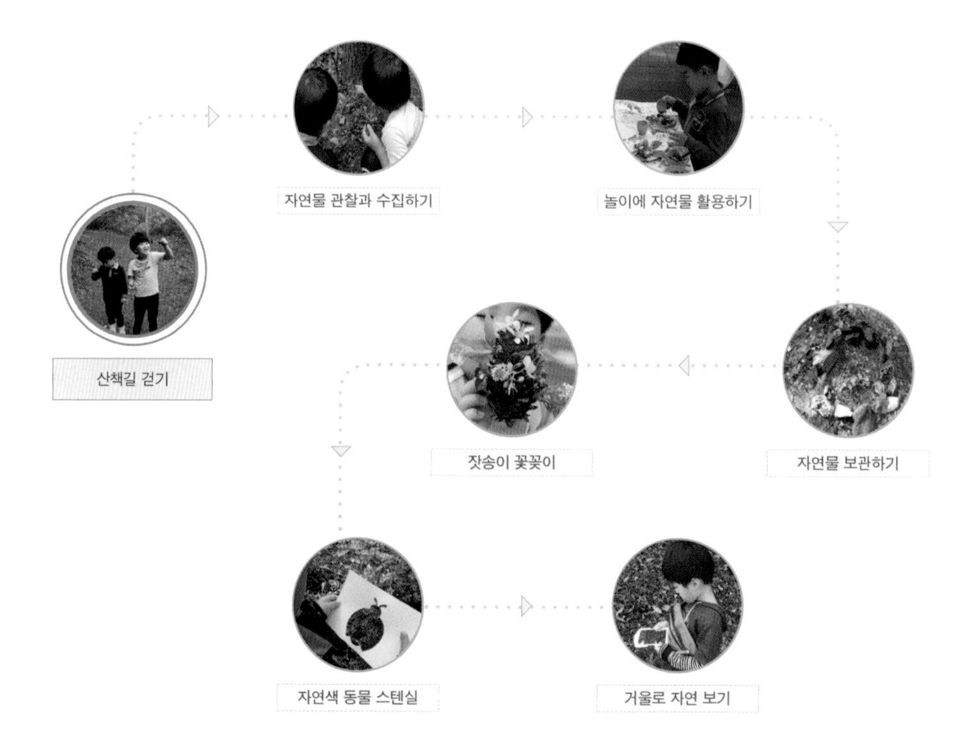

Tip 자연 속에서 놀 때, 산책 주머니와 산책 지팡이를 준비해보세요. 산책 주머니는 자연에서 주운 자연물을 담거나, 달콤한 간식과 물 또는 모기 물림방지 밴드 같은 것들을 넣어요. 산책 지팡이는 오르막길에서 지탱해주는 도구가 되기도 하고, 발견한 곤충이나 식물을 가리키는 도구도 돼요.

여는 놀이 & 이어지는 놀이

산책길 걷기 & 자연물 관찰과 수집하기

학교 뒷산 산책길 '산소리길'에서의 놀이를 계획했을 때, 처음에는 걷기에만 집중했다. 그러다 차차 길이 익숙해지고 주변을 돌아볼 여유가 생기자 여러 가지 열매와 식물들, 곤충들을 관찰하고 수집하기 시작했다.

유아들은 사슴벌레나 달팽이에 관심을 가지고 질문했고, 탈피한 매미의 허물을 찾아 몸에 붙이고 놀았다.

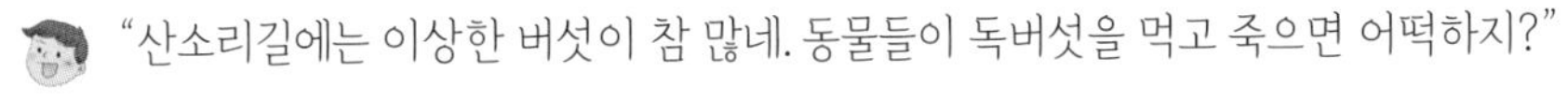

"산소리길에는 이상한 버섯이 참 많네. 동물들이 독버섯을 먹고 죽으면 어떡하지?"

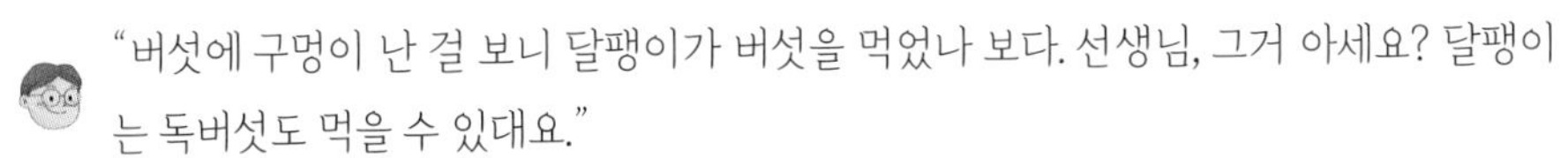

"버섯에 구멍이 난 걸 보니 달팽이가 버섯을 먹었나 보다. 선생님, 그거 아세요? 달팽이는 독버섯도 먹을 수 있대요."

만 5세 ○○는 곤충이나 식물에 대한 자연관찰책을 직접 찾아보고 교사에게 그 내용을 알려주기도 했다. 벌레나 달팽이에게는 버섯의 독이 작용하는 소화기와 신경계가 없기 때문에, 독버섯을 많이 먹어도 멀쩡하다는 사실을 책을 통해서 알게 된 것이다.

재료를 바꿔 이어지는 놀이

놀이에 자연물 활용하기

교사는 바깥놀이 할 때 계절에 따른 여러 가지 자연물, 동물 피규어, 플라스틱 장난감 그릇, 블록, 상자, 미술 재료(재활용품, 가위, 목공본드 등)를 유아들이 자유롭게 바깥에 가지고 나가 사용할 수 있도록 하였다. 그 외에도 놀이 과정에서 유아가 필요로 하는 재료나 놀잇감이 있다면 기꺼이 제공했다. 유아들은 바깥놀이 할 때 주워온 자연물들을 종류별로 분류하기도 하고, 소꿉놀이를 할 때 음식모형 대신 자신들이 주워온 자연물을 활용하기도 했다.
교사는 유아들이 주워온 자연물이 예뻐 소풍놀이를 제안했다. 유아들은 예쁜 테이블보를 깔고 그릇에 자연물을 담아 놀이했다.

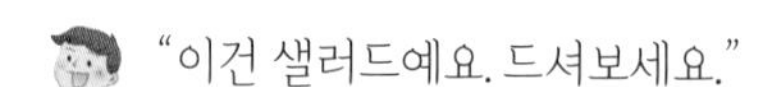
"이건 샐러드예요. 드셔보세요."

"물 떠와서 국을 만들어야겠다. 맛있는 된장국!"

소꿉놀이 도구를 챙기는 것부터 마지막 정리, 설거지까지 모두 유아가 하도록 했다. 특히 정리를 마친 후 설거지를 할 때, 유아들이 얼마나 신이 나서 했는지 모른다.

"거품 엄청 많이 나온다!"

발상을 바꿔 이어지는 놀이1

자연물 보관하기

유아들은 자연에서 보이는 것들을 매일매일 주워 교실로 가져오기도 하고 집으로 가져가기도 했다. 물속에 작은 돌멩이로 웅덩이를 만들어, 직접 주운 봄꽃 보물을 보관할 보석함이라고 부르기도 했다.

"선생님! 우리가 꺾은 꽃들, 물속에다 보관해요. 꽃은 물이 있으면 시들지 않잖아요."

"저는 벚꽃잎도 넣어볼래요."

자연물을 수집하는 것을 좋아하는 유아들에게 교사는 오감물병 만드는 활동을 제안했다.

"산소리길에 있는 꽃들과 잎들, 물병 안에 담아보면 어떨까?"

"좋아요! 물병에 넣어놓으면 오래오래 볼 수 있겠죠?"

페트병 속에 물을 담고 그 안에 담고 싶은 자연물들을 담았다. 간단한 활동이었지만 유아들은 물병 속에 담긴 자연물들을 무척 좋아하며, 한동안은 산책 나갈 때마다 페트병이나 빈 주스병을 들고 나가 자연물을 수집해 담았다.

발상을 바꿔 이어지는 놀이2

잣송이 꽃꽂이

유아들은 산책하면서 항상 자연물을 수집했고, 수집한 자연물을 가지고 노는 일은 일상이 되었다. 교사는 봄꽃으로 꽃다발을 만드는 활동을 해본 경험이 있기에, 잣송이와 봄꽃들을 잔뜩 주워온 날 잣송이 꽃꽂이를 해보자고 제안했다.

 "잣송이와 꽃으로 꽃꽂이를 해보면 어떨까?"

 "선생님! 여기 끈적끈적한 게 손에 자꾸 묻어요."

 "잣송이에서 진액이 나와서 그래. 그래서 잣송이에서 잣을 뺄 땐 꼭 장갑을 끼지."

 "솔잎 만질 때도 이런 끈적한 게 나왔어요."

잣송이에 꽃을 꽂는 일은 생각보다 쉽지 않았다. 손에 찐득한 진액도 묻고 잣송이 사이에 꽃이 깊숙하게 꽂히지 않아 잘 빠졌지만, 유아들이 집중하여 꽃을 꽂자 훌륭한 작품이 되었다.
유아들은 잣송이 꽃꽂이 작품을 집에 가져가고 싶어 했으나, 망가뜨리지 않고 가져가기가 쉽지 않아서 그 대신 작품 사진을 찍어 인화해주었다.

발상을 바꿔 이어지는 놀이3

자연색 동물 스텐실

봄에는 유치원 주변이 온통 형형색색의 꽃들로 가득했다. 산책하며 그 꽃들을 보는 유아들은 매일 매일 예쁘다고 감탄하며 좋아했다.
꽃을 꺾어 동물도 만들고 나뭇가지와 초록색 나뭇잎으로 모양 만들기도 하는 모습을 보며, 교사는 동물에 자연의 색을 입히는 활동을 제안했다.

 "다음엔 뭘 그릴까? △△는 무당벌레를 좋아했지?"

조금 두꺼운 도화지에 여러 가지 종류의 동물이나 곤충을 복사하고, 복사한 모양을 커터칼로 오려 내면 훌륭한 스텐실 종이가 된다. 그 종이를 자연 위에 올려놓으면, 고정된 색이 아니라 여러 가지 자연의 색을 입히는 스텐실 놀이를 할 수 있다.
유아들은 이 종이를 가지고 나가, 원하는 자연물에 대고 직접 자연의 색을 입히며 스텐실 놀이를 했다.

 "이것 봐, 참새는 갈색 나뭇잎 색깔이야."

 "이 무당벌레는 꽃과 풀 색깔로 할래."

발상을 바꿔 이어지는 놀이4

거울로 자연 보기

매일 숲속을 산책하면서도 하늘을 보는 일은 생각보다 많지 않았다. 어느 날 높은 나무 위에서 새가 우는 곳을 따라 바라본 그때, 만 4세 △△가 하늘이 참 예쁘다고 했다.
문득 유아들이 보지 못하는 곳을 거울을 이용해서 보면 어떨까 생각하여 거울로 자연을 보는 활동을 제안했다.

 "산소리길 갈 때 거울을 가져가 볼까? 보고 싶은 곳을 거울로 비춰보자."

유아들은 거울을 몸 쪽으로 가져가 하늘을 비추고, 거울에 비친 자연의 모습과 풍경을 관찰했다. 고개를 들어야 볼 수 있었던 하늘, 높이 뻗어 있는 나무 꼭대기, 미처 보지 못했던 나뭇가지의 모양, 가려진 돌멩이의 모양을 다른 각도에서 발견할 수 있었다.

 "거울로 보니까 키 큰 나무도 보여요."

 "하늘에 있는 구름도 볼 수 있네."

 "이 돌멩이 아래쪽은 더 울퉁불퉁해."

〈누리과정 영역별 내용〉

영역	내용
신체운동 · 건강	• 신체활동 즐기기 - 신체를 인식하고 움직인다. - 실내외 신체활동에 자발적으로 참여한다. • 안전하게 생활하기 - 일상에서 안전하게 놀이하고 생활한다.
의사소통	• 듣기와 말하기 - 자신의 경험, 느낌, 생각을 말한다. - 상황에 적절한 단어를 사용하여 말한다. - 상대방이 하는 이야기를 듣고 관련해서 말한다.
사회관계	• 나를 알고 존중하기 - 나의 감정을 알고 상황에 맞게 표현한다. - 내가 할 수 있는 것을 스스로 한다. • 더불어 생활하기 - 친구와 서로 도우며 사이좋게 지낸다. • 사회에 관심 가지기 - 내가 살고 있는 곳에 대해 궁금한 것을 알아본다.
예술경험	• 아름다움 찾아보기 - 자연과 생활에서 아름다움을 느끼고 즐긴다. - 예술적 요소에 관심을 가지고 찾아본다. • 창의적으로 표현하기 - 다양한 미술 재료와 도구로 자신의 생각과 느낌을 표현한다.
자연탐구	• 탐구과정 즐기기 - 주변 세계와 자연에 대해 지속적으로 호기심을 가진다. • 자연과 더불어 살기 - 주변의 동식물에 관심을 가진다. - 생명과 자연환경을 소중히 여긴다.

교사 이야기

매일 아침 유아들과 함께 가고 있는 학교 뒷산 산책길 '산소리길'은 처음엔 유아들이 걷기도 힘들어해 주변을 돌아볼 여유가 없었다. 그러다 익숙해지자 오르막길을 쉽게 오르게 되고, 처음에는 한 바퀴만 돌던 산책길도 두 바퀴나 세 바퀴까지 돌게 되었다.

걷기에 익숙해지고 여유가 생긴 유아들은 차츰 주변의 식물들이나 곤충들에 관심을 가지게 되었고, 자연물을 주워 교실로 가져오게 되었다.

유아들은 스스로 주워온 자연물들을 소중하게 생각하며 미술활동도 하고, 말려보기도 하고, 물병에 넣어보기도 하며 놀이했다. 때로는 자연물을 보물처럼 여기며 상자에 담아 집에 가져가기도 했다.

심지어 산소리길에서 본 곤충들이나 식물들, 관심 있는 동식물에 대한 정보를 책에서 찾는 것까지 스스로 하기 시작했다.

"선생님! 두더지는 달팽이도 먹고 지렁이도 먹고 다른 곤충들도 먹는대요. 근데 먹다가 남으면 땅 속에 숨겨놓고 나중에 먹는대요."

교사도 몰랐던 곤충들과 식물들의 이야기를 책에서 찾아 자세히 알려주는 유아들의 모습을 보며, 교사는 '이게 진짜 교육이구나.'라고 생각하게 되었다.

이렇게 자연 속에서 자연물을 가지고 놀이하며 궁금증이나 기발한 생각들을 재미있게 표현하는 유아들의 모습을 교사만 알고 있는 상황이 아쉬웠다. 그래서 그 주에 있었던 재미있는 일들, 기발하거나 예쁜 말들을 주간교육계획안을 통해 학부모에게 소개했다.

유아들의 작품은 집으로 가져가기 쉽지 않은 것들이 많아 반드시 사진을 찍어두고 함께 보았고, 정말 아끼고 좋아하는 작품들은 찍어서 인화한 사진을 집에 가져갈 수 있게 했다. 그러자 유아들은 자기가 만든 작품을 더 소중하게 여겼다.

동료교사

"다양한 자연물 놀이를 알아가는 시간이었습니다. 특히 '자연색 동물 스텐실'은 꼭 해보고 싶은 놀이입니다."

06 산소리길에서 만나요

분 류 • 만 4~5세 • 바깥놀이터, 뒷산 산책길 • 개별활동, 소집단

준비물 여러 가지 자연물(꽃, 잡초, 나뭇가지 등), 소꿉놀이 그릇, 텐트, 캠핑의자, 해먹, 투명 우산 등

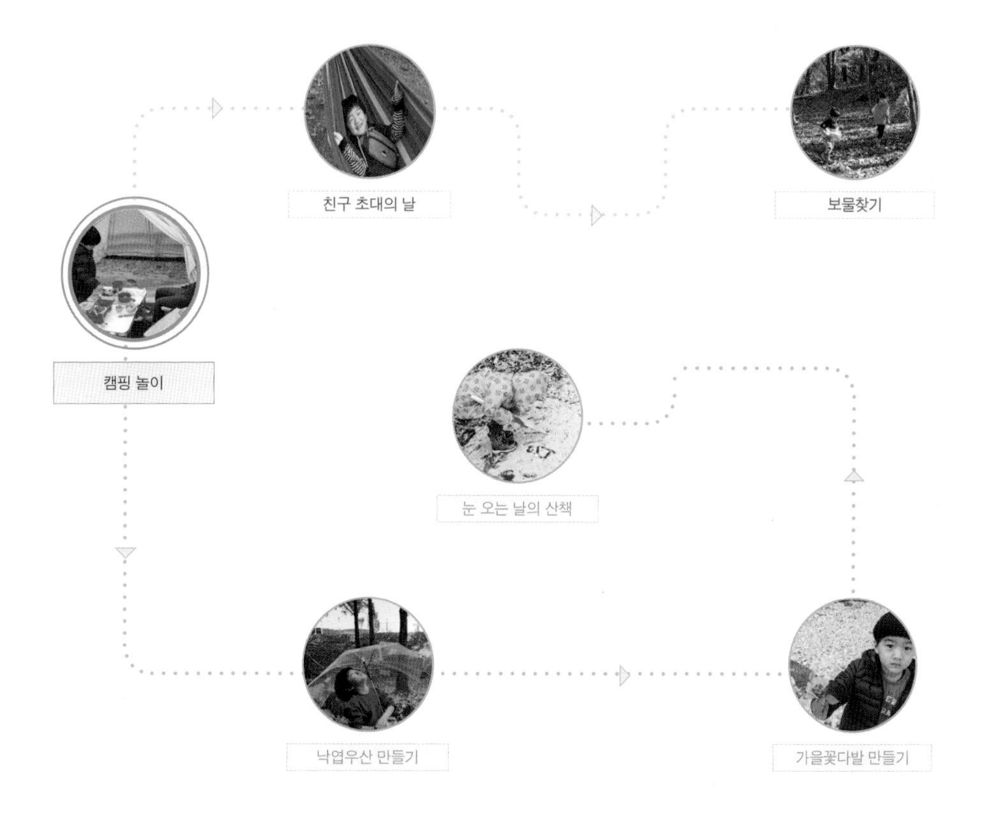

Tip 아이들과 함께 텐트를 치는 일은 쉽지 않으니, 펴고 접기 편한 원터치 난방텐트를 구입하세요. 가격도 캠핑용 텐트보다 훨씬 저렴하고, 생활방수가 되는 재질도 있어 심하게 바람이 불거나 비가 오지 않는다면 일주일 내내 텐트를 쳐놓아도 돼요. 갑자기 비가 와도 원터치라 정리하기 쉬워요.

여는 놀이

캠핑 놀이

교사는 유아들이 자연 속에서 즐겁게 놀 수 있도록 텐트를 설치하고 해먹을 걸고 싶었다.

 "산소리길 아래쪽에 텐트를 치고 해먹을 걸어 캠핑 놀이를 해보자."

 "좋아요! 저 아빠랑 캠핑 가본 적 있어요."

텐트를 치는 것부터 캠핑 도구들을 나르는 것, 텐트를 걷는 것까지 모두 유아와 함께 했다. 준비된 텐트에서 놀기보다 함께 텐트를 치고 걷는 작업을 공유하는 것이 더 값진 경험이 될 테고, 유아에게 성취감을 느끼게 하리라는 생각이었다.
유아들은 하루 종일 산소리길에서 놀았고, 약 한 달간 캠핑 놀이를 지속했다.
텐트에 누워서 놀기도 하고, 낚시 놀이도 하고, 은행잎이 떨어지면 은행잎을 잔뜩 주워 놀이했다.

 "선생님! 오늘은 하루 종일 캠핑 놀이 해요!"

 "오늘은 어제 하던 낚시 놀이 할 거예요."

이어지는 놀이 & 재료를 바꿔 이어지는 놀이

친구 초대의 날 & 보물찾기

교사는 친구들을 초대해 산소리길과 캠핑장을 소개하고 함께 놀이하고자 '친구 초대의 날'을 만들었다. 소인수 학급의 두 명뿐인 유아들은 여덟 명의 친구가 방문하자 무척 즐거워했다.
유아들은 어색함 없이 함께 산책길을 걸으며 교사가 숨겨놓은 보물을 찾고, 밤을 줍고, 캠핑장에서 해먹을 타며 놀이했다. 자연 속에서의 놀이는 다른 유치원 유아들과 금방 친구가 되게 해주었고, 다음에는 다른 유치원에서 우리 유치원 유아들을 초대하겠다는 약속도 받았다.

"선생님! 다른 유치원 친구들 초대하니까 너무 좋았어요. 다음에 또 불러요."

산책길에 교사가 보물을 몰래 숨겨놓고 보물찾기 놀이를 해보았다. 비눗방울 놀이세트, 카드게임 세트, 수첩 등 3천 원 이하 가격으로 유아들이 좋아할 만한 물건을 보물로 준비해, 나무 뒤나 돌멩이 아래 등 자연물 사이사이에 숨겨두었다. 유아들은 무척 재미있어 했다.

"다음에는 다른 유치원 친구들이랑 같이 낙엽 놀이도 해요."

"저는 보물찾기가 좋아요. 보물찾기 한 번 더 하면 안 돼요?"

낙엽우산 만들기

가을엔 캠핑장과 산책길 나무들이 온통 예쁜 단풍으로 물들었다.
비가 오던 날 우산을 쓰고 놀이할 때 나무에서 떨어진 단풍이 우산에 붙자, 만 4세 ○○는 낙엽우산이 되었다며 좋아했다. 그래서 교사는 투명 우산에 붙이고 싶은 낙엽을 붙여보자고 제안했다.

 "우와~! 우산에 낙엽이 붙으니까 낙엽우산이 됐네."

 "그럼 우리, 내일은 투명 우산에 낙엽 붙이는 활동을 해볼까?"

우산에 낙엽을 붙이는 것은 생각만큼 쉽지 않았다.

 "낙엽이 잘 안 붙네. 목공본드로 붙이면 좋지 않을까요?"

낙엽이 잘 붙지 않자 만 5세 △△가 생각해낸 방법대로 목공본드로 붙이기를 시도해보기도 했다.
하지만 바짝 마른 낙엽은 목공본드로 붙이니 부서졌고, 너무 젖은 낙엽은 목공본드가 묻지 않았다.
교사는 너무 바짝 마른 낙엽보다는 적당히 축축한 낙엽을 붙이도록 했다.
주변에 물이 있다면 물을 묻혀 붙이는 것도 좋다.

발상을 바꿔 이어지는 놀이2

가을꽃다발 만들기

캠핑 놀이를 위해 쳐놓은 텐트 주변과 산책길에 은행잎이 가득 떨어졌다. 교사는 유아들과 함께 은행잎과 다른 낙엽들, 가을꽃들을 이용해 꽃다발을 만들었다.
첫날에 만든 꽃다발은 단순하지만, 꽃다발 만드는 활동을 며칠 계속하다 보면 나뭇가지도 끼워 넣고 잡초도 넣어 더 화려한 꽃다발이 된다. 노란 은행잎으로만 만든 꽃다발에 흰색 들꽃 한 송이를 끼워 넣거나, 꽃다발에 솔잎이나 대추가 달린 나뭇가지를 같이 묶으면 단번에 색다른 꽃다발로 변신한다.
꽃다발을 묶을 땐 종이끈을 이용하고, 신문지나 한지로 겉을 감싸게 하면 훌륭한 선물이 된다.
봄에는 봄꽃과 풀잎으로, 가을에는 은행잎 같은 낙엽이나 가을꽃으로 꽃다발을 만드는 활동이 유아들에게 익숙해졌다.

 "이 꽃다발은 우리 할머니 가져다드려야겠어요. 우리 할머니, 꽃을 엄청 좋아하셔서 집에 많이 심으시거든요."

 "선생님! 저는 선생님 드릴게요. 가지세요."

 "어머, 예뻐라. 고마워~"

발상을 바꿔 이어지는 놀이3

눈 오는 날의 산책

겨울이 되어 캠핑장의 텐트를 치웠다. 하지만 겨울이 되어도 유아들은 어김없이 밖으로 나가 놀기를 바랐다. 유아들에게 추위나 눈은 놀이를 방해하는 요소가 되지 못한다.
눈이 오는 날에는 우비를 입고 우산을 쓰고 산책길을 걸었다. 눈이 조금 쌓인 길에 만 4세 ○○가 자기 이름을 써보고 싶다고 했다.

"선생님! 눈이 오니까 여기에 글씨를 써도 되겠어요. 저, 제 이름 한번 써볼게요."

만 5세 △△는 눈 내린 바닥에 비가 떨어져 작은 동그라미 모양이 찍히자 신기해했다.

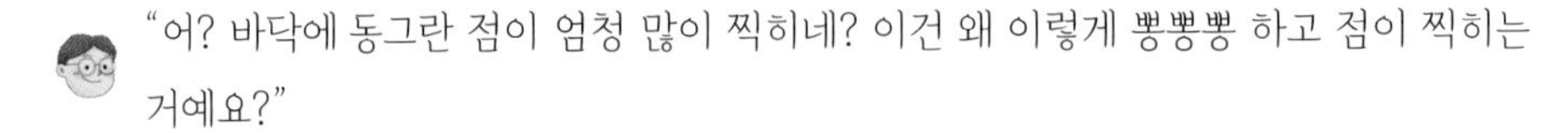

"어? 바닥에 동그란 점이 엄청 많이 찍히네? 이건 왜 이렇게 뽕뽕뽕 하고 점이 찍히는 거예요?"

"그건 빗방울이 눈을 녹여서 생긴 자국이야."

산책길을 내려오면서 내리막길을 보자, 유아들은 눈썰매를 타면 좋겠다고 했다. 겨울 산책길에서의 놀이도 무궁무진하다.

〈누리과정 영역별 내용〉

영역	내용
신체운동 · 건강	• 신체활동 즐기기 - 신체를 인식하고 움직인다. - 실내외 신체활동에 자발적으로 참여한다. • 안전하게 생활하기 - 일상에서 안전하게 놀이하고 생활한다.
의사소통	• 듣기와 말하기 - 말이나 이야기를 관심 있게 듣는다. - 자신의 경험, 느낌, 생각을 말한다. • 읽기와 쓰기에 관심 가지기 - 자신의 생각을 글자와 비슷한 형태로 표현한다.
사회관계	• 나를 알고 존중하기 - 내가 할 수 있는 것을 스스로 한다. • 더불어 생활하기 - 가족의 의미를 알고 화목하게 지낸다. - 친구와 서로 도우며 사이좋게 지낸다. - 약속과 규칙의 필요성을 알고 지킨다.
예술경험	• 아름다움 찾아보기 - 자연과 생활에서 아름다움을 느끼고 즐긴다. • 창의적으로 표현하기 - 다양한 미술 재료와 도구로 자신의 생각과 느낌을 표현한다. • 예술 감상하기 - 다양한 예술을 감상하며 상상하기를 즐긴다.
자연탐구	• 탐구과정 즐기기 - 주변 세계와 자연에 대해 지속적으로 호기심을 가진다. • 자연과 더불어 살기 - 주변의 동식물에 관심을 가진다. - 생명과 자연환경을 소중히 여긴다. - 날씨와 계절의 변화를 생활과 관련짓는다.

교사 이야기

유아들은 교실보다 자연에서 노는 것을 더 좋아했다.
교사는 정형화된 놀잇감보다 자연물을 가지고 노는 것에 익숙한 유아들에게 캠핑 놀이를 경험하게 하고 싶었다. 그래서 큰 은행나무에 해먹을 걸고, 산소리길로 가는 길에 텐트를 설치해 진짜 캠핑을 하게 되었다.

캠핑장 주변에서 매일매일 가을캠핑을 즐겼고, 다른 유치원 친구들도 초대해 함께 놀았다.
'친구 초대의 날'에 방문한 다른 유치원의 유아들은 자신들의 유치원에서 경험하지 못한 것을 경험해보며 즐거워했다. 특히 해먹 타기와 보물찾기 놀이는 자기 유치원에 돌아가서도 이야기했을 정도로 인기 있는 놀이였다.

캠핑 놀이는 유아들이 너무 좋아하여 한 달 넘게 지속되었다. 겨울이 되어 텐트를 걷을 때 유아들이 무척 아쉬워했지만, 산책길에서의 놀이는 겨울에도 멈추지 않았다.
비가 오거나 눈이 오는 날에는 우비와 우산을 쓰고 산책을 나갔고, 바뀐 날씨와 계절이나 풍경에 대해 이야기를 나누었다. 유아들은 날씨가 따뜻해지면서 눈에서 진눈깨비로, 진눈깨비에서 비로 변해 바닥에 떨어지는 물방울을 신기해했다. 그리고 눈이 생기는 과정에 대해서도 궁금증을 가졌다.
유아들은 자연 속에서 생긴 궁금증에 대해 함께 책을 찾고 인터넷 검색을 하며 궁금증을 해결하기도 했다.
자연은 유아들은 물론이고 교사에게도 훌륭한 놀이터이자 학습의 장이었다.

동료교사

"진정한 숲 유치원이네요. 축복받은 환경! 선생님의 노력! 환상적인 콤비예요. 저희 유치원 아이들도 초대해주세요."

07 짜잔, 나뭇잎으로 꾸몄어요

분 류 • 만 3~5세 • 유치원 주변, 교실 • 소집단

준비물 여러 가지 나뭇잎, 풀꽃, 모자, 투명테이프, 풀, 커다란 종이, 종이 레이스, 종이판 등

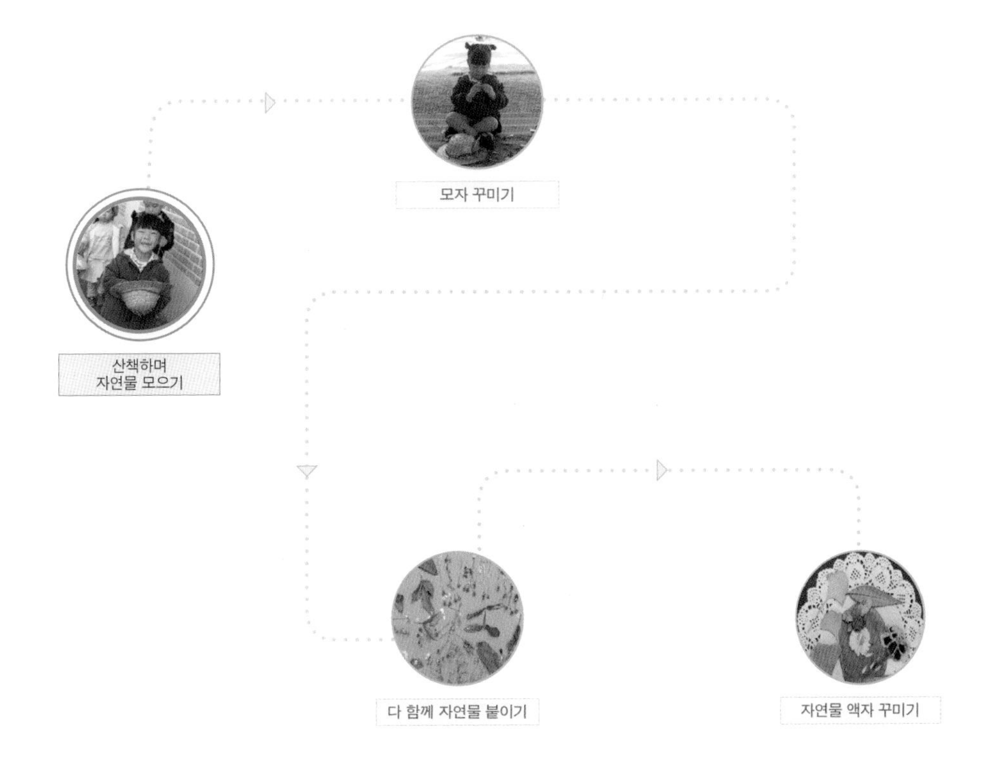

Tip 야외에서 미술활동을 해보세요. 좁은 공간을 벗어나 넓은 자연의 공간에서 활동하면, 유아들의 시야가 넓어지고 생각의 폭도 커질 거예요. 필요한 미술재료들을 자연에서 쉽게 구할 수도 있고, 정리정돈도 쉽게 할 수 있어요.

여는 놀이 & 이어지는 놀이1

산책하며 자연물 모으기 & 모자 꾸미기

교사는 계절의 변화를 알아보기 위해 유아들과 함께 주변을 산책했다. 그러자 유아들은 여러 가지 나뭇잎, 풀꽃 등 손쉽게 주울 수 있는 자연물들을 활용해 놀이했다.
한 유아는 산책하면서 주운 나뭇잎을 짝꿍 모자에 장식된 끈 사이에 끼워주었다. 나뭇잎으로 꾸민 모자를 본 다른 유아들도 모자를 꾸미고 싶다고 이야기했다.

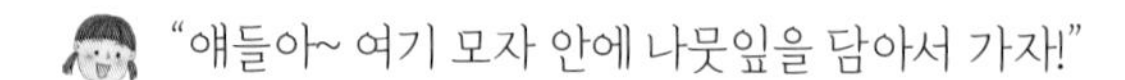
"얘들아~ 여기 모자 안에 나뭇잎을 담아서 가자!"

"나는 꽃도 가져갈래."

모자 속에 나뭇잎을 담아온 유아들은 저마다 개성 있게 모자를 꾸몄다. 자기 모자를 직접 꾸미는 일이 재미있는지, 무척 집중하며 꾸미기를 했다.

"낙엽이랑 꽃이랑 꽂으니까 예쁘지?"

"한번 써볼까?"

이어지는 놀이2

다 함께 자연물 붙이기

유아들은 산책하면서 주워온 자연물로 모자를 꾸민 후, 남은 나뭇잎을 종이에 붙이자고 제안했다.

 "남은 나뭇잎으로 뭘 하면 좋을까?"

 "종이에 붙일래요. 큰 종이 주세요."

 "여기 있는 거 다 붙이자!"

유아들은 커다란 박스를 분리한 종이나 전지에 나뭇잎과 풀꽃을 투명테이프로 자유롭게 붙이는 협동작업 활동을 했다. 활동방법을 정해놓지 않고, 유아 스스로 하고 싶은 대로 활동할 수 있도록 했더니 더 즐겁게 활동했다.
활동 후 며칠 동안 자연스럽게 말렸더니 멋진 작품이 되었다. 유아들도 자신들이 만든 작품을 마음에 들어 했다.

 "우와! 우리가 만든 꽃 액자 진짜 예쁘다. 집에 가져가고 싶다."

 "근데 꽃이 마르니까 색깔이 변했어."

이어지는 놀이3

자연물 액자 꾸미기

자연물을 붙이는 활동은 계속 이어졌다.

교사는 종이 레이스 등으로 장식한 종이판에 나뭇잎이나 꽃을 붙여 자연물 액자를 꾸미는 활동을 제안했다.

각자의 생각대로 자연물을 붙이니 유아 개개인의 특성이 담긴 자연물 액자가 되었다. 친구들의 작품을 감상하는 시간을 가지기도 했다.

 "○○가 만든 거 예쁘다."

주워 온 자연물을 붙이고 마르는 과정을 보는 것도 재미있는 활동이었다. 나뭇잎이나 꽃을 책 사이에 끼워 넣어 살짝 말리면 붙이기도 수월하고 또 다른 느낌의 작품이 완성되었다.

 "선생님! 우리 집에도 엄마가 이렇게 말려서 코팅한 거 있어요."

 "그래? 엄마가 꽃을 좋아하시나 보다. 선생님도 해본 적 있는데…."

교사는 유아들이 모아온 국화꽃으로 화관을 만드는 활동도 진행했으며, 바깥놀이 할 때 유아들이 계속 주워 모을 나뭇잎으로 나뭇잎 가랜드를 만들기로 약속했다.

〈누리과정 영역별 내용〉

영역	내용
신체운동 · 건강	• 신체활동 즐기기 - 신체를 인식하고 움직인다. - 실내외 신체활동에 자발적으로 참여한다.
의사소통	• 듣기와 말하기 - 자신의 경험, 느낌, 생각을 말한다. - 상황에 적절한 단어를 사용해 말한다. - 상대방이 하는 이야기를 듣고 관련해서 말한다.
사회관계	• 나를 알고 존중하기 - 내가 할 수 있는 것을 스스로 한다. • 더불어 생활하기 - 친구와 서로 도우며 사이좋게 지낸다. - 서로 다른 감정, 생각, 행동을 존중한다.
예술경험	• 아름다움 찾아보기 - 자연과 생활에서 아름다움을 느끼고 즐긴다. • 창의적으로 표현하기 - 다양한 미술재료와 도구로 자신의 생각과 느낌을 표현한다. • 예술 감상하기 - 서로 다른 예술 표현을 존중한다.
자연탐구	• 탐구과정 즐기기 - 주변 세계와 자연에 대해 지속적으로 호기심을 가진다. • 자연과 더불어 살기 - 주변의 동식물에 관심을 가진다.

교사 이야기

가을을 맞이해 유아들과 산책하러 나갔다. 주변에서 흔히 접할 수 있는 여러 가지 색깔의 나뭇잎을 자연물 놀이에 이용하면 좋을 것 같아서였다. 만 5세 유아들은 여러 가지 나뭇잎들을 주워 만 3~4세 동생들에게 "오빠가 나뭇잎 줄까?" 하며 챙겨주었다. 그러면서 유아들은 서로 즐거운 마음으로 산책을 즐겼다.

가을 산책이 목적이었으나, 유아들은 스스로 자연물을 주워 담고 그 나뭇잎으로 모자를 꾸미기도 하고 나뭇잎을 종이에 붙이고 싶다고 제안하기도 했다. 이처럼 교사가 제안하지 않아도 유아 스스로 미술활동을 제안하여 활동하는 모습, 유아가 먼저 커다란 박스나 종이를 달라고 하여 나뭇잎과 풀꽃을 여럿이 함께 자유롭게 붙이는 협동작업까지 실현하는 모습 등 발전된 놀이양상을 보였다.

통합학급이라 유아들 중에 특수아동이 있었는데, 특수아동도 놀이에 관심을 보이기 시작하고 참여하고 싶어 하며 다른 유아들 근처에서 맴돌았다. 교사는 해당 유아도 다른 유아들과 함께 활동하는 것을 돕고자 했지만, 활동에 적극적으로 참여시킬 수 없어 안타까웠다.

자연물은 실생활에서 많이 보고 아이들이 거부감 없이 사용할 수 있는 재료이므로 미술놀이에 다방면으로 활용 가능한 소재일 것이다. 또한 그림을 잘 못 그리는 유아들도 쉽게 재료를 활용할 수 있으므로, 결과물의 완성도와 유아의 만족감을 높여주어 더 나아가 유아에게 자신감도 심어줄 수 있으리라는 생각이 들었다.

동료교사

"꾸미기 활동들이 일회성으로 끝나지 않고, 유아들이 원하는 방향으로 진행되며 덧붙여가는 모습이 보기 좋네요. 유아들도 만족스러웠을 것 같아요."

08 청설모는 우리 친구

분 류 • 만 3~5세 • 바깥놀이터, 교실 • 소집단

준비물 여러 가지 자연물(나뭇가지, 꽃잎, 잎사귀, 돌, 털실, 잣 등), 청설모 관련 책, 달력, 우유갑, 빈 상자, 필기도구, 인형 등

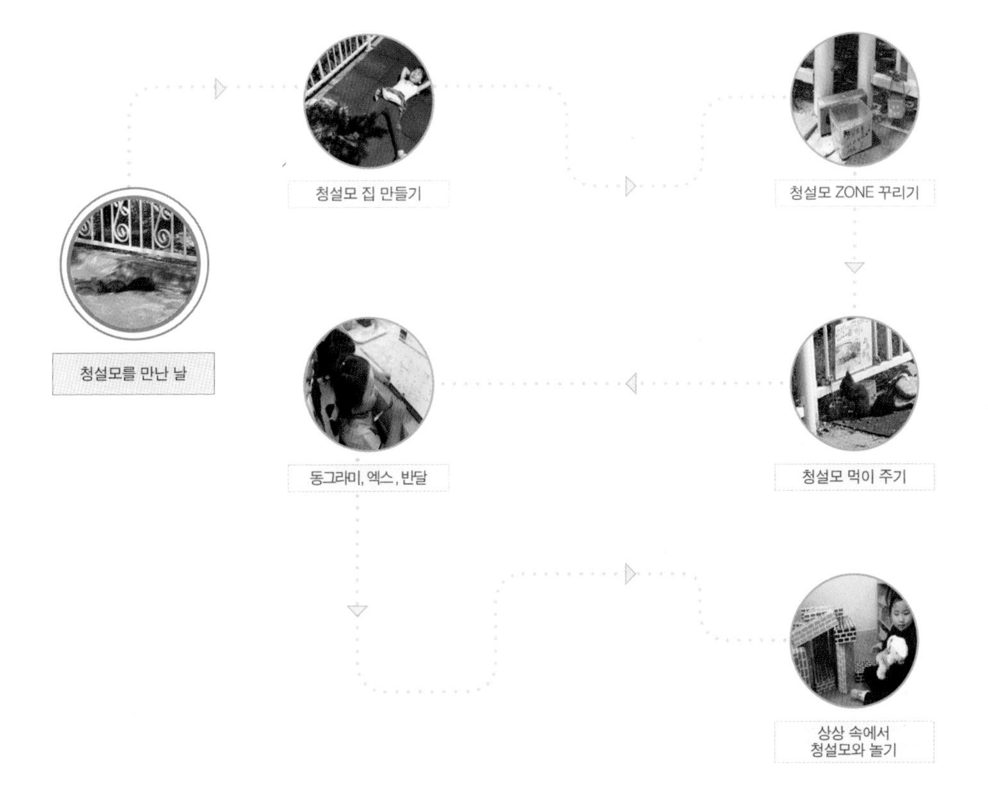

Tip 유치원의 환경을 최대한 활용하세요. 도심에 위치한 유치원이라면 유치원 주변 높은 건물의 모양이나 색도 놀이소재가 될 수 있고, 벽지나 농산어촌 지역이라면 생각지도 못한 자연의 친구들이 유치원을 찾아올 수 있답니다. 교사가 민감하게 반응한다면 유아에게 놀이 친구를 많이 만들어줄 수 있어요.

여는 놀이

청설모를 만난 날

놀이는 뜻밖의 상황 속에서 꽃을 피우기도 한다. 바깥놀이터에서 유아들과 놀이 계획을 하고 있는데, 청설모가 유아들 사이를 유유히 지나 모래놀이터에 고인 물을 마시고 사라졌다.

 "어… 청설모다."

 "청설모 목마른가 봐요?"

 "배는 안 고픈가?"

 "그러게, 청설모가 물을 마시러 왔구나. 그런데 청설모는 뭘 먹지?"

 "청설모한테 물어볼 걸 그랬네~"

 "바보! 청설모가 어떻게 말하니?"

다른 놀이를 하기 위해 바깥놀이터를 나왔지만, 유아들의 관심이 '청설모'에 집중되었다. 교사는 예정된 놀이로 전환하기보다 유아들의 호기심의 확장을 지켜보기로 했다.

이어지는 놀이1

청설모 집 만들기

유아들은 청설모의 집을 찾아보기 위해 도서관에서 청설모에 대한 책을 빌려왔다. 교사는 인터넷을 통해 자료를 찾아주었다.

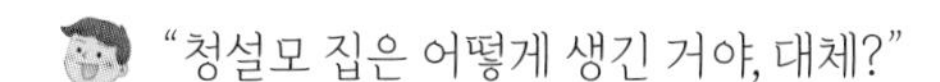

"집을 나뭇가지로만 만들면 등이 따끔할 것 같아요."

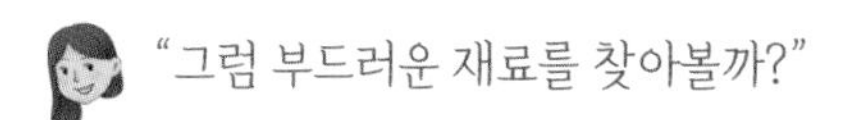

"꽃잎 어때, 꽃잎? 우리 화단에 꽃 많이 떨어져 있잖아!"

"아주 좋은 생각이야."

직접 겪는 경험과 더불어 책, 인터넷 등을 활용한 균형 있는 간접경험은 유아의 앎을 한 단계 더 성장시켜준다.

이어지는 놀이2

청설모 ZONE 꾸리기

모래놀이터 방수포에 고인 물이 사라지면 청설모가 물을 못 마실 수 있다는 한 유아의 의견에, 유아들이 일사불란하게 움직이기 시작했다. 놀이에서 가장 중요한 '주도성'이 빛나는 순간이었다.

"물이 사라지면 청설모가 물을 못 마실 수 있으니까, 물통을 만들어주는 건 어때?"

"그래. 선생님, 이 통은 작은 크레파스 담던 통인데 써도 돼요?"

"먹이통도 만들자."

"먹이통은 우유갑으로 내가 만들게."

"초등학교 언니들이랑 주무관님이 이거 버리는 줄 알고 치우면 어떡하지?"

"그러게. 우리가 매일 지킬 수도 없고, 언니 오빠들에게 어떻게 안내하면 좋을까?"

유아들은 안내판을 만들기 위해 교사에게 도움을 요청하는 과정 속에서 글의 필요성을 절실히 느끼며, 쓰기 활동에 관심을 보였다.

재료를 바꿔 이어지는 놀이

청설모 먹이 주기

교실 안에 비치된 '청설모와 다람쥐'라는 책을 보며 유아들은 청설모의 생태를 탐구하고 습성 등을 이해하기 시작했다.

 "청설모는 무얼 먹고 사니?"

 "나무 열매를 좋아한대요, 지난번에 운동장에서 잣나무 껍질 가지고 다니는 것 봤어요."

 "뭐야, 과자는 안 먹어?"

 "그래? 그럼 청설모가 어떤 먹이를 좋아하는지 한번 볼까?"

 "우리 집에 잣 있어요. 잣 가져올게요."

 "난 과자를 주는 게 좋겠어."

 "집에서 가져올 수 있는 사람은 가족과 의논해서 가져오고, 우리 유치원 주변에서도 먹이를 찾아보자."

동그라미, 엑스, 반달

유치원에서는 유아들이 일상 속에서 시간의 흐름과 규칙을 이해할 수 있도록 아침마다 노래를 부르며, 때로는 달력을 보며 이야기로 하루를 연다.

 "일주일은 7일입니다. 월화수목금토일~"

유아들은 몇 개월이 지나도 요일을 잘 구분하지 못했지만, 청설모가 온 날을 'ㅇ', 오지 않은 날을 '×'로 구분해 달력에 표시하며 요일에 대한 개념을 세웠다.

"오늘은 동그라미야, 엑스야?"

"오늘은 동그라미야. 어제 월요일은 엑스인데 오늘은 동그라미, 화요일은 동그라미."

"근데, 오늘은 먹이를 다 안 먹었네? 배부른가? 그러면 동그라미야, 엑스야?"

"음, 그러면 반만 먹었으니 반달이지!"

"수요일이 내일이야. 내일은 동그라미였으면 좋겠다."

발상을 바꿔 이어지는 놀이2

상상 속에서 청설모와 놀기

유아들은 청설모에게 '초롱이'라는 이름을 지어주었다. 한 유아가 가장 좋아하는 토끼인형을 들고 잠을 재우며 아쉬워했다.

"초롱이 자장자장… 잘도 잔다. 아… 초롱이도 이렇게 안을 수 있었다면. 선생님! 초롱이는 집에서 키울 수 없어요?"

"에이… 초롱이 달리기 엄청 빠른데, 안아주려고 하면 다다다다다 달려갈걸?"

"그럼 나도 이렇게 달려가서 안아주면 되지~"

"나도 초롱이 키우고 싶어. 다다다다다다다~ 청설모 달려간다. 다다다다다다다~ 청설모 달려간다."

청설모가 빠르게 지나가는 모습을 관찰한 유아들은 그 모습을 '다다다다다다'라는 의태어로 표현하며, 평소 흥얼거리던 멜로디에 가사를 붙여 노래를 부르기 시작했다.

〈누리과정 영역별 내용〉

영역	내용
신체운동 · 건강	• 신체활동 즐기기 - 신체를 인식하고 움직인다. - 신체 움직임을 조절한다. - 실내외 신체활동에 자발적으로 참여한다. • 안전하게 생활하기 - 일상에서 안전하게 놀이하고 생활한다.
의사소통	• 읽기와 쓰기에 관심 가지기 - 말과 글의 관계에 관심을 가진다. - 자신의 생각을 글자와 비슷한 형태로 표현한다.
사회관계	• 나를 알고 존중하기 - 나의 감정을 알고 상황에 맞게 표현한다. - 내가 할 수 있는 것을 스스로 한다. • 더불어 생활하기 - 친구와 서로 도우며 사이좋게 지낸다. • 사회에 관심 가지기 - 내가 살고 있는 곳에 대해 궁금한 것을 알아본다.
예술경험	• 아름다움 찾아보기 - 자연과 생활에서 아름다움을 느끼고 즐긴다. • 창의적으로 표현하기 - 다양한 미술 재료와 도구로 자신의 생각과 느낌을 표현한다.
자연탐구	• 탐구과정 즐기기 - 주변 세계와 자연에 대해 지속적으로 호기심을 가진다. - 궁금한 것을 탐구하는 과정에 즐겁게 참여한다. • 자연과 더불어 살기 - 주변의 동식물에 관심을 가진다. - 생명과 자연환경을 소중히 여긴다.

교사 이야기

갑자기 우리 놀이터에 귀여운 친구가 나타날 줄이야. 교사는 청설모를 본 순간, 예전에 함께 근무했던 원장선생님께 들은 말이 떠올랐다. "교사는 유아들을 지켜보는 눈과, 유아들을 둘러싼 환경의 장점을 발견하는 눈을 함께 가져야 한다."라는.
우리 유치원의 뒤에는 한서 남궁억 선생님의 묘소가 있고, 그 주변은 소나무와 잣나무가 숲을 이루고 있다. 숲에서도 충분히 먹이를 채집할 수 있을 텐데 호기심 많은 청설모는 유치원 마당까지 내려온 것이다. 교사와 유아들이 우스웠는지, 청설모는 유유히 사람들 사이를 맘껏 헤집고 다니더니 어느 노래의 다람쥐처럼 물만 먹고 사라졌다.

청설모의 먹이에 대한 교사의 발문에 유아들의 호기심은 증폭되었다. 집을 만들어주고 먹이를 찾는 데서 시작된 청설모 놀이는 두 달 이상 계속되었으며, 결국 프로젝트로 이어지기도 했다. 유아들은 모두 천재라는 생각이 들었다. 유아들은 청설모에 대해 알아보기 위해 책을 찾아보았고, 집에서 부모님과 함께 정보를 수집해 유치원 친구들과 공유했다. 유아들이 이처럼 왕성한 호기심을 갖고 놀이에 참여하니, 교사는 신기하기도 하고 그 성장에 보람도 느꼈다.

이 놀이가 유아들의 호기심에서 시작하지 않고, 교사의 준비된 수업 또는 활동이었다면 장기간 한 가지 주제로 놀이가 이어질 수 있었을까? 그리고 유아들이 이처럼 몰입할 수 있었을까? 진짜놀이에는 있고, 가짜놀이에는 없는 것이 바로 유아의 '주도성'이다.

동료교사

"청설모가 함께 다니는 유치원, 생각만으로도 멋져요. 이처럼 자연과 가까운 환경에서 자라는 유아들은 얼마나 행복할까요? 자연생태교육을 생활 속에서 할 수 있는 ○○유치원에 저도 가고 싶습니다. 그리고 선생님의 민감함이 아이들의 놀이를 더욱 발전시킨 듯해요. 선생님을 칭찬합니다!"

PART
5

비구조화 놀잇감으로 줄 놀이에 빠진 유아들

01 냠냠, 맛있는 줄 놀이

분 류 • 만 3세 • 교실 • 대집단

준비물 다양한 종류의 줄(대줄, 줄넘기 줄, 털실, 고무줄, 노끈 등), 과자, 플라스틱 그릇, 음식 모형 등

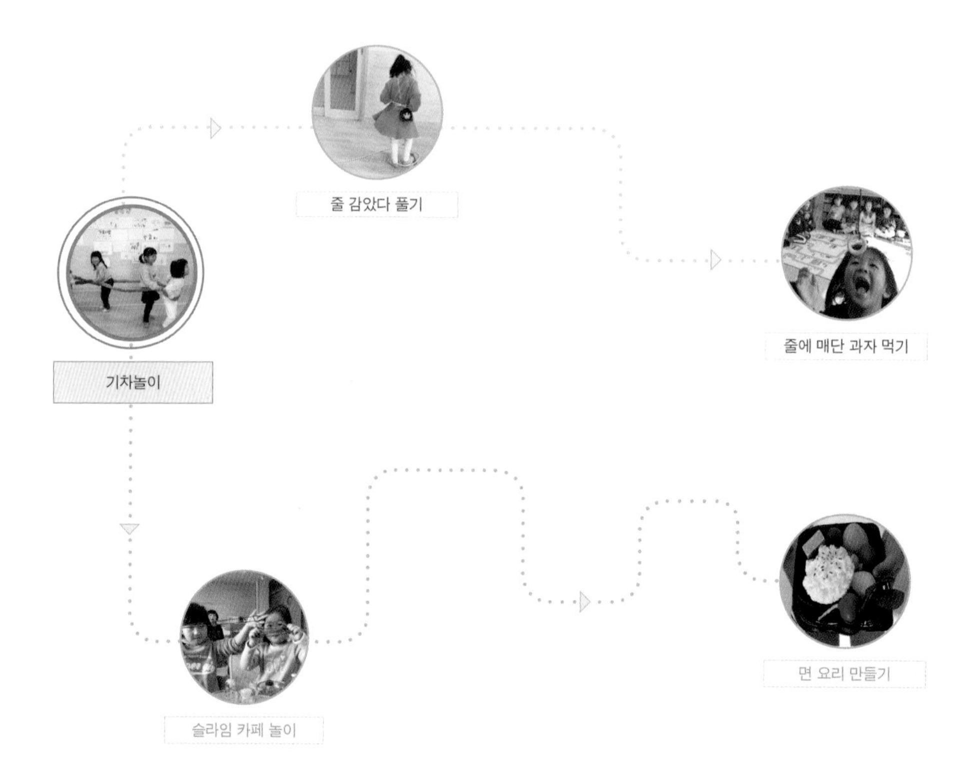

Tip 만 3세의 유아는 줄을 목에 감으려고 하거나 줄에 걸려 넘어지기도 합니다. 줄 놀이를 할 때에는 유아에게 미리 안전을 지키기 위한 약속에 대해 꼭 이야기해주고, 항상 교사와 함께 조심스럽게 진행하세요.

여는 놀이 & 이어지는 놀이

기차놀이 & 줄 감았다 풀기

유아들은 긴 줄을 여럿이 함께 두르고 기차놀이를 했다. 먼저 한 명이 기차를 타고 돌자 앞다투어 함께 타고 싶어 했고, 타고 내리는 과정에서 넘어지기도 했다.

"칙칙, 폭폭!"

"야, 지금 내리면 안 돼."

줄을 몸에 감았다 푸는 놀이를 하는 유아들도 있었다. 허리나 발목처럼 가느다란 부위에 감아야 줄을 여러 번 감기 쉽다 보니, 더 감을 곳을 찾다가 목에 감으려는 유아가 보였다.

"줄 감아보자!"

"앗, 잠깐! 목에 감으면 안 돼! 줄이 목을 조르면 위험하단다."

줄을 목에 감으면 안 된다고 놀이 전에 미리 알려주었지만, 유아들은 놀이에 몰두하다 보면 잊어버리기 쉬운 듯했다. 만 3세 유아와 줄 놀이를 할 경우, 안전교육을 했어도 교사의 세심한 주의가 필요하다.

재료를 바꿔 이어지는 놀이

줄에 매단 과자 먹기

교사는 줄을 이용한 놀이가 더 이상 확장되지 않자 유아들과 이야기를 해보았다. 한 유아는 다른 곳에서 줄에 매단 과자를 먹는 놀이를 했던 경험을 이야기했다.

 "선생님, 저번에 줄에 매단 과자 먹는 게임 한 적 있어요."

 "와! 우리도 해보고 싶어요."

 "그럼 줄에 과자를 매달고 과자 먹기 게임 해볼까? 내일 선생님이 준비해올게."

유아들은 다음 날 교실에 오자마자 과자 먹기 게임 준비를 해왔는지 확인하고 놀이를 시작했다.

 "선생님, 과자 가지고 왔어요?"

줄을 높은 곳에 달고 과자를 묶은 다음, 차례차례 과자를 먹는 놀이가 진행되었다. 줄이 흔들흔들 움직여서 유아의 입에 잘 들어가지 않자, 그 모습을 보던 유아들은 깔깔거리며 웃었다.
과자 먹기 놀이를 위해 높은 곳에 단 줄이, 지나다니며 점프해서 머리로 줄을 치는 놀이로 연결되었다. 키가 작은 유아에게 줄이 닿지 않자, 다른 유아가 줄 높이를 조절할 것을 제안했다.

발상을 바꿔 이어지는 놀이1 & 발상을 바꿔 이어지는 놀이2

슬라임 카페 놀이 & 면 요리 만들기

줄을 이용해 신체활동만 하던 중, 한 유아가 털실을 양쪽으로 잡아당기더니 인터넷 방송을 하는 듯 슬라임 카페 놀이를 시작했다.

"이거 꼭 슬라임 같지? 막 늘어나는 게. 자, 슬라임을 만들어볼게요. 그릇에 재료를 모두 넣어주세요. 그리고 이렇게 섞고, 계속 당겨주세요."

유아들은 한동안 슬라임 카페에서 슬라임을 만드는 놀이를 했다.

"여기 계란을 넣었는데, 계란은 먹는 거잖아. 하하하."

"음…. 사실은 이게 자장면이었어요."

"이거 봐라! 까만 진짜 자장면이다!"

이를 보던 다른 유아가 검은 고무줄을 보고 자장면 같다며 역할놀이의 소품으로 사용하고 자랑했다. 그러자 다른 유아도 스파게티, 국수를 만들며 역할놀이를 했다.

〈누리과정 영역별 내용〉

영역	내용
신체운동 · 건강	• 신체활동 즐기기 - 신체 움직임을 조절한다. - 기초적인 이동운동, 제자리 운동, 도구를 이용한 운동을 한다. - 실내외 신체활동에 자발적으로 참여한다.
의사소통	• 듣기와 말하기 - 자신의 경험, 느낌, 생각을 말한다. - 상대방이 하는 이야기를 듣고 관련해서 말한다. • 책과 이야기 즐기기 - 말놀이와 이야기 짓기를 즐긴다.
사회관계	• 나를 알고 존중하기 - 내가 할 수 있는 것을 스스로 한다. • 더불어 생활하기 - 친구와 서로 도우며 사이좋게 지낸다. - 약속과 규칙의 필요성을 알고 지킨다
예술경험	• 창의적으로 표현하기 - 신체나 도구를 활용하여 움직임과 춤으로 자유롭게 표현한다. - 극놀이로 경험이나 이야기를 표현한다. • 예술 감상하기 - 서로 다른 예술표현을 존중한다.
자연탐구	• 탐구과정 즐기기 - 궁금한 것을 탐구하는 과정에 즐겁게 참여한다. - 탐구과정에서 서로 다른 생각에 관심을 가진다. • 생활 속에서 탐구하기 - 물체의 위치와 방향, 모양을 알고 구별한다.

교사 이야기

줄을 이용해서 유아들이 좋아하는 기차놀이를 더욱 즐겁게 놀이할 수 있었다. 하지만 기차에 탑승하거나 내리는 과정에서 줄에 걸려 넘어지는 유아가 생겼고, 기차가 멈추는 장소를 유아들과 정해서 안전하게 타고 내릴 수 있는 방법을 이야기하게 되었다.
줄 놀이를 하기 전과 하는 동안에, 목에 줄을 감으면 위험하다고 수시로 알려주었다. 그러나 줄 감고 풀기 놀이를 할 때 자꾸 목에 감으려는 유아가 있었다. 이런 행동을 적절한 시기에 저지하려면, 줄 놀이를 할 때 교사의 지속적인 관찰과 주의가 필요할 것이다.

교사의 지속적인 관찰과 주의는 우선 놀이의 허용을 통해 이루어진다. 유아주도 놀이를 따라가며 보다 보면, 교사의 마음이 왔다 갔다 할 때가 있다.
'저 활동을 멈추게 해야 하나? 아니면 계속하게 해야 하나?'
그러나 교사의 일방적인 놀이도구 제한은 생각해봐야 할 문제인 것 같다.

줄 놀이는 처음에는 확장활동이 잘 이루어지지 않아 한동안 같은 놀이가 반복되었다. 이를 고민하던 교사는 줄로 할 수 있는 놀이에 무엇이 있을지 유아들과 함께 이야기하는 과정에서 여러 놀이를 생각해내고 시도해볼 수 있었다.

교사는 만 3세 유아가 줄을 가지고 놀 때 어떤 놀이가 이루어질지 많이 궁금했다.
'털실을 보고 어떻게 슬라임이나 자장면을 생각했을까?'
유아들의 상상놀이는 정말 예측할 수가 없다. 그리고 유아가 자신의 경험 안에서 놀이를 즐기는 모습이 귀여워 보였다.

동료교사

"저도 줄 놀이를 교실의 놀이자료로 내어주기가 좀 부담스러워요. 특히, 나이가 어린 유아에게 줄수록 더 고민하게 되는 놀이자료 같아요! 유아의 연령에 따라 조금 더 자유롭게 내어줄 수 있거나, 반대로 조금 더 고민해야 하는 놀잇감이 있네요."

02 꼬불꼬불 모양 만들기

분 류	• 만 3세 • 교실 • 대집단
준비물	다양한 종류의 줄(대줄, 줄넘기 줄, 털실, 고무줄, 노끈 등), 테이프, 종이, 그림 그리기 도구(크레파스, 색연필 등), 풀 등

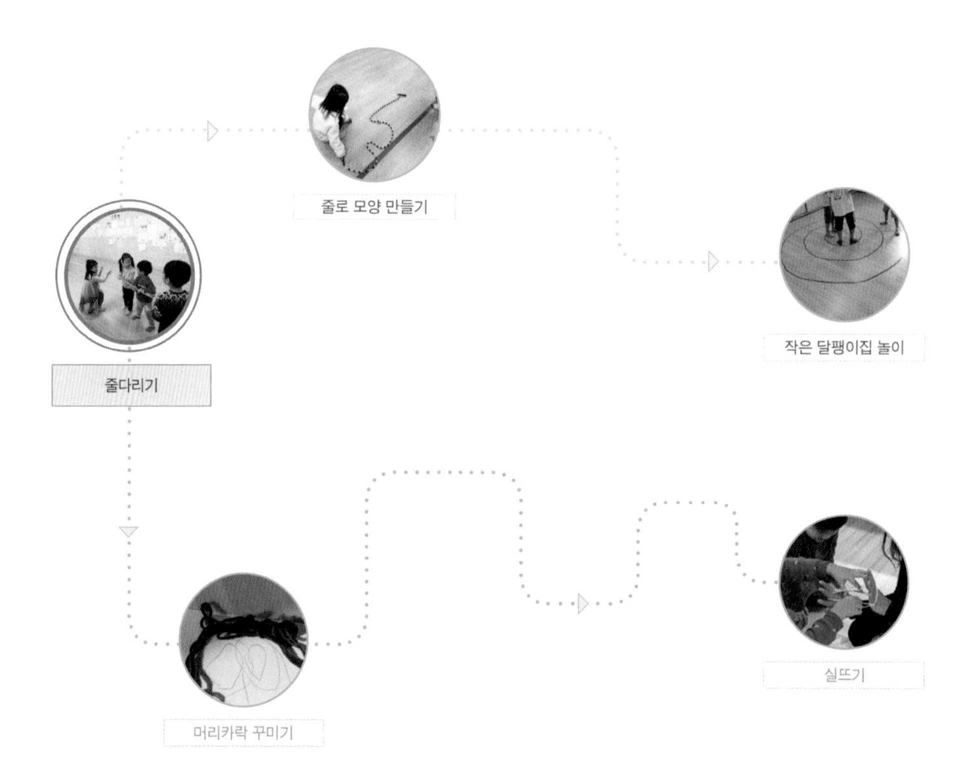

Tip 줄은 끈으로 된 것이라고만 생각했는데, 유아의 제안을 따라 테이프로 바닥에 다양한 줄을 만들어 놀이하다 보니 훨씬 다양하고 즐거운 놀이로 확장되었어요. 유아의 말에서 새로운 놀이의 힌트를 찾을 수 있었답니다.

여는 놀이 & 이어지는 놀이

줄다리기 & 줄로 모양 만들기

털실, 고무줄, 대줄, 줄넘기 줄 등 다양한 종류의 줄을 준비했다. 교사는 유아들에게 줄을 목에 감거나 세게 당기면 위험할 수 있음을 알려주고, 하나씩 조심스럽게 열어주었다.
대줄을 주자 사방에서 아무렇게나 줄을 당기며 줄다리기가 시작되었다.

 "야, 당겨봐. 우리 운동회 때 했던 거 하자!"

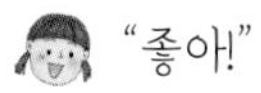 "좋아!"

교사는 다 함께 대줄로 줄넘기를 하는 '꼬마야 꼬마야' 놀이를 제안했으나, 보조교사 없이 만 3세 유아와 대줄을 돌리기는 어려웠다.
유아들은 줄을 이용해 파도, 꽃 등 다양한 모양을 바닥에 만들더니, 자신이 만든 모양을 설명했다.

 "선생님, 이건 파도 모양이에요."

 "이건 뭘까?"

 "이건 꽃이에요, 꽃!"

재료를 바꿔 이어지는 놀이

작은 달팽이집 놀이

평소 유아들은 유치원의 실외 놀이공간에 그려진 달팽이집으로 놀이를 즐겨했다. 기후사정으로 실외놀이를 할 수 없는 날이 늘자 달팽이집 놀이를 하고 싶어 하는 유아가 많아져, 교실에서 할 방법을 고민하게 되었다.

"선생님, 밖에서 달팽이집 놀이 하고 싶은데 왜 못 나가요? 미세먼지 때문에 그래요? 그럼 교실에서 달팽이집 놀이 하면 되잖아요."

"교실에는 달팽이집이 없잖아."

"선생님이 여기다 그려주면 안 돼요?"

달팽이집을 교실 한쪽에 그리는 방법을 의논하자, 처음에는 매직이나 색연필로 그리자는 의견이 나왔다. 바닥에 줄을 붙여달라는 유아도 있었지만, 줄에 걸려 넘어질 수 있다는 걱정이 있었다. 한 유아가 지난번 게임 활동에서 출발선을 테이프로 표시했던 것을 생각해내고, 테이프로 줄을 대신하자고 제안했다. 유아의 주도적 아이디어 덕분에 다 함께 안전하고 재미있게 실내에서 달팽이집 놀이를 할 수 있었다.

머리카락 꾸미기 & 실뜨기

교사가 미술활동을 제안했으나, 몇 명의 유아만이 잠깐 흥미를 보였다.

 "털실이 꼬불꼬불 머리카락 같다. 머리카락 꾸며주기 할까?"

미술활동에 참여한 유아들은 종이에 얼굴을 그리고, 털실로 머리카락을 붙였다.
머리카락을 붙일 때 긴 털실의 양쪽 끝을 묶어서 동그랗게 만드니, 한 유아가 실뜨기 같다며 집에서 부모님과 실뜨기를 해본 경험을 이야기했다.

 "엄마도 이렇게 실을 묶은 적이 있어요."

 "언제?"

 "집에서 엄마랑 실뜨기 할 때요."

 "그래? 선생님이랑 해볼까?"

교사와 유아가 실뜨기를 하자, 다른 유아들도 관심을 보이며 따라 하려 했다. 하지만 유아들이 하기엔 어려워 시도로 그쳤다.

〈누리과정 영역별 내용〉

영역	내용
신체운동 · 건강	• 신체활동 즐기기 - 신체를 인식하고 움직인다. - 신체 움직임을 조절한다. - 기초적인 이동운동, 제자리 운동, 도구를 이용한 운동을 한다. - 실내외 신체활동에 자발적으로 참여한다. • 안전하게 생활하기 - 일상에서 안전하게 놀이하고 생활한다.
사회관계	• 나를 알고 존중하기 - 나의 감정을 알고 상활에 맞게 표현한다. - 내가 할 수 있는 것을 스스로 한다. • 더불어 생활하기 - 친구와 서로 도우며 사이좋게 지낸다. - 서로 다른 감정, 생각, 행동을 존중한다.
예술경험	• 아름다움 찾아보기 - 자연과 생활에서 아름다움을 느끼고 즐긴다. - 예술적 요소에 관심을 갖고 찾아본다. • 창의적으로 표현하기 - 다양한 미술 재료와 도구로 자신의 생각과 느낌을 표현한다.
자연탐구	• 탐구과정 즐기기 - 탐구과정에서 서로 다른 생각에 관심을 가진다. • 생활 속에서 탐구하기 - 물체의 위치와 방향, 모양을 알고 구별한다. - 일상에서 모은 자료를 기준에 따라 분류한다. - 도구와 기계에 대해 관심을 가진다.

교사 이야기

줄 놀이는 다른 놀잇감에 비해 위험하게 느껴져서, 놀잇감을 열어두면서도 조심스럽고 걱정이 많았다. 교사는 처음에는 두껍고 잘 묶이지 않는 줄을 놓아주고 유아들의 놀이 방법을 살펴보았다. 그리고 유아들에게 유의할 점을 지속적으로 알려주고, 하나씩 차근차근 놀잇감을 열어주었다.

처음에 가장 덜 위험하다고 느낀 두꺼운 대줄을 내주자, 유아가 경험했던 놀이 중 하나인 줄다리기 놀이가 가장 먼저 시작되었다. 유아들은 인원 수 상관없이 아무렇게나 양쪽에서 잡아당겨 힘의 균형이 맞지 않아, 한쪽으로 당겨져 넘어지기도 했다.
자유롭게 탐색할 시간을 충분히 주면서도, 그런 상황에서 다치지 않고 즐겁게 놀이하기 위한 방법을 이야기해야 했다. 줄로 모양을 만드는 놀이 중에도 친구가 만든 줄 모양을 밟거나, 장애물 피하기 게임처럼 놀이하려다 넘어지는 경우도 있었다.

바닥에 테이프로 줄을 붙여 하는 놀이는 '작은 달팽이집 만들기'를 시작으로 다양하게 이어졌다. 테이프는 게임 활동에서 거리에 따라 점수를 정할 때 표시할 수단이 되기도 하고, 테이프로 만든 공간은 엉덩이 씨름이나 사방치기를 할 공간이나 작은 코트가 되기도 했다.

교사는 다양한 활동을 위해 미술활동이나 실뜨기, '꼬마야 꼬마야' 등 다른 활동으로 유도해보았으나 유아들은 크게 흥미를 보이지 않았다. 교사와 함께 놀이하고 싶은 유아들 몇 명이 놀이에 참여했으나 놀이가 더 확장되거나 오래 진행되지는 않았다.

동료교사

"만 3세의 얼굴 그림이 너무 귀여워요. 유아들이 원하는 놀이를 교실에서도 할 수 있도록 배려해준 선생님이 있어서 더 즐겁게 놀이한 것 같아요. 그리고 놀잇감을 유아들에게 줄 때, 연령에 알맞은 놀잇감도 있다는 것을 알게 되었습니다."

03 뱅글뱅글 개구리 시계바늘

분 류 • 만 4~5세 • 교실, 운동장 • 대집단

준비물 다양한 줄(줄넘기 줄, 고무줄 등), 발 줄넘기, 루페 등

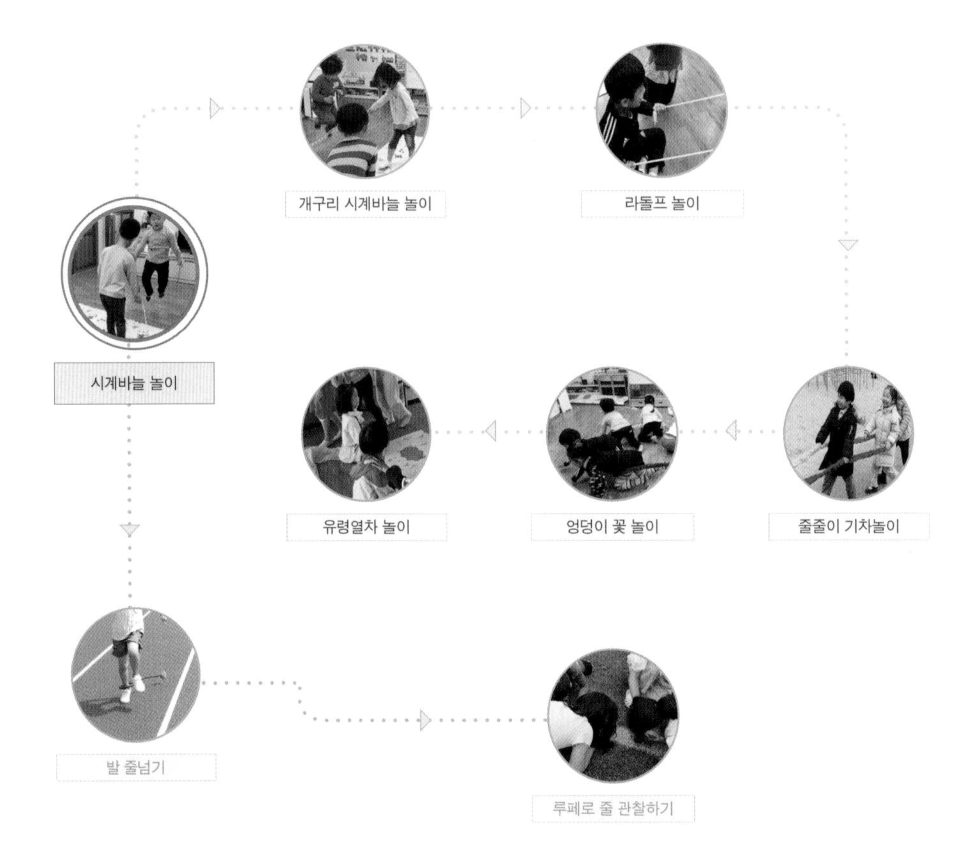

Tip 유아들이 엉덩이 꽃 놀이를 할 때, 2명만 참여한다면 힘의 균형이 깨져서 넘어지는 유아가 생길 수도 있어요. 그러니 꼭 3명 이상이 참여하도록 조정하여 힘의 균형이 유지되도록 하세요.

여는 놀이 & 이어지는 놀이1

시계바늘 놀이 & 개구리 시계바늘 놀이

밧줄, 모루(철사에 털이 감긴 미술교구), 고무줄, 굵은 기차놀이용 고무줄, 긴 줄넘기 줄 등 다양한 줄을 교실 한쪽에 놓고, 유아 중 누가 먼저 발견하고 놀이를 시작하는지 관찰하는 것이 줄놀이의 시작이었다.

유치원은 몇 달 전부터 '얘들아, 긴 줄넘기 하자' 활동을 하고 있었으며, 이때 교사는 긴 줄넘기 줄을 돌려주며 참여했다. 그래서 유아들은 긴 줄넘기를 아주 친근해하던 상황이었다. 또 몇 달 전부터 전통놀이의 일환으로 교실에 항상 고무줄을 제시하여, 유아들이 언제나 고무줄을 가지고 놀 수 있는 환경이었다.

이런 환경에서 유아들은 시계바늘 놀이를 창안해냈다. 한 유아가 가운데에서 줄을 돌리면, 바깥에 있는 유아들은 줄이 몸에 닿지 않게 뛰는 놀이이다.

 "나도 해보고 싶어!"

 "선생님도 줄 서요. 순서가 되면 하는 거예요."

유아들은 서서 뜀뛰기 하는 시계바늘 놀이에서, 개구리처럼 뛰어서 줄을 넘어가는 개구리 시계바늘 놀이로 확장했다.

이어지는 놀이2

라돌프 놀이

한 줄을 잡고 끌고 타며 즐거워하는 유아들의 상호작용이 교사를 미소 짓게 했다.

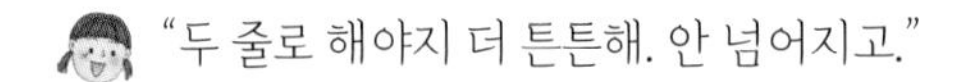

"두 줄로 해야지 더 튼튼해. 안 넘어지고."

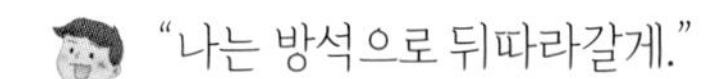

"나는 방석으로 뒤따라갈게."

놀이를 관찰하던 교사가 아이들의 창의적 놀이를 보고 짐작하여 물었다.

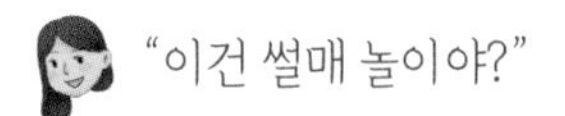

"이건 썰매 놀이야?"

"아니요, 이건 라돌프예요."

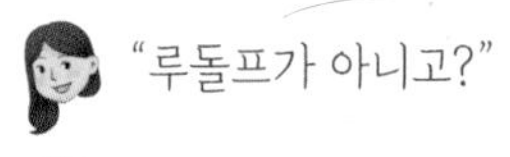

"루돌프가 아니고?"

"네, 이건 라돌프예요."

라돌프 놀이를 생각해낸 유아는 자기 생각이 참 멋지다고 느꼈는지 웃으며 말했다.

이어지는 놀이3

줄줄이 기차놀이

유아들이 줄과 함께할 때 필수 놀이인, 기차놀이가 시작되었다. 기차놀이는 언제나 인기가 좋다. 줄 안에 들어오는 순간, 맨 앞의 유아는 기관사가 되고 그 뒤에 선 유아들은 승객이 된다. 그리고 다 함께 뛰기 시작한다.

"여기는 축구골대입니다. 내리실 분 내리세요!"

"내립니다~"

"여기는 정글짐 앞입니다. 내리실 분 내리세요!"

"저는 탈래요."

"여기는 선생님 앞입니다. 내리실 분 내리세요!"

기차놀이는 유아들이 협동할 수 있는 기회를 준다. 유아들은 발을 맞춰 함께 뛰고, 기차에서 내릴 것인지 탈 것인지를 묻고 대답하며 놀이한다. 이런 간단한 기차놀이 하나만으로도 유아들은 배움의 기회를 갖게 되는 것이다.

발상을 바꿔 이어지는 놀이1

엉덩이 꽃 놀이

굵은 고무줄을 부드러운 천으로 감싼, 동그란 형태의 줄을 아이들에게 제시해주었다. 아이들은 줄 안에 들어가 기차놀이를 시작했다.
기차놀이를 하던 아이들에게 교사가 스티커 치고 돌아오기 놀이를 제안했다.

"얘들아, 줄 안에 들어가 있다가 하나, 둘, 셋 하면 자기 앞쪽에 있는 스티커를 치고 오는 놀이 하자."

"나두 할래요."

"하나, 둘, 셋 하면 가는 거야!"

놀이 장면을 보고 있던 한 아이가 놀이의 이름을 붙였다.

"와~ 꽃이 피는 것 같아!"

그 뒤로 아이들은 교사 없이도 자유자재로 조건을 바꿔가며 즐겁게 엉덩이 꽃 놀이를 했다.

발상을 바꿔 이어지는 놀이2

유령열차 놀이

교사가 '친구들과 함께 할 수 있는 놀이'를 유아들에게 알려주는 것도 놀이 지원이다.

날씨가 흐린 날, 일부러 교실 불을 꺼서 으스스한 분위기를 만든 교사는 '유령열차 놀이'를 제안하고 놀이방법을 설명해주었다.

우선 열차 기관사를 제외하고 모두 눈을 감고 동그랗게 모여 앉아, 소리 내지 않고 기다린다. 기관사가 어깨를 만진 사람은 기관사 뒤에 서서 승객이 된다. 기관사는 마지막 한 사람이 남을 때까지 승객을 계속 태우며 기차를 운행한다. 이때 마지막에 남은 사람이 자신이 마지막이라고 느낄 때 눈을 뜨면, 승객들은 유령열차에서 탈출할 수 있다. 그러나 마지막에 남은 사람이 끝까지 눈을 감고 있으면 승객들의 탈출은 물거품이 되어버리는 놀이이다.

 "우와! 재밌겠다. 우리, 다 같이 해보자."

 "열차 출발합니다."

 "뿡뿡~"

발 줄넘기

유아들이 한껏 운동에 대한 관심이 많아진 어느 날, 문구점으로 쇼핑하러 간 교사의 눈에 어떤 놀잇감을 보였다.

'미세먼지 많은 날, 층간소음을 걱정하지 않고 할 수 있는 유산소 운동'이라는 설명이 적힌 발 줄넘기는 유아들의 줄 놀이를 더 확장시키는 계기가 되었다. 발 줄넘기를 경험해보았던 유아는 다른 유아들에게 발 줄넘기를 하는 방법을 설명했다. 한쪽 발목에 찬 놀이도구의 긴 부분을 다른 발로 살짝 치면, 원심력을 받아 발 근처에서 원을 그리며 회전한다. 그러면 타이밍을 맞춰 뛰면서, 회전하는 도구를 피하는 것이다.

유아들은 다른 유아의 발 줄넘기 하는 모습을 관찰하고, 하나둘씩 발 줄넘기에 성공하며 즐겁게 놀았다.

"선생님, 저는 이거 2살 때부터 해서 이렇게 잘하는 거예요!"

유아는 자신이 얼마나 열심히 발줄넘기를 연습했는지를 '2살 때'라는 단어를 사용하며 이야기했다. 귀여운 유아의 표현에 교사는 또 한 번 웃었다.

장소를 바꿔 이어지는 놀이

루페로 줄 관찰하기

유아들이 루페(볼록렌즈가 달린 확대경)를 가지고 바깥놀이를 나가자고 제안했다.
운동장의 축구골대의 줄을 루페로 관찰하던 유아가 소리쳤다.

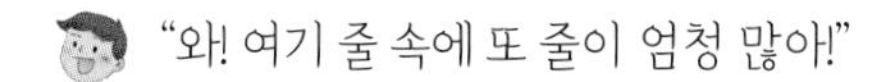

"와! 여기 줄 속에 또 줄이 엄청 많아!"

"맞아! 줄 속에 또 줄이야."

운동장 인조잔디에 그려진 하얀색 줄을 관찰하던 유아도 소리쳤다.

"얘들아, 여기 와봐! 꼭 바닷속 같아! 바닷속 산호초야!"

"어디 어디? 나두 보자!"

"진짜 바닷속 같다."

유아들은 한동안 루페로 줄 속의 줄, 잔디 속 산호초를 관찰하고 즐겼다.
그동안에도 루페를 통해 유치원 내 숲에서 여러 가지 새로운 것을 발견했지만, 이번 관찰은 유아들의 상상력과 기발한 언어표현이 합쳐진 발견이었다.

〈누리과정 영역별 내용〉

영역	내용
신체운동 · 건강	• 신체활동 즐기기 - 신체를 인식하고 움직인다. - 신체 움직임을 조절한다. - 기초적인 이동운동, 제자리 운동, 도구를 이용한 운동을 한다.
의사소통	• 책과 이야기 즐기기 - 책에 관심을 가지고 상상하기를 즐긴다. - 동화, 동시에서 말의 재미를 느낀다. - 말놀이와 이야기 짓기를 즐긴다.
사회관계	• 나를 알고 존중하기 - 내가 할 수 있는 것을 스스로 한다. • 더불어 생활하기 - 친구와 서로 도우며 사이좋게 지낸다. - 친구와의 갈등을 긍정적인 방법으로 해결한다.
예술경험	• 아름다움 찾기 - 예술적 요소에 관심을 갖고 찾아본다. • 창의적으로 표현하기 - 노래를 즐겨 부른다. - 극놀이로 이야기를 표현한다.
자연탐구	• 탐구과정 즐기기 - 주변 세계와 자연에 대해 지속적으로 호기심을 가진다. - 궁금한 것을 탐구하는 과정에 즐겁게 참여한다. • 생활 속에서 탐구하기 - 일상에서 길이, 무게 등의 속성을 비교한다.

교사 이야기

교사는 지금까지 줄이 '놀이를 할 때 사용하기에는 위험한 물건'이라고 생각하고 있었다. 그러나 유아들의 놀이에 제공해보니, 유아들은 줄을 이용해 여러 놀이를 탄생시켰다.
교사는 놀이를 할 때 항상 안전을 고려하게 되기 마련이다. 유아들의 안전을 생각하는 교사들의 반응은 두 가지로 나뉘게 된다.
첫 번째, '위험해서 안 되겠어. 놀잇감을 치워야겠어.'
두 번째, '위험하다고 경험하지 못하면 언제 아이들이 갖고 놀까! 안전하게 놀이할 수 있는 방법을 생각하자.'
두 가지 모두 유아들을 위하는 교사의 반응이다. 최근에는 두 번째처럼 생각하고 유아들에게 놀잇감을 제공하는 편이다. 그랬더니 놀이는 더 다양해졌고, 안전하게 노는 방법을 계속 상기시켜주자 의외로 다치는 유아들은 없었다.

교사는 유아들이 줄을 가지고 기차놀이를 하는 것을 보고 '유령열차 놀이'를 하면 재미있겠다는 생각이 들었다. 그래서 얼마 전 놀이연수에서 배운 '유령열차 놀이'의 방법을 알려주고 유아들과 함께 교사 지원 놀이를 했다.
유아들은 그 놀이가 즐거웠는지, 점심을 먹고 먼저 교실에 온 아이들끼리 계속 그 놀이를 하고 있었다. 손쉽게 놀 수 있는 다양한 놀이를 유아들에게 소개하는 것도 교사의 역할이라고 할 수 있겠다.

동료교사

"저도 유아주도 놀이를 궁리할 때면 안전 문제가 떠올랐어요. 자유롭게 놀다가 다치면 어쩌지? 그래서 부모한테 민원전화가 오면 어쩌지? 그런데 선생님의 놀이를 보고 알았어요. 위험하다고 치우기보다, 안전하게 놀이하는 방법을 알려주고 규칙을 지키도록 유도하는 게 중요하다는 것을요. 줄을 충분히 탐색하고 다양하게 놀이를 즐기는 모습을 사진으로 기록해서 담아냈다는 점도 좋았어요. 특히 '유령열차 놀이'도 재미있을 것 같네요. 유치원에서 아이들과 해보고 싶어요."

04 짜릿짜릿 탈출 놀이

분 류 • 만 4~5세 • 교실 • 소집단

준비물 다양한 줄(고무줄, 밧줄, 긴 줄넘기 줄 등), 털실, 보자기 등

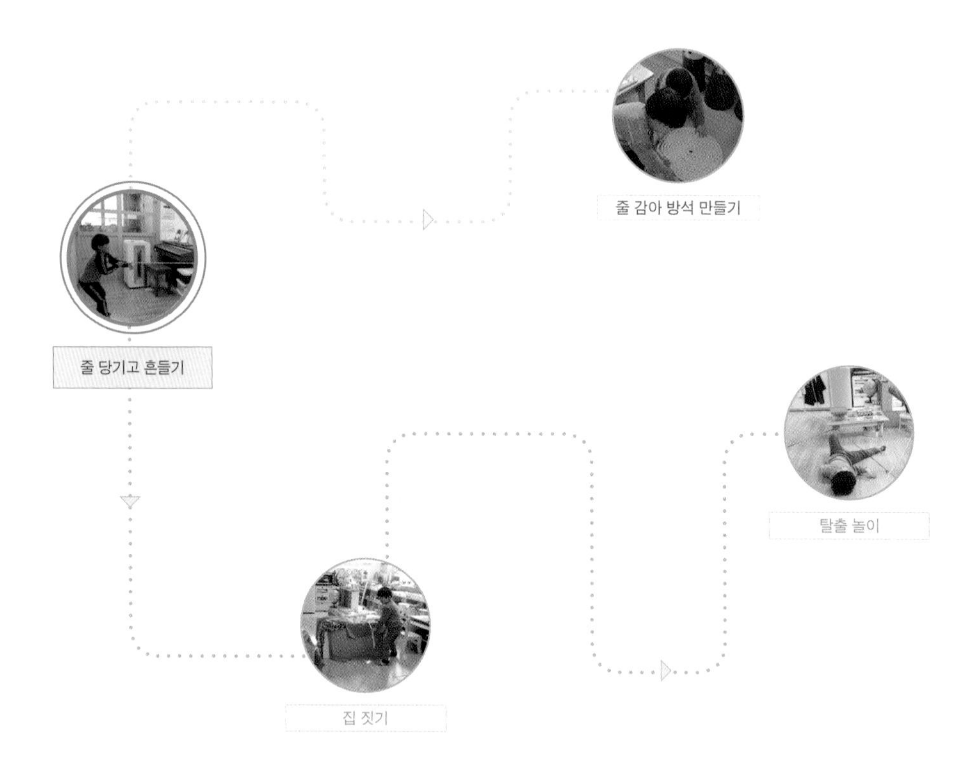

Tip 다양한 종류의 줄을 제공해주세요. 굵기와 길이가 다른 종류의 줄, 탄성과 넓이가 다른 고무줄을 제공해주면 유아들이 직접 줄을 고르며 다양하게 놀이에 활용할 수 있을 거랍니다.

여는 놀이 & 이어지는 놀이

줄 당기고 흔들기 & 줄 감아 방석 만들기

교사는 다양한 종류의 줄을 보자기, 상자 등과 함께 교실에 준비해주고 이를 활용해 놀이하도록 권했다.

 "이번 주는 줄로 놀아볼 거야. 마음껏 하고 싶은 대로 놀이해봐."

 "○○야. 우리 줄 말아서 방석 만들어보자."

유아들은 주로 줄을 당기거나 흔드는 놀이를 했다. 밧줄을 바닥에 놓고 돌돌 말아, 둥근 방석을 만들기도 했다. 줄을 흔들고 잡아당기는 놀이는 교사가 보기에 별 놀이가 아닌 것 같아 보였는데도, 유아들은 무척 재미있어 했다.
교사는 고무줄놀이를 하는 모습을 보여주며 줄 놀이를 이렇게 할 수도 있다는 것을 이야기했으나, 유아들은 별 관심이 없었다. 교사가 실뜨기 놀이를 알려주자 이번에는 유아들이 흥미를 보였으나, 하루 정도 놀이하다가 금세 시들해졌다.

 "실뜨기 어렵고 재미없어요. 그냥 당기는 게 더 재미있어요."

재료를 바꿔 이어지는 놀이

집 짓기

줄 하나만을 가지고 놀이하던 유아들은 차츰 다른 놀이와 연결하여 놀이하기 시작했다.
한참 책상으로 집을 구성하여 놀던 유아들은, 줄과 책상을 이용하여 집의 형태로 구체화시켰고 점점 더 놀이에 빠졌다.

 "집 만들려면 책상이 필요한데 책상 써도 돼요?"

 "그럼. 하지만 책상 사용할 땐 무거우니까 조심해야 해. 도움이 필요하면 얘기하고!"

책상을 세워 집을 만들고 각자의 영역을 꾸린 유아들은 굵고 긴 줄을 엮어 지붕틀도 만들었다. 밧줄로 만든 지붕틀에 보자기를 덮어 지붕을 씌웠는데, 지붕틀이 있으니 보자기가 잘 버텨주었다.
유아들은 각자 집을 짓고 자기가 만든 집에 들어가 놀이했다. 그러더니 줄을 이용하여 두 집의 연결 통로를 만들어, 다른 친구의 집에도 들어가 보았다.
직접 만든 집에서 놀이하는 것이 무척 재미있었는지, 유아들은 며칠 동안 집을 그대로 유지하고 놀이하길 원했다. 유아들이 스스로 원한 놀이라 그런지 다음 날도 그다음 날도 재미있게 놀이했다.

탈출 놀이

유아들은 여러 가지 줄을 늘어놓고 여기저기 묶어달라고 하더니, 탈출 놀이를 개발하여 놀이했다. 남자아이들이라선지 주로 활동적인 놀이를 선호했고, 5일 동안이나 탈출 놀이에 흠뻑 빠져 교실에 온통 줄을 매놓고 놀이했다.

"난 괜찮은데 형아는 나보다 더 크니까 줄 건드릴 수도 있겠다. 줄 건드리는 사람을 탈락시키면 어떨까?"

"나는 너보다 더 크니까 좋은 규칙이 아닌 것 같은데?"

"그럼 선생님이 줄을 좀 높이 걸어볼까? 너무 낮으면 줄에 걸리기 쉬우니까."

"네! 근데 멧돼지가 밭에 내려와서 고구마 캐먹을 때, 줄 건드리면 전기가 찌릿하잖아요. 우리 밭에도 있는데. 이 줄을 건드리면 찌릿~ 하고 탈락한다고 정하면 어때요? 야, 어때?"

"좋아!"

〈누리과정 영역별 내용〉

영역	내용
신체운동 · 건강	• 신체활동 즐기기 - 신체 움직임을 조절한다. - 기초적인 이동운동, 제자리 운동, 도구를 이용한 운동을 한다.
의사소통	• 듣기와 말하기 - 말이나 이야기를 관심 있게 듣는다. - 자신의 경험, 느낌, 생각을 말한다. - 상대방이 하는 이야기를 듣고 관련해서 말한다.
사회관계	• 더불어 생활하기 - 친구와 서로 도우며 사이좋게 지낸다. - 친구와의 갈등을 긍정적인 방법으로 해결한다. - 약속과 규칙의 필요성을 알고 지킨다. • 사회에 관심 가지기 - 내가 살고 있는 곳에 대해 궁금한 것을 알아본다.
예술경험	• 아름다움 찾아보기 - 예술적 요소에 관심을 갖고 찾아본다. • 창의적으로 표현하기 - 다양한 미술 재료와 도구로 자신의 생각과 느낌을 표현한다.
자연탐구	• 생활 속에서 탐구하기 - 물체의 특성과 변화를 여러 가지 방법으로 탐색한다. - 물체의 위치와 방향, 모양을 알고 구별한다. - 일상에서 길이, 무게 등의 속성을 비교한다.

교사 이야기

줄 놀이를 시작하면서, 교사의 역할을 최대한 줄이고 관찰자의 입장으로만 참여하기로 마음을 먹었다. 유아들은 처음에는 줄을 흔들거나 밟고 줄넘기를 하며 줄 하나만을 가지고 놀이하다가, 차츰 구체적인 놀이에 줄을 활용하기 시작했다.

교사는 처음에 줄로 할 수 있는 놀이를 유아들에게 알려주면 좋을 것이라 생각하고, 고무줄놀이의 시범을 보여주었다. 유아들이 흥미로워하고 새로운 고무줄놀이를 개발할 것이라고 예상했지만 남자아이들이라 그랬는지 고무줄놀이에는 전혀 관심이 없었다.
실뜨기도 함께 해보려고 했지만, 유아들은 처음에만 관심을 가지고 해보더니 어렵다고 하지 않았다.

유아들은 줄을 이용해 집 짓기, 여러 개의 줄을 여기저기 걸어놓고 하는 탈출 놀이를 개발했다. 놀이를 하던 중 줄에 몸이 닿으면 감전되어 탈락한다는 규칙도 스스로 만들어냈다.
교사는 유아들이 놀이하는 모습을 보며 '역시 아이들의 놀이는 어른의 생각과는 다른 놀이가 되는구나.' 하고 느끼는 시간을 가졌다.

또한 교사가 무언가를 제안하고 해보자고 하는 것보다, 유아 스스로 놀이할 수 있도록 배려해야 즐거운 놀이가 되었다. 교사는 필요시에 도움을 주고 안전하게 놀이할 수 있도록 환경을 만들어주는 것만으로도 그 역할을 충분히 다한다는 생각이 들었다.

동료교사

"유아를 믿고 유아의 놀이를 지원해주는 모습이 너무 좋았고, 유아들 스스로 다양한 놀이와 규칙을 만드는 것이 인상적이었어요. 자유롭게 교실을 충분히 활용하면서 유아들의 생각이 쑥쑥 크는 게 보이는 것 같아요."

05 바다 너머 하늘낚시

분 류 • 만 5세 • 바깥놀이터 • 대집단

준비물 긴 고무줄, 긴 줄넘기 줄, 굴렁쇠, 훌라후프, 나뭇잎, 크레파스, 기둥이 있는 놀이시설 등

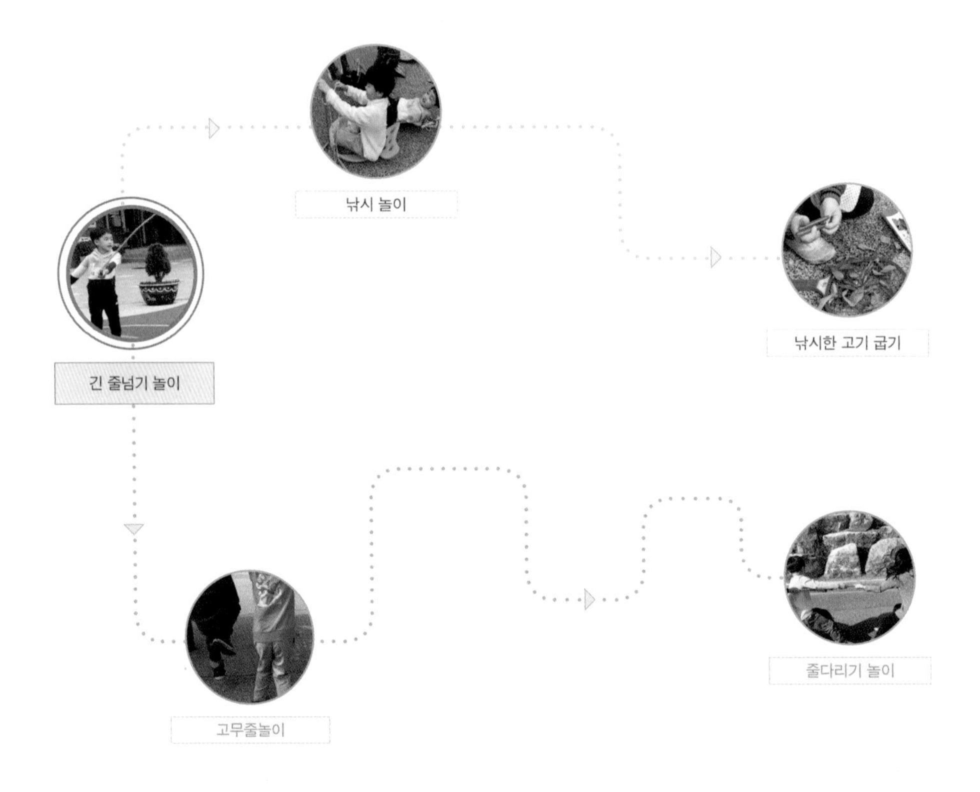

Tip 만 5세의 남자 유아라면, 놀이할 때 경쟁심이 유발되어 돌발행동을 할 수도 있습니다. 교사는 놀이할 때 안전을 지키기 위한 규칙에 대해 적절히 안내하고 더 세심하게 관찰할 필요가 있을 거예요.

여는 놀이

긴 줄넘기 놀이

바깥 놀잇감 통에 긴 줄넘기 줄, 줄넘기 줄, 고무줄 등을 제공해주었다. 유아들은 긴 줄넘기 놀이를 하고 싶어 했다.

 "선생님, 줄 돌려주세요."

유아들은 교사가 줄을 돌려주는 줄의 속도에 맞춰 줄을 넘기 시작했다. 순서를 기다리던 한 유아가 줄을 넘는 유아를 보며 숫자를 세자, 모인 유아들도 따라 세기 시작했다. 그런데 숫자 세기는 유아들의 경쟁심을 유발하는 동기가 되고 말았다.

 "얘들아, 이번에는 '꼬마야 꼬마야' 노래를 불러줄게. 넘어볼래?"

교사가 천천히 뛰게 하려고 먼저 '꼬마야 꼬마야' 노래를 부르자, 유아들은 노래 가사 속 '꼬마야 꼬마야' 부분에 줄을 넘는 친구의 이름을 넣어 부르며 줄 놀이를 이어갔다. 나중에는 유아들이 스스로 줄을 잡고 돌렸다.

 "꼬마야, 꼬마야~ 잘 가거라~"

재료를 바꿔 이어지는 놀이1

낚시 놀이

한 유아가 의자에 앉아 줄넘기 줄과 굴렁쇠 손잡이를 연결하고 있다가, 교사가 다가가자 낚시 놀이를 시작했다. 유아는 낚싯대를 만든 것이었다.

 "이거로 고기 잡을 거예요."

교사는 바닥을 가리키며 여기가 어디인지 물어보고, 몸을 피하는 시늉을 했다.

 "바다로 낚시 나온 거야? 여기가 바다구나?"

낚시 놀이는 훌라후프를 고기 잡는 그물로 삼고 놀이기구를 보트로 삼아 바다에서 계속되었다. 그러다 하늘을 쳐다본 유아의 제안으로 하늘에서도 상상놀이가 이어졌다.

 "야~ 우리, 하늘에 있는 것도 잡자!"

 "하늘에도 고기가 있니?"

 "아니요, 새들이 날아가면 잡는 거예요. ○○야, 여기서 총이 나와! 이건 갈고리. 피융~"

재료를 바꿔 이어지는 놀이2

낚시한 고기 굽기

낚시 놀이를 따라 하던 유아가 "잠깐만!" 하더니 화단으로 뛰어가 떨어진 나뭇잎을 주워왔다.

"이건 낚시에서 잡은 고기야!"

다른 유아들이 크레파스와 장난감 채를 들고 왔다.

"이 크레파스는 젓가락이야. 그런데 고기를 담을 접시가 없네."

"이건 접시라고 하자. 뜨거우니까 조심해!"

"낚시에서 잡은 고기를 굽는 거니? 와, 많이 잡았네!"

"네, 선생님! 이건 불이에요. 그리고 이건 불판이고요. 고기가 커서 가위로 자르는 거예요."

초록색 바닥은 불이 되고, 돌은 숯불이 되었다.

"나도 고기 잘라줄게."

발상을 바꿔 이어지는 놀이1

고무줄놀이

교사는 놀이시설 기둥에 고무줄을 묶어두고 노래를 부르며 고무줄놀이를 했다.

 "장난감 기차가 칙칙 떠나간다~ 과자와 사탕을 싣고서~"

유아들은 교사의 고무줄놀이를 쳐다보며 관심을 보이기 시작했다.

 "△△야, 한번 해볼래?"

교사에게 권유받은 △△는 친구를 보며 같이 해보자고 제안하고 함께 고무줄놀이를 시작했다. 교사가 불렀던 노래를 유아들도 흥얼거리며 고무줄놀이를 계속하는 모습이 보였다. 여자아이들은 제자리에 서서 고무줄을 넘었다. 반면 남자아이들은 고무줄 높낮이를 조절하면서 놀이기구에 매달려 고무줄을 넘는 놀이를 반복했다.

 "같이 넘자. 하나, 둘, 셋. 넘어!"

 "고무줄 올려보자. 더, 더, 더 높이!"

발상을 바꿔 이어지는 놀이2

줄다리기 놀이

긴 줄넘기로 낚시를 하던 한 유아가 줄을 끌고 다니자 한두 명의 유아들이 자연스럽게 줄을 따라다니며 발로 밟았다. 줄을 밟으면 당기고, 줄을 끌면 밟는 행동이 반복되었다. 주변에서 자신들의 놀이에 빠져 있던 유아들도 재미있어 보였는지 줄줄이 모여들어 줄을 잡기 시작했고, 순식간에 편이 나뉘어 줄다리기 놀이가 되었다.

 "야! 잡아."

 "○○야, 빨리 와서 잡아당겨!"

 "하하하! 우리도 가자!"

갑자기 벌어진 줄다리기 놀이 상황을 지켜보던 교사는 점점 늘어나는 유아들의 수와 열기를 띠는 경쟁심에 '안전사고를 부를 수 있겠구나'라고 판단하여 놀이를 멈추게 할 수밖에 없었다.

 "미안해, 얘들아. 위험한 상황에선 놀이를 멈춰야 한단다."

〈누리과정 영역별 내용〉

영역	내용
신체운동 · 건강	• 신체활동 즐기기 - 신체를 인식하고 움직인다. - 신체 움직임을 조절한다. - 기초적인 이동운동, 제자리 운동, 도구를 이용한 운동을 한다. • 안전하게 생활하기 - 일상에서 안전하게 놀이하고 생활한다.
의사소통	• 듣기와 말하기 - 자신의 경험, 느낌, 생각을 말한다. - 상대방이 하는 이야기를 듣고 관련해서 말한다. • 책과 이야기 즐기기 - 책에 관심을 가지고 상상하기를 즐긴다. - 말놀이와 이야기 짓기를 즐긴다.
사회관계	• 나를 알고 존중하기 - 내가 할 수 있는 것을 스스로 한다. • 더불어 생활하기 - 친구와 서로 도우며 사이좋게 지낸다. - 친구와의 갈등을 긍정적인 방법으로 해결한다.
예술경험	• 창의적으로 표현하기 - 노래를 즐겨 부른다. - 신체나 도구를 활용하여 움직임과 춤으로 자유롭게 표현한다.
자연탐구	• 생활 속에서 탐구하기 - 물체를 세어 수량을 알아본다. - 물체의 위치와 방향, 모양을 알고 구별한다. - 일상에서 길이, 무게 등의 속성을 비교한다.

교사 이야기

긴 줄넘기를 넘기 위해 순서를 기다리던 유아들은, 친구가 줄을 넘을 때마다 힘찬 목소리로 숫자를 세었다. 유아들은 친구보다 줄을 많이 넘으려고 경쟁심을 드러내기도 했다. 교사는 숨을 헐떡이고 땀까지 흘리면서 경쟁심을 드러내는 유아들의 모습이 걱정되기도 하고 과하다 싶어 '꼬마야 꼬마야' 노래를 불러주어 한숨 돌리게 했다.

한참을 놀던 유아들은 줄을 돌려보겠다고 요구했다. 교사가 줄을 넘겨주자, 유아들은 실패를 거듭하면서도 결국 줄 돌리기에 성공했다. '꼬마야 꼬마야' 노래에 친구의 이름을 넣어 부르며 놀이가 이어졌다.

혼자 고기 잡는 놀이를 하던 유아에게 보인 교사의 관심이, 유아들의 상상놀이로 이어졌다. 낚시 놀이에서 훌라후프는 그물이 되고 놀이기구는 보트가 되었다. 유아는 몸을 이리저리 움직이며 바다에 빠지지 않으려고 균형을 잡았다. 그 모습을 본 다른 유아들도 놀던 것을 멈추고 낚시 놀이로 놀이 방향을 바꾸기도 했다.

각자가 상상한 도구에 앉거나 서서 바다에서 낚시 놀이가 이어졌다. 바퀴가 섬이 되기도 하고, 상어가 나타나기도 하면서 유아들은 풍부한 상상 속으로 빠져들었다. 낚시를 하던 유아가 몸을 뒤로 젖힌 순간, 하늘을 쳐다보며 "우리 하늘에 있는 것도 잡자!"라고 제안하면서 놀이가 더 확장되었다.

유아들의 놀이를 따라가다 보면 추임새가 많은 놀이, 추임새 없이 동작이 많은 놀이, 소란스럽고 움직임이 많아 교사가 세심히 관찰하고 안전을 염두에 두어야 하는 놀이들이 있다. 이번 줄 놀이는 추임새, 움직임, 상상, 안전 조심하기 요소가 모두 어우러져 재미를 더한 놀이가 아니었을까 생각한다.

동료교사

"유아들과 다양한 활동, 다양한 추임새. 선생님께 많이 배웠습니다. 줄에서 시작된 놀이가 다양하게 확장되는 모습을 보며 아이들의 놀이 주제가 무궁무진함을 다시 한 번 느낍니다."

06 내가 만든 활 쏘기

분 류 • 만 5세 • 바깥놀이터, 교실 • 소집단

준비물 다양한 종류의 줄(고무줄 포함), 페트병, 종이, 나무젓가락, 핸드폰 등

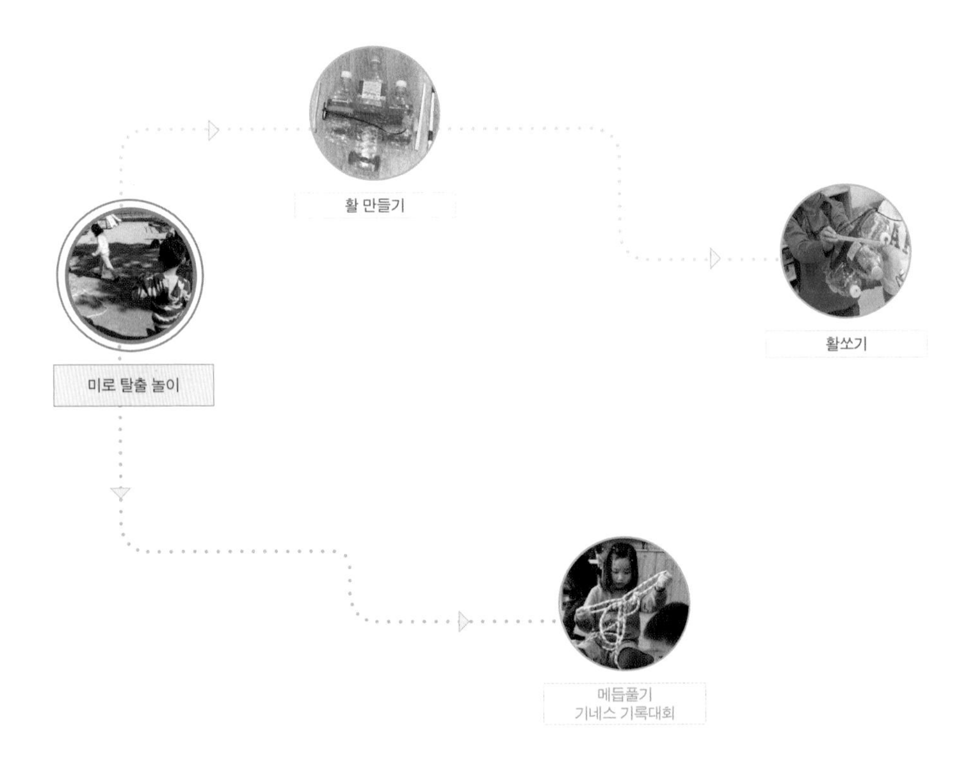

Tip 유아들에게 다양한 종류의 줄이나 재료를 제공해주면 놀이가 확장되기 좋습니다. 유아들의 놀이를 관찰하다 보면, 그 외에도 놀이 확장을 위해 어떤 재료가 더 필요할지 보이니 세심하게 관찰하세요.

여는 놀이

미로 탈출 놀이

다양한 굵기의 여러 가지 줄을 상자에 담아 교실영역에 제공해주었다.

 "얘들아! 여기, 여러 가지 줄 가져다놓았어. 놀이할 때 필요하면 가져다 쓰렴."

1학기부터 바깥놀이를 할 때 긴 줄넘기와 줄넘기를 배우고 있었고, 교실에서는 실뜨기 놀이를 했다. 유아들은 여러 개의 줄을 이어서 미로를 만들었다. 그리고 수수께끼 맞히기, 가위바위보 이기기 등의 친구가 내는 과제를 달성해야 탈출할 수 있는 놀이를 했다.

 "수수께끼를 맞춰야 탈출할 수 있다고 하자!"

 "그래! 그러면 더 재미있겠다."

 "친구들이 헷갈리게 막아서, 더 어렵게 해야 돼!"

유아들은 미로 탈출 놀이를 종합놀이기구로 옮겨와, 새로운 탈출 놀이를 만들어 놀이했다. 이처럼 유아들은 스스로 놀이의 난이도를 높여가고 있었다.

재료를 바꿔 이어지는 놀이1 & 재료를 바꿔 이어지는 놀이2

활 만들기 & 활쏘기

유아들은 페트병과 종이, 고무줄, 나무젓가락 등을 이용해서 활을 만들었다. 고무줄이 활시위가 되고, 나무젓가락이 화살이 되었다.

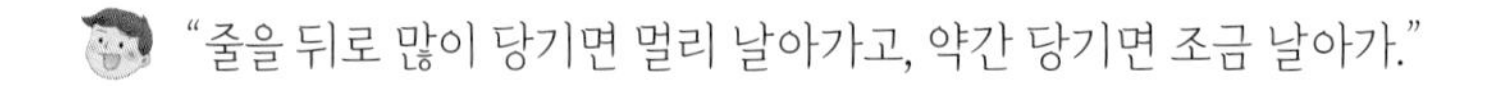
"줄을 뒤로 많이 당기면 멀리 날아가고, 약간 당기면 조금 날아가."

활을 다 만든 유아들끼리 활 쏘는 방법을 친구에게 가르치고 배우더니, '활쏘기 훈련'이라고 놀이 이름을 붙이고 활쏘기 놀이를 하기 시작했다.

"우리, 여기다가 놀이 이름 적어서 붙이자!"

"그럼 '활쏘기 훈련'이라고 적자!"

"뭘 쏠까?"

"우리 종이컵 쏘자!"

유아들은 쌓아올린 종이컵이나 직접 그린 과녁을 벽에 붙이고 활쏘기를 했다.

발상을 바꿔 이어지는 놀이

매듭풀기 기네스 기록대회

유아들은 풀기 어려운 모양으로 매듭을 묶은 줄을 푸는 놀이를 하기 시작했다.

 "와! 성공!"

 "오~ 매듭 잘 풀었네~ 선생님이 어렵게 꼬아줄게, 다시 한 번 풀어봐."

유아들은 교사에게 누가 빨리 매듭을 푸는지 시간을 재달라고 요청하더니, 다음번 놀이할 때 친구들을 불러모아 '매듭풀기 기네스 기록대회'를 열였다. 유아들은 교사의 핸드폰 타이머 기능을 활용해서 시간을 기록하며 놀이했다.

 "선생님, 누가 빨리 줄을 푸는지 시간을 재주세요!"

 "그런데 뭘로 시간을 재지?"

 "핸드폰이요. 핸드폰에 시간 재는 거 있어요!"

 "매듭풀기 기네스 기록대회에 참가할 사람들, 여기로 모여."

〈누리과정 영역별 내용〉

영역	내용
신체운동 · 건강	• 신체활동 즐기기 - 신체 움직임을 조절한다. - 실내외 신체활동에 자발적으로 참여한다. • 안전하게 생활하기 -일상에서 안전하게 놀이하고 생활한다.
의사소통	• 듣기와 말하기 - 말이나 이야기를 관심 있게 듣는다. - 자신의 경험,느낌,생각을 말한다. • 읽기와 쓰기에 관심 가지기 - 자신의 생각을 글자와 비슷한 형태로 표현한다.
사회관계	• 더불어 생활하기 - 친구와 서로 도우며 사이좋게 지낸다. - 친구와의 갈등을 긍정적인 방법으로 해결한다. • 사회에 관심 가지기 - 다양한 문화에 관심을 가진다.
예술경험	• 창의적으로 표현하기 - 신체나 도구를 활용하여 움직임과 춤으로 자유롭게 표현한다. - 다양한 미술재료와 도구로 자신의 생각과 느낌을 표현한다.
자연탐구	• 탐구과정 즐기기 - 궁금한 것을 탐구하는 과정에 즐겁게 참여한다. - 도구와 기계에 관심을 가진다. • 생활 속에서 탐구하기 - 물체의 특성과 변화를 여러 가지 방법으로 탐색한다.

교사 이야기

교사는 유아들이 줄로 어떤 놀이를 할지 궁금했다. 유아들에게 제공해주었던 줄에 우연히 매듭이 지어져 있었다. 줄에 관심을 가진 한 유아가 매듭을 풀어내자, 교사의 칭찬하는 추임새에 매듭풀기 놀이가 시작되었다.

"오~ 매듭 잘 풀었네~ 선생님이 어렵게 꼬아줄게. 다시 한 번 풀어볼래?"

한 명의 유아가 시작한 놀이에 참여하는 유아들이 두 명, 세 명으로 점점 늘어났다. 그러더니 나중에는 누가 빨리 매듭을 푸는지 겨루는 놀이로 확장되어 기네스 기록대회까지 열게 되었다. 교사는 유아들이 줄에 있는 매듭을 이용해 이렇게 즐겁게 놀이하게 될 거라곤 상상하지 못했다.

유아들은 페트병으로 활을 만들겠다며 줄을 달라고 했다. 그런데 줄로는 화살을 튕길 수가 없었다. 활과 화살의 원리를 잘 알고 있던 유아가 말했다.

"줄이 아니라 고무줄이 필요한데. 그래야 화살을 쏠 수 있는데."

그 유아를 중심으로 다른 유아들도 활 쏘는 방법을 배우며, 활쏘기 훈련 놀이가 시작되었다. 고무줄 재료를 제안했던 유아는 자신감 있게 놀이를 주도했고, 유아들은 놀이를 통해서 다양한 줄의 특성과 화살이 앞으로 나아가는 원리까지 이해하게 되었다.

교사는 줄로 할 수 있는 놀이가 제한적이라고 생각했다. 그러나 우리 유아들은 다양한 방법으로 놀이를 만들어서 재미있게 놀 줄 알았다.

동료교사

"줄을 가지고 확장되는 놀이가 상상 이상이었습니다. 페트병과 줄을 이용해 만든 활로 활쏘기 훈련을 하고, 나란히 앉아 종이컵 맞추기 놀이까지 이어지는 과정이 무척 흥미로워요. 매듭풀기 기네스 기록대회도 아이들이 무척 재미있어 했을 것 같아요. 아이들의 상상력은 참 무궁무진해요."

PART
6

비구조화 놀잇감으로 그 밖의 놀이에 빠진 유아들

01 공연에 초대합니다

분 류 • 만 5세 • 바깥놀이터, 실내의 넓은 공간 • 대집단

준비물 긴 고무줄을 포함한 여러 가지 줄, 전지 크기의 큰 포스트잇, 유성매직 등의 필기도구, 인형극 틀, 손 인형, 작은 의자 등

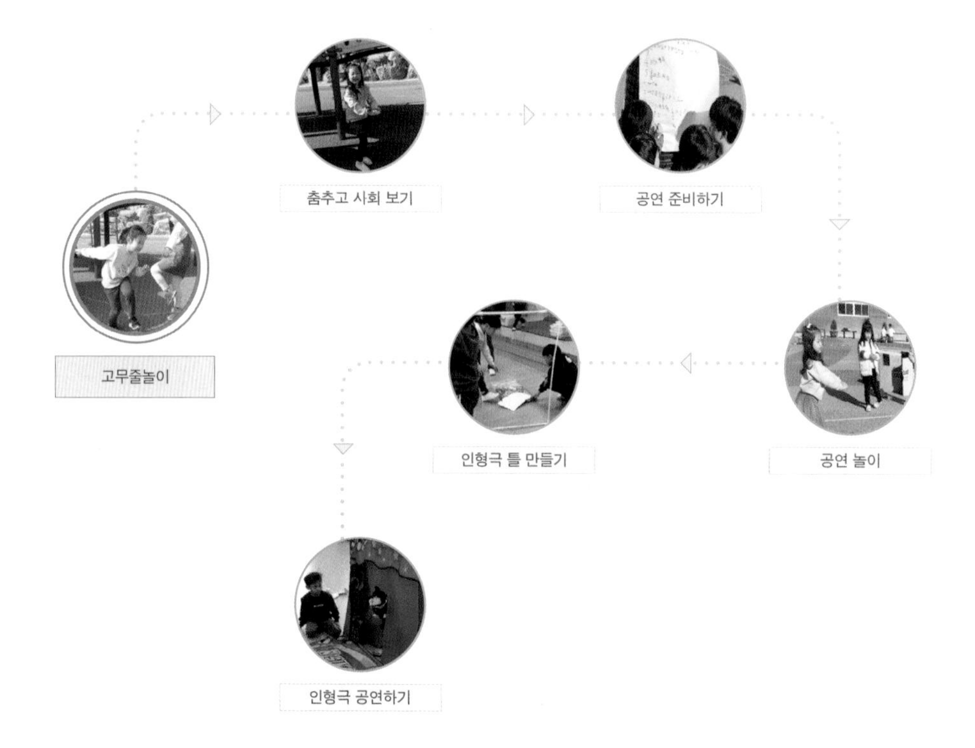

Tip 교사가 유아의 요구에 반응하여 놀이에 대한 지지를 표현해준다면 유아들은 더 힘이 나겠지요. 예를 들어, 공연 놀이 할 때 휴대용 마이크를 추가로 지원해주면 공연 놀이가 더 풍성해질 거예요.

여는 놀이 & 이어지는 놀이

고무줄놀이 & 춤추고 사회 보기

평소에 유아들은 놀이시설물 기둥 아래에 묶어둔 긴 고무줄에서 줄 놀이를 했다.
그러다 고무줄놀이를 하던 여러 명의 유아들이 빠져나가고, 두 명의 여자아이만 남아 계속 고무줄을 넘으며 놀았다.
고무줄놀이를 하던 유아들은 놀이를 바꿔 춤을 추더니, 역할을 정하여 놀이했다. 한 명은 밸리댄스를 추고, 한 명은 사회를 보았다.
한참을 둘이 놀다가, 사회자 역할을 하는 유아가 주변에서 놀고 있는 유아에게 도움을 요청했다.

 "우리 공연할 건데, 친구들 좀 데려와."

 "알았어. 선생님! 우리 공연할 거예요. 조금 있다가 오세요."

 "와우~ 공연한다고? 언제 가면 되는데?"

 "준비되면 부르러 올게요. 저기로 오면 돼요."

이어지는 놀이2

공연 준비하기

춤을 추는 친구의 공연을 본 유아들은 자신과 같이 공연할 친구를 찾고 의견을 조율하면서 참가할 공연 종목을 정했다. 교사가 커다란 포스트잇을 기둥에 붙이고 필기도구를 제공하자, 유아들은 종이에 공연 순서를 직접 쓰기 시작했다.

"나랑 같이 춤출래?"

"그래, 우리 엉덩이춤 출까?"

"우리 연습하자."

"저기 안 보이는 데서 연습해야지."

유아들은 공연 놀이에 참가하기 위해 규칙을 따르고 순서를 기다리면서 연습을 하는 모습도 보였다. 놀이하면서 정한 규칙이 없었는데도, 유아들은 마치 무언의 약속이라도 한 듯 규칙과 질서를 지키고 있었다.

"떨린다. …너도 긴장되지?"

이어지는 놀이3

공연 놀이

무대와 대기실의 위치가 정해지고, 공연순서도 결정되었다. 공연자와 사회자 등으로 자연스럽게 역할이 나뉘고 공연 놀이가 시작되었다. 누군가는 사회자가 되고, 누군가는 뛰어다니며 순서를 알리고, 누군가는 관람을 하며 놀이를 즐기게 되었다.

"여기가 대기실이야. 아, 거기 있으면 안 돼."

"다들 대기실에서 기다려."

"구경할 사람은 앉아주세요. 공연 시작합니다."

유아들은 공연 놀이에 푹 빠져서 시간 가는 줄 모르고 계속했다.

"아, 그 춤 진짜 재밌다!"

친구들의 공연을 관람하던 한 유아는 교사에게 다가와 속삭였다.

"선생님, 나도 하고 싶어요."

인형극 틀 만들기

날씨가 추워지면서 실내에서 주로 놀이하게 되었다. 교사는 공연 놀이를 더 하고 싶어 아쉬움이 가시지 않은 유아들에게, 사용하지 않는 인형극 틀을 지원하고 조립해볼 수 있겠냐고 제안했다. 유아들은 "텐트인가?"라며 호기심과 흥미를 보이면서 모여들었다.

"야! 거기 잡아봐. 맞아, 거기. 거기."

"아~ 얘들아! 그거 여기 까는 거야."

설계도의 그림을 보며 설명하는 유아나, 친구의 말을 들으며 이리저리 움직여 힘을 합치는 유아들은 작은 어른 같았다.

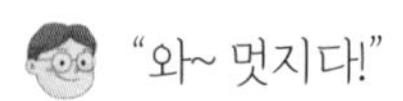

공연 놀이는 다시 실내로 이동하여 인형극 놀이로 이어지게 되었다.

재료를 바꿔 이어지는 놀이2

인형극 공연하기

인형극 틀이 완성되자 유아들은 손 인형 놀이를 시작했고, 손 인형 놀이는 바로 공연으로 이어졌다. 이제 공연장을 꾸미는 것은 어렵지 않아 보였다.

스툴(등받이와 팔걸이가 없는 의자)을 옮기고, 공연이 열릴 것임을 알리고, 공연장 앞으로 한두 명씩 모여드는 유아들. 사회자는 조용히 하라는 멘트를 보냈다. 그래도 인형극의 소리가 잘 들리지 않자, 관객에게서 불만의 소리들이 나왔다.

 "얘들아! 어떻게 하면 좋을까?"

 "목소리를 크게 해요!"

 "세 사람만 들어가요."

 "아니, 조용한 데로 옮기면 되잖아요."

소품을 이용해서 공연을 한다는 것은 쉽지 않아 보였다. 교사는 주변 유아들의 놀이 소음으로부터 떨어진 어울림방 바깥의 공간으로 인형극 틀을 이동시켜주고, 놀이의 흐름을 엿보았다.

〈누리과정 영역별 내용〉

영역	내용
신체운동 · 건강	• 신체활동 즐기기 - 신체를 인식하고 움직인다. - 실내외 신체활동에 자발적으로 참여한다.
의사소통	• 듣기와 말하기 - 자신의 경험, 느낌, 생각을 말한다. • 읽기와 쓰기에 관심 가지기 - 주변의 상징, 글자 등의 읽기에 관심을 가진다. - 자신의 생각을 글자와 비슷한 형태로 표현한다. • 책과 이야기 즐기기 - 말놀이와 이야기 짓기를 즐긴다.
사회관계	• 나를 알고 존중하기 - 내가 할 수 있는 것을 스스로 한다. • 더불어 생활하기 - 서로 다른 감정, 생각, 행동을 존중한다. - 약속과 규칙의 필요성을 알고 지킨다.
예술경험	• 아름다움 찾아보기 - 예술적 요소에 관심을 갖고 찾아본다. • 창의적으로 표현하기 - 신체나 도구를 활용하여 움직임과 춤으로 자유롭게 표현한다. • 예술 감상하기 - 서로 다른 예술 표현을 존중한다.
자연탐구	• 생활 속에서 탐구하기 - 물체의 위치와 방향, 모양 등을 알고 구별한다. - 도구와 기계에 관심을 가진다.

교사 이야기

놀이시설물 기둥에서 고무줄놀이를 하던 유아 두 명이 놀이를 바꿔 춤을 추기 시작했다. 한참을 놀더니 한 명의 유아가 주변을 돌아다니며 공연에 친구들과 선생님을 초대했다. 구경하던 친구들과 교사가 소리를 지르며 환호해주자, 주변에서 놀고 있던 꽤 많은 유아들이 모여 공연 놀이를 즐겼고 놀이시간이 끝남을 아쉬워했다.

아쉬움이 많았던 유아들은 공연 놀이에 대해 계속 이야기를 했고 또 다른 날 두 번째 공연 놀이가 이어졌다.
유아들은 대기실을 정하고 매트를 깔아 무대라고 칭했다. 교사가 커다란 종이를 무대 주변에 붙여 지원해주자, 공연을 하고 싶은 유아들이 순서를 기록했다. 구경을 하고 싶은 유아들은 관람객이 되어 모여 앉았다. 그리고 종이에 적힌 순서대로 공연이 시작되었다.

두 명의 유아가 시작한 고무줄놀이가 무대가 되고, 공연 놀이로 이어지면서 반 아이들 전체가 놀이에 참여를 했다. 이후 교사가 인형극 틀을 지원해주었을 때, 유아들은 동화를 상기하며 인형극 놀이로까지 확대시켰다. 교사는 이런 모습을 보면서, 유아들에게 사소한 소품만 더해주어도 유아들 스스로 창안한 놀이에 빠지고 함께 즐긴다는 점을 알 수 있었다.

유아들이 주도해서 이끌어가는 공연 놀이, 그 속에서 배움이 일어났다. 교사가 놀이를 지켜봐주고 필요할 때 지원을 해주는 것만으로도 놀이는 풍만해졌고 오랜 시간 즐거움이 있었다. 교사의 작은 지원과 관심이 중요하다는 것을 깨달은 놀이경험이었다.

동료교사

"아이들 스스로가 공연순서를 적는 모습, 그럴 수 있도록 큰 포스트잇을 제공하는 선생님, 모두 박수를 보내고 싶어요!"

02 이것저것 섞어보아요

분 류 • 만 4~5세 • 교실 • 대집단

준비물 재활용 플라스틱 용기, 색종이, 빨대, 목공본드, 물, 종이컵, 플레이콘, 막대기, 슬라임, 물풀, 여러 가지 공작 재료, 섞을 재료(글리세린, 리뉴, 소다 등) 등

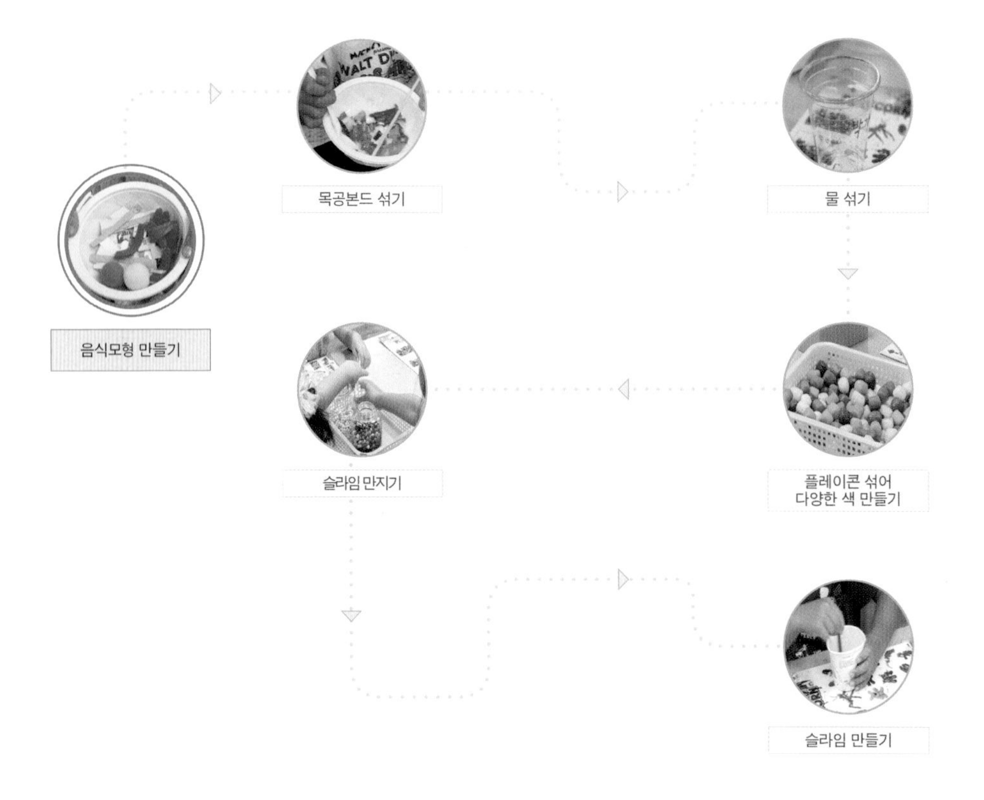

Tip 유아들이 여러 가지 물질을 경험하기 위해서는 교사가 여러 가지 물질을 제공해야 합니다. 유아들에게 자료보관 공간을 개방하여 자유롭게 활동자료를 꺼내 쓰게 하면, 활동은 더 활발하게 확장됩니다.

여는 놀이

음식모형 만들기

아이들의 놀이에는 의식주가 꼭 들어간다.
상자 놀이를 진행하던 중 유아들은 들어가서 놀 수 있는 집을 만들었고, 그 안에서 놀이할 때 필요한 음식을 만들고 싶어 했다.

 "내가 먹을 거 만들어올게!"

 "응! 맛있게 만들어줘."

교사는 목공용 본드, 재활용 플라스틱 용기, 색종이, 빨대 등 음식모형을 만들 재료를 다양하게 놀잇감으로 열어두었다.
유아들은 재활용 플라스틱 용기를 그릇으로 삼고 색종이와 빨대를 오려 넣어, 먹거리를 만들었다.

 "이거 봐, 맛있겠지?"

 "응! 방울토마토하고 햄이 들어간 파스타 같아!"

 "냠냠냠."

이어지는 놀이1

목공본드 섞기

한 유아가 재활용 플라스틱 용기에 목공본드 한 통을 다 부어 넣고 섞어 놀기 시작했다.

 "이거 이렇게 다 쓰면 다음에 미술활동 할 때 뭘 쓰려고 그래? 이건 좀......"

교사는 놀라서 저도 모르게 실패의 추임새를 했다. 유아에게 놀이의 주도권을 넘겨준다던 놀이 다짐이 깨지는 순간이었다.

 "얘들아, 선생님이 잘못 생각한 것 같아! 목공본드도 놀이재료로 사용할 수 있을 것 같다! 필요하면 언제든지 가져다 써도 돼."

교사가 실패의 추임새를 인식하고 유아들에게 목공본드 놀잇감을 인정한다고 이야기를 하고 나니, 유아들의 놀이는 더 활성화되었다. 유아들은 모두 본드를 섞으며 놀기 시작했다.

 "주말 지나고 왔더니 목공본드가 굳어서 진짜 음식점 앞에 있는 음식모형 같다."

 "와, 이거 진짜 음식 같아요. 진짜 맛있어 보여요."

이어지는 놀이2

물 섞기

유아들은 본드에 이어 새로운 섞기 재료를 고안해냈다. 바로 물이다. 물을 본드에 섞으면 점성을 조절할 수 있다는 점에 착안한 것이다.

 "선생님, 물 떠와서 섞으면서 놀아도 돼요?"

 "그럼. 당연히 되지! 그런데 물이 쏟아져도 책임질 수 있는 양이라면 불편하지 않겠는걸!"

교사는 유아주도 놀이를 따라가며 '교사도 Win, 유아도 Win'이 될 수 있는 방법이 무엇일지 고민했다. 교사가 유아들의 의견을 존중하고 물의 양을 스스로 정하게 하니, 유아들은 주도적으로 놀이했다.

 "본드하고 물을 넣으니깐 느낌이 어때?"

 "물을 넣으니깐 더 느낌이 부드럽고 몽글몽글해서 아이스크림 같아요."

유아들은 자신의 손에서 물질들이 변화해가는 것을 관찰하며 즐거워했고 물질 섞기 놀이에 빠져들었다.

이어지는 놀이3

플레이콘 섞어 다양한 색 만들기

유아들은 이번에는 섞는 물질의 색을 바꾸고 싶어 했다. 그래서 플레이콘을 잘게 잘라 그 조각을 섞기 시작했다.

"우리 플레이콘도 섞어보자."

"나는 노란색이랑 빨간색을 섞어야지!"

"나는 여러 가지를 다 넣어볼 거야."

유아들은 플레이콘과 본드 그리고 물을 섞어 다양한 색을 만들었다. 색 만들기에 푹 빠진 유아들은 서로 이야기도 나누지 않고 자기 활동에 집중했다.

"이 색은 맛있는 마카롱 색인데, 선생님은 딸기맛 좋아하거든. 어떻게 만든 거야?"

유아 스스로 창안해낸 색 만들기 놀이를 본 교사는 유아들에게 진심으로 궁금해했고, 배우고 싶어 했다.

재료를 바꿔 이어지는 놀이1

슬라임 만지기

유아들이 물질 섞기 놀이에 몰입한 이유는 무엇일까. 아마도 성인의 제지를 받지 않고 자유롭게 물질을 섞는 경험을 하는 것이 흔치 않는 일이고, 눈앞에서 즉시 변화하는 물질을 관찰하는 것이 흥미로운 일이기 때문이리라는 생각이 들었다. 이에 교사는 유아에게 자율성을 더 주어야겠다고 생각했다.
물질 섞기 놀이를 확장시키고 놀이에 빠지게 하기 위해 교사는 슬라임과 슬라임 만드는 재료를 더 지원하기로 했다.
안전마크 찍힌 슬라임과 슬라임을 만드는 재료를 교사의 책상 위에 올려두었다. 유아들은 슬라임에 먼저 반응을 보였다.

 "와! 선생님! 이거 우리 갖고 놀라고 가지고 온 거예요?"

 "응! 갖고 놀고 싶으면 놀아도 돼."

 "저도 놀래요, 저도 주세요!"

유아들은 슬라임에 작은 구슬이나 장식물처럼 알록달록한 플라스틱 물질을 섞어보기도 했다.

재료를 바꿔 이어지는 놀이2

슬라임 만들기

책상에는 슬라임뿐만 아니라, 슬라임을 직접 만들 수 있는 재료도 함께 있었다. 교사는 누가 이 재료에 먼저 흥미를 보일지 궁금했다.

 "이거 뭐예요?"

 "응! 이건 말이지, 슬라임을 직접 만들어볼 수 있는 재료인데 말이지."

교사는 속닥거리는 것처럼, 그러나 반 아이들에게 다 들리는 크기의 목소리로 대답했다. 그러자 갑자기 조용해진 유아들은 교사의 이야기를 경청했다.
유아들은 더 이상 만들어진 슬라임에 관심이 없어졌고, 자기 손으로 직접 물질의 변화를 관찰하며 만드는 슬라임 재료에 빠져 놀았다.

 "선생님, 우리도 슬라임 만들기 하고 싶어요."

 "그럼, 언제든지 하렴. 너희들 놀라고 선생님이 사온 건데."

 "우리 꼭 연구하는 박사님 같아요."

〈누리과정 영역별 내용〉

영역	내용
의사소통	• 듣기와 말하기 - 말이나 이야기를 관심 있게 듣는다. - 자신의 경험, 느낌, 생각을 말한다. - 상대방이 하는 이야기를 듣고 관련해서 말한다.
사회관계	• 나를 알고 존중하기 - 나의 감정을 알고 상황에 맞게 표현한다. - 내가 할 수 있는 것을 스스로 한다. • 더불어 생활하기 - 약속과 규칙의 필요성을 알고 지킨다.
예술경험	• 아름다움 찾아보기 - 예술적 요소에 관심을 갖고 찾아본다. • 창의적으로 표현하기 - 다양한 미술재료와 도구로 자신의 생각과 느낌을 표현한다. • 예술 감상하기 - 서로 다른 예술 표현을 존중한다.
자연탐구	• 탐구과정 즐기기 - 궁금한 것을 탐구하는 과정에 즐겁게 참여한다. - 탐구과정에서 서로 다른 생각에 관심을 가진다. • 생활 속에서 탐구하기 - 물체의 특성과 변화를 여러 가지 방법으로 탐색한다. - 물체를 세어 수량을 알아본다. - 도구와 기계에 대해 관심을 가진다.

교사 이야기

유아가 목공본드 한 통을 플라스틱 용기에 다 쏟아부어 음식모형을 만든 날! 교사는 실패의 추임새를 했다. 앞으로 유아가 사용할 놀이재료의 부족함을 걱정하느라, 지금 현재 유아가 하고 있는 놀이에 집중하지 못한 것이다.

그러나 교사는 당일 오후에 〈인공지능(AI) 시대 교육 패러다임 변화와 놀이 - Teach Less, Learn More〉 연수를 들으며 자신의 추임새를 다시 생각해보게 되었다. 강연자는 미래사회에 살아갈 우리 아이들에게 "Why?"라는 질문보다 "Why not?"이라는 질문으로 창의성을 키워야 한다고 힘주어 이야기했다. 교사는 강연을 듣고 그 유아가 생각났다.

'맞아, 왜 안 되겠어? 월요일에 유치원에 가면 유아의 놀이를 인정해줘야지!'

월요일 출근하여 유아가 만든 음식모형을 보고 교사는 더 놀랄 수밖에 없었다. 주말 동안 본드가 굳어지자 시중에서 판매되는 음식모형처럼 실물에 가까워졌던 것이다. 놀이의 우연성으로 발견된 작품성! 아이들의 놀이를 무조건 인정해야겠다는 생각이 들었다. 그 후로도 계속 목공본드를 사용하여 물질의 변화를 관찰하는 놀이는 흥미롭게 진행되었다. 유아들은 물질의 변화를 관찰하는 데 질리지도, 지치지도 않았다. 이런 것이 진짜 놀이의 모습일 것이다.

교사는 주말에 '아이들의 물질 놀이에 흥미를 더 가할 것이 없을까?'라는 생각을 갖고 문구사를 방문했다. 세제처럼 커다란 통에 들어 있는 물풀이 보였다. 물풀과 리뉴, 소다 같은 재료들을 넣어 슬라임을 직접 만들던 딸아이가 생각났다. 주말 동안 딸아이에게 직접 슬라임 만드는 방법을 배워 월요일 아침 유치원에 갔다. 유아들은 제 손으로 직접 물질의 변화를 관찰하며 만드는 '슬라임 만들기'에 빠져 놀았다.

"슬라임의 열풍이 유치원에까지! 슬라임에 대한 부정적인 시선도 있지만, 안전제품을 선택하고 놀이하며 아이들도 품격 있는 소비자가 될 것 같아요."

03 우리는 악기 합주단입니다

분 류 • 만 4~5세 • 교실 • 개별활동, 대집단

준비물 다양한 악기(탬버린, 트라이앵글, 캐스터네츠, 마라카스, 피아노 등), 동요 음원, 막대기 등

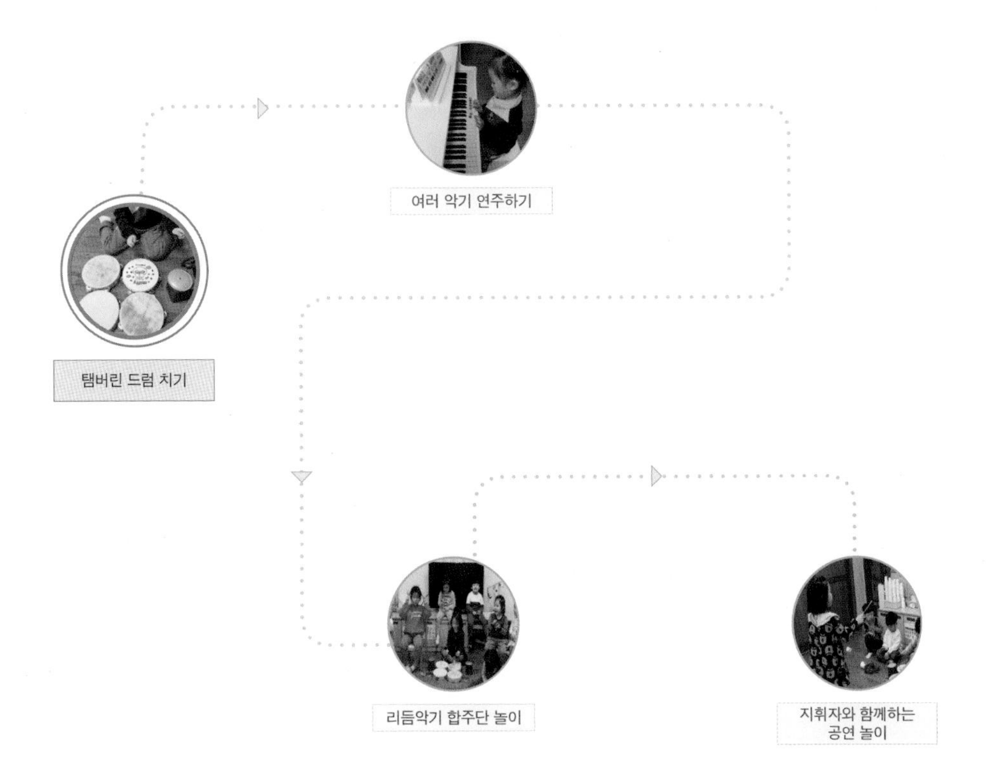

Tip 유아들이 연주하는 악기 소리가 '강-약-중강-약' 같은 리듬 없이 계속 강한 소리만 나는 채로 한꺼번에 섞이면 시끄러울 수도 있어요. 이때, 유아들이 잘 아는 노래를 틀어주면 자연스럽게 그 노래에 맞춰 리듬악기 합주를 하게 됩니다.

여는 놀이 & 이어지는 놀이1

탬버린 드럼 치기 & 여러 악기 연주하기

유치원의 음률영역의 악기는 항상 열려 있다. 음악공연을 보고 난 뒤 유아들이 악기에 더욱 관심을 보이자, 교사는 악기의 수를 더 늘려놓았다.
그러자 한 유아가 탬버린 여러 개를 모아놓고 드럼처럼 두드리며 연주하기 시작했다. 유아의 경험이 느껴졌다.

 "와~ 탬버린 4개를 모아서 트라이앵글 채로 치니까 꼭 드럼 같다!"

 "멋지다. 나도 같이 하자."

그 모습을 보고 다른 유아가 옆에서 트라이앵글을 연주했다. 핸드벨 악보를 가지고 피아노를 연주하는 유아도 있었다.

 "함께 연주하니 꼭 합주단 같아."

 "응. 우리 공연하는 거 같아요."

이어지는 놀이2

리듬악기 합주단 놀이

악기 연주 놀이를 한 날, 아이들과 모여 앉아 놀이 사진을 보면서 놀이에 대한 이야기를 나눴다. 다음 날, 아이들이 스스로 악기를 가지고 와 연주하면서 자연스럽게 합주단이 구성되었다.

 "나도 악기 갖고 왔어! 난 마라카스, 너는?"

 "난 캐스터네츠."

 "와! 아름다운 음악을 들을 수 있게 됐어. 기대돼!"

 "선생님! 어제 배운 노래 틀어주세요. 우리 악기 연주하게요."

교사는 웃으며 음원을 찾아 틀어주었다. 이처럼 교사가 아이들의 놀이를 인정하는 비언어적 지지만 보여도, 놀이는 더 확장된다는 것을 느꼈다.
악기 연주를 할 때의 소란스러움은 유아들의 탐색이 끝날 때까지 인정해주어야 한다. 단, 다른 놀이를 하는 유아들이 불편해할 경우, 악기 연주 놀이를 하는 유아들에게 친구들의 불편함을 이야기하고 탐색시간을 정하는 것이 좋다.

이어지는 놀이3

지휘자와 함께하는 공연 놀이

한 유아가 막대기를 들고 합주단의 지휘자 역할을 맡았다.

 "내가 손을 이렇게 흔들면 봐야 돼!"

 "리듬악기 합주단에 지휘자님도 오셨네?"

유아들은 지휘자와 함께 악기 연주 공연을 하겠다고 이야기했고, 얼마 뒤 무대를 만들어 악기 연주 공연을 했다.

 "뮤지컬이나 오페라 공연을 할 때는 무대 아래 따로 악기 합주단의 연주홀이 있던데…."

교사의 말을 듣고, 유아들은 공연 무대 아래 연주홀을 만들었다. 무대 아래의 유아들은 악기를 연주하고, 무대 위의 유아들은 짧은 뮤지컬 형식의 음악극을 공연했다.
탬버린 드럼과 캐스터네츠 연주 놀이에서 리듬악기 합주단 놀이로, 리듬악기 합주단 놀이에서 지휘자와 함께하는 공연 놀이로, 악기 놀이는 더 몰입되고 확장되었다. 교사는 유아들의 일상생활 속 경험이 놀이를 더욱 확장시킨다고 느꼈다.

〈누리과정 영역별 내용〉

영역	내용
의사소통	• 듣기와 말하기 - 말이나 이야기를 관심 있게 듣는다. - 자신의 경험, 느낌, 생각을 말한다. - 상황에 적절한 단어를 사용하여 말한다. - 상대방이 하는 이야기를 듣고 관련해서 말한다. • 읽기와 쓰기에 관심 가지기 - 주변의 상징, 글자 등의 읽기에 관심을 가진다.
사회관계	• 나를 알고 존중하기 - 나의 감정을 알고 상황에 맞게 표현한다. - 내가 할 수 있는 것을 스스로 한다. • 더불어 생활하기 - 친구와 서로 도우며 사이좋게 지낸다. - 서로 다른 감정, 생각, 행동을 존중한다. - 약속과 규칙의 필요성을 알고 지킨다. • 사회에 관심 가지기 - 다양한 문화에 관심을 가진다.
예술경험	• 아름다움 찾아보기 - 예술적 요소에 관심을 갖고 찾아본다. • 창의적으로 표현하기 - 노래를 즐겨 부른다. - 신체, 사물, 악기로 간단한 소리와 리듬을 만들어본다. - 극놀이로 경험이나 이야기를 표현한다. • 예술 감상하기 - 서로 다른 예술 표현을 존중한다.

교사 이야기

유아들의 생각에 또 한 번 놀라는 날이었다. 탬버린 4개를 모아 드럼으로 만들어 연주하다니….

아이들은 놀이를 통해 서로에게 영향을 준다고 한다. 우리 사랑이들의 놀이에서 그것을 볼 수 있었다. 탬버린을 이용해 드럼을 만들어 연주를 하는 유아가 있는가 하면, 옆에서 지켜보다가 그 드럼 소리에 맞춰 트라이앵글을 연주하는 유아도 있었다. 교사는 유아들 사이에 놀이의 전파력이 아주 크다는 점을 새삼 더욱 느꼈다.

그러나 그것은 놀이의 시작에 불과했다. 아이들은 리듬악기 합주단을 구성하여 교사에게 어제 배운 노래를 틀어달라고 요구하고, 그 노래에 맞춰 리듬악기를 연주하기 시작했다. 유아들은 스스로 놀이를 확장해나갔다. 교사는 아이들의 놀이를 인정하고 음악을 틀어 준 것 밖에 없었다. 그런데 신기하게도, 아이들은 느낌대로 제각기 다른 리듬으로 연주하다가도 중요한 부분에서는 하나의 조화로운 음을 만들어냈다. 이야말로 인간이 가지고 태어난 음악성과 유희성을 보여주는 것 아닐까?

처음 탬버린 4개를 가지고 드럼을 만들어낸 유아는 그다음에는 손에 막대기 하나를 들고 지휘자 놀이를 만들어냈다. 이 유아는 지휘자에 의해 연주되는 공연을 본 경험이 있었던 것이다. 이 놀이에서 지휘자가 된 유아는 악기와 제각각 연주자들을 통솔하다가 그만 지쳐버렸지만, 제법 그 역할을 톡톡히 해냈다. 창의력이 무궁무진한 우리 아이들이 자랑스럽다.

"지휘자와 연주자의 표정이 진지해 보이네요. 아이들의 몸짓 하나에 의미를 덧붙여 준 선생님의 관찰력이 대단합니다. 공연단 같다는 선생님의 추임새에 유아의 놀이가 확장되었고, 연주할 음원을 선생님이 찾아주니 더욱 풍성하고 즐거운 놀이가 되었군요."

04 플라스틱으로 놀아요

분 류 • 만 4~5세 • 교실, 바깥놀이터, 숲 • 개별활동, 소집단

준비물 다양한 종류의 재활용 플라스틱 용기, 클레이, 공룡이나 동물 모형, 미술 재료(테이프, 풀, 가위, 시트지 등), 여러 가지 자연물 등

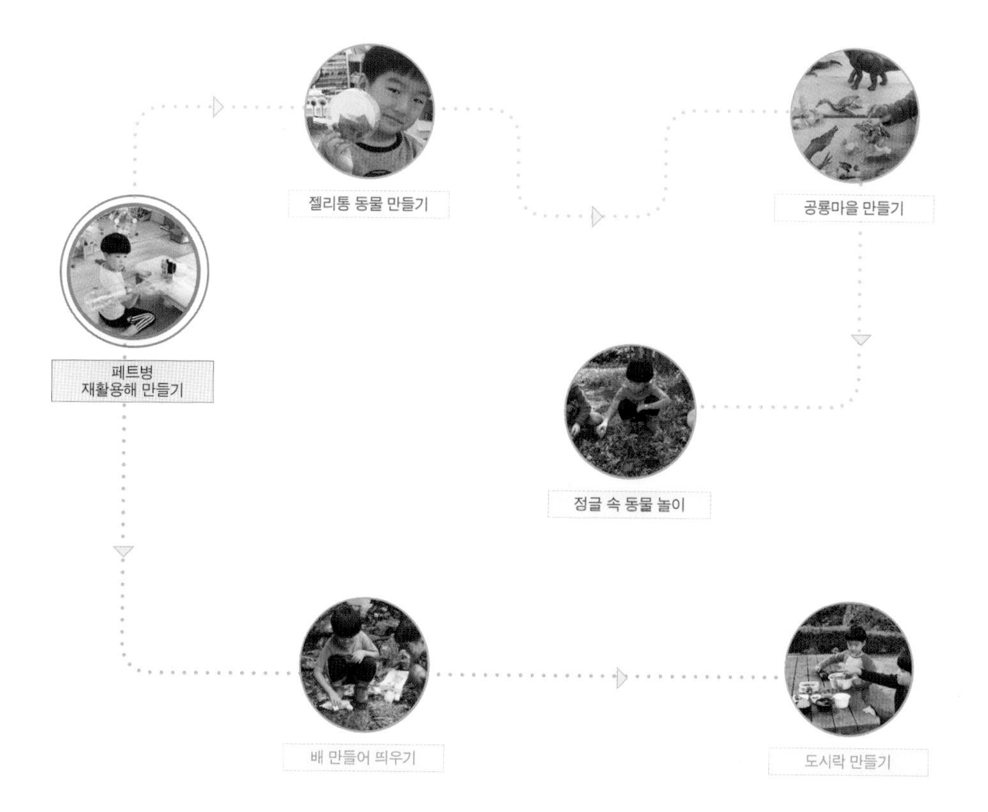

Tip 배달 음식이 담겨오는 플라스틱 용기들을 깨끗이 씻어 놀이에 활용해보세요. 다양한 형태의 쓸모 있는 용기들이 많아, 유아들이 놀이를 할 때 여러모로 재미있게 사용할 수 있습니다.

여는 놀이

페트병 재활용해 만들기

다양한 종류와 크기의 재활용 플라스틱 용기, 여러 가지 동물 모형, 자연물, 미술 재료(테이프, 풀, 가위, 시트지 등)를 놀잇감으로 열어두었다.
플라스틱 병을 이용해 어떤 활동을 할 수 있을지 유아들과 이야기를 나누자, 만들기 활동에 대한 요구가 가장 많았다. 이에 교사는 동물이나 꽃병 등, 폐품 플라스틱을 활용한 다양한 만들기 활동을 제안했다. 그러자 유아들은 여러 가지 플라스틱 병을 쌓아 올려 에펠탑을 만들고, 페트병의 입구끼리 이어 아령을 만들었다.

"선생님! 이것 보세요. 이건 운동할 때 쓰는 운동기구예요."

"어머나! 진짜 큰 아령 같다. 그렇게 손에 들고 운동하는 운동기구를 아령이라고 불러. ○○가 진짜 큰 아령을 만들었네."

"저는 에펠탑을 만들었어요. 그런데 탑을 더 높게 만들려면 뾰족한 플라스틱이 있어야겠어요."

이어지는 놀이

젤리통 동물 만들기

유아들이 만들기 활동을 구상했을 때, 교사는 다양한 업사이클링[2] 자료를 제공하여 창의적인 만들기 활동을 시도했다.

 "와! 버리지 않고 이렇게 꾸미니까 정말 예쁘다."

유아들은 동그란 젤리통을 달팽이 등딱지로 상상하여 종이와 눈알장식을 덧붙여 달팽이를 만들기도 하고, 동물의 머리나 다리를 그린 종이를 플라스틱 통에 붙여 여러 가지 다양한 동물을 만들기도 했다.

 "나는 내일 거북이도 만들어볼 거야."

 "나는 공룡 만들어야지."

플라스틱을 이용한 동물 만들기는 유아들의 상상력이 더해져 며칠 동안 계속되었다. 만든 동물들을 교사가 창문에 붙여주었더니, 유아들은 자신이 만든 작품을 보며 뿌듯해했다.

2. 업사이클링(Up-cycling): 재활용품에 디자인 요소를 더해 가치를 높여 재탄생시키는 것

공룡마을 만들기

유아들은 교실에서 울퉁불퉁한 모양의 플라스틱을 이용해 초록색 클레이를 붙이고, 공룡마을을 구성하며 놀았다.
초록색 클레이를 붙인 울퉁불퉁한 모양의 플라스틱은 섬도 되고, 바위도 되었다.

"이건 섬이고, 공룡이 살아."

"그럼 티라노사우루스랑 알로사우루스는 여기서 사는 거야?"

"응. 여기 살아!"

"나는 스테고사우루스랑 트리케라톱스 집을 만들어줘야겠다."

하루만 버리지 않고 모아도 수십 개씩 생기는 플라스틱 용기들은 놀이에 여러모로 쓸모가 있었다. 교사는 매일 플라스틱 용기들을 모아 씻어서 가져다주었다. 플라스틱 용기의 모양에 따라 유아들이 매일매일 만드는 것들이 달라져 재미있었다.

"이걸로 공룡 집 앞에 식탁을 만들어야지."

장소를 바꿔 이어지는 놀이1

정글 속 동물 놀이

유아들이 교실 안에서만 노는 것보다 밖에서도 놀이하면 더 좋겠다고 이야기하여, 동물 모형들을 가지고 밖으로 나갔다.

"선생님! 이 동물 모형들, 산소리길에 가지고 가면 안 돼요?"

"그래, 그럼 가져가고 싶은 동물들을 가지고 밖으로 나가볼까?"

"와~ 나는 공룡 많이 가지고 가야지!"

유아들은 모래놀이장이나 숲으로 공룡이나 동물 모형을 가지고 나가, 밀림 속 동물 놀이를 했다.

"정글 속에 공룡이 사니까 다른 동물들이 엄청 무섭겠다."

"그렇지 않아. 형! 공룡은 육식공룡이 아닌 것도 있으니까!"

"호랑이랑 사자는 공룡 근처에 두면 안 되겠어. 알로사우루스랑 티라노사우루스랑 스피노사우루스가 다 잡아먹겠어."

배 만들어 띄우기

플라스틱으로 할 수 있는 놀이는 무궁무진하고, 만들 수 있는 것들도 많았다. 교사가 커다란 플라스틱 약병을 가져다주자, 만 5세의 유아는 배를 만들고 싶다고 했다.

 "선생님! 플라스틱 배 밑에 바퀴를 달고 싶어요."

 "그래? 그럼 바퀴를 만들 수 있는 것들을 준비해줄게."

교사는 가래떡 모양의 스티로폼과 페트병 뚜껑을 주었다. 유아는 스티로폼을 선택해 가위로 잘라 이쑤시개를 끼운 뒤, 플라스틱 배 아래에 달았다.

 "선생님! 이거 개울에 가서 띄워보면 어때요?"

평소 유치원 바로 옆에 있는 개울가에서 자주 놀이를 했던 유아들은 플라스틱 약병으로 만든 배를 개울에 띄우며 놀이했다.

 "앗, 내 배 방금 형아 배랑 부딪혔다."

재료를 바꿔 이어지는 놀이

도시락 만들기

유아들은 숲 체험 활동을 위해 산책할 때마다 솔방울, 낙엽, 밤 껍질, 도토리 등 다양한 가을의 자연물들을 항상 주웠다. 교사는 가을 자연물 줍기 활동 후, 플라스틱 용기를 이용한 소풍 놀이를 제안했다.

"우리, 주워온 자연물로 봄에 했던 것처럼 소풍 놀이 해보면 어떨까? 이번에는 소꿉놀이 그릇 대신에 플라스틱 그릇을 사용해서…."

"좋아요! 선생님! 그럼 플라스틱 그릇 많이 주워다주세요."

가을이라 봄에 했던 자연물 상 차림과는 색이 달랐다. 이 놀이는 유아들이 봄과 가을의 변화를 직접 느낄 수 있는 시간이 되었다.

"봄에는 꽃이 많아서 예쁜 색이 많았는데, 가을에는 갈색이 많아요."

"그건 가을이니까 그렇지. 형아! 그렇지만 기다려봐. 이제 은행잎이 예쁜 노란색이 될 거잖아!"

〈누리과정 영역별 내용〉

영역	내용
신체운동 · 건강	• 신체활동 즐기기 - 실내외 신체활동에 자발적으로 참여한다. • 건강하게 생활하기 - 질병을 예방하는 방법을 알고 실천한다. • 안전하게 생활하기 - 일상에서 안전하게 놀이하고 생활한다.
의사소통	• 듣기와 말하기 - 상황에 적절한 단어를 사용하여 말한다. - 상대방이 하는 이야기를 듣고 관련해서 말한다. • 책과 이야기 즐기기 - 책에 관심을 가지고 상상하기를 즐긴다.
사회관계	• 나를 알고 존중한다 - 내가 할 수 있는 것을 스스로 한다. • 더불어 생활하기 - 친구와 도우며 사이좋게 지낸다. - 서로 다른 감정, 생각, 행동을 존중한다.
예술경험	• 아름다움 찾아보기 - 자연과 생활에서 아름다움을 느끼고 즐긴다. • 창의적으로 표현하기 - 다양한 미술 재료와 도구로 자신의 생각과 느낌을 표현한다. - 극놀이로 경험이나 이야기를 표현한다.
자연탐구	• 탐구과정 즐기기 - 주변 세계와 자연에 대해 지속적으로 호기심을 가진다. • 자연과 더불어 살기 - 주변의 동식물에 관심을 가진다. - 생명과 자연환경을 소중히 여긴다. - 날씨와 계절의 변화를 생활과 관련짓는다.

교사 이야기

플라스틱을 활용한 놀이는 교사의 예상보다 훨씬 다양하고 창의적이었다. 처음에 교사는 업사이클링 활동으로 접근하고 풀어가려 했으나, 유아들은 그 활동에 국한되지 않았다. 유아들은 밖으로 플라스틱을 가지고 나가고, 비구조적인 플라스틱을 이용해서 공룡마을을 구성하는 등 훨씬 창의적으로 놀이했다.

가장 흥미로웠던 것은 유아들이 교실 속에서 공룡마을 놀이를 한 후, 공룡이나 동물 모형들을 모두 챙겨 들고 나가서 모래놀이장이나 숲속에서 정글 속 공룡마을 놀이와 동물놀이를 하는 모습이었다.
공룡의 특징을 설명해준 적도 없는데, 유아들이 어려운 공룡의 이름과 다양한 특징을 정확하게 알고 놀이하는 것을 보고 교사는 깜짝 놀랐다.
유아들은 프테라노돈은 익룡이라며 나무 위에 올려놓고 놀았고, 호랑이와 공룡들을 함께 놓으면 어떻게 될지를 상상하며 놀이했다. 유아들이 이렇게 다양한 상황극을 하는 것이 놀라웠다.

교사는 이 놀이가 확장될 수 있도록 다양한 동물 그림책, 공룡사전, 동물사전을 구입하여 제공하며 피드백을 했다.
글을 아는 만 5세 유아는 책을 보며 만 4세 유아에게 공룡의 특징을 설명해주고 서로 이야기했다. 유아들은 더 알고 싶거나 궁금한 공룡에 대한 정보를 인터넷에서 찾아달라고 교사에게 요청했다. 교사와 유아는 이렇게 함께 공룡에 대해 알아가는 시간을 가지게 되었다.

동료교사

"플라스틱 놀이를 어떻게 지원하나 고민했는데, 환경과 연계한 활동으로 접근하는 것도 좋은 것 같아요. 아이들에게 필요한 재료를 적절히 지원해주셔서 놀이가 잘 확장되었어요."

05 구불구불 미로 탈출

분 류 • 만 3~5세 • 넓은 다목적실 • 소집단

준비물 우유갑, 다양한 종류의 블록, 여러 가지 소품(자동차 모형, 동물 모형, 사람 모형 등) , 매직, 우유, 생크림, 레몬즙, 소금 등

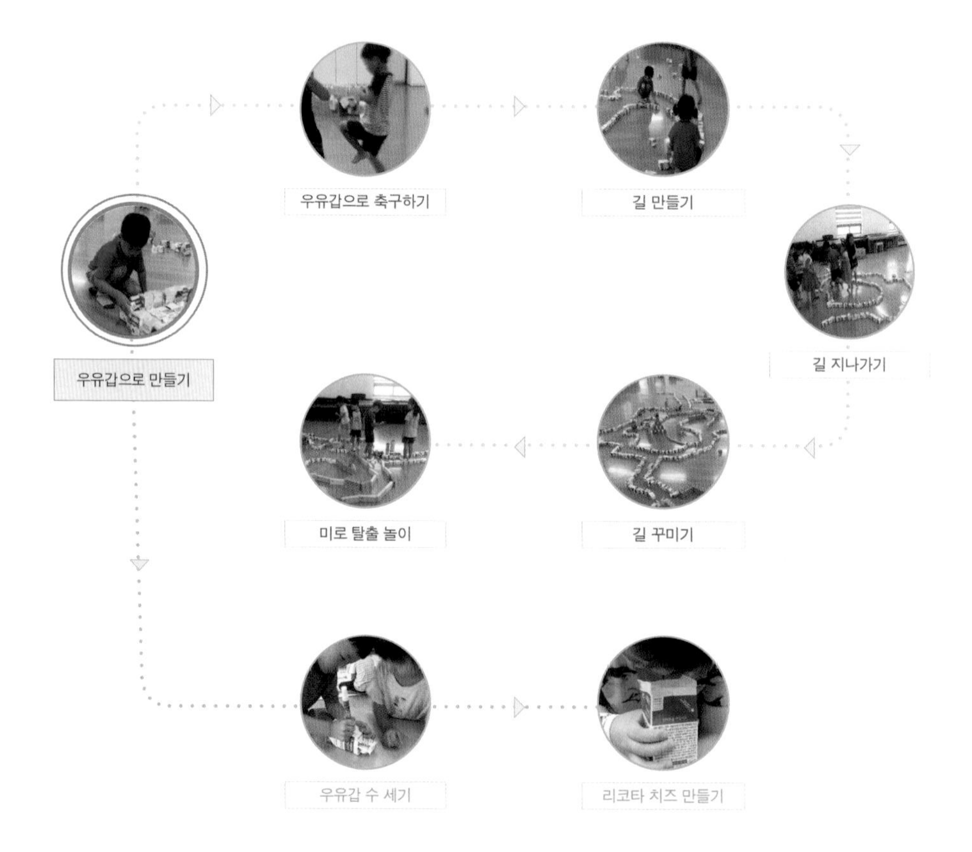

Tip 미로를 만드는 것에 관심을 보이지 않던 유아도 미로가 커지자 시각적인 자극을 받아 함께 놀이하게 되었어요. 유아들이 무언가에 관심을 보이지 않아도, 억지로 강요하기보다 자연스럽게 두고 놀이하다 보면 관심을 가지게 되는 경우가 있어요.

여는 놀이 & 이어지는 놀이1

우유갑으로 만들기 & 우유갑으로 축구하기

평소에 유아들이 우유를 먹은 후 우유갑을 씻어, 큰 상자에 담아 꾸준히 모았다. 그렇게 모은 우유갑으로 놀이를 진행했다.

어떤 유아들은 우유갑에 색종이를 붙여 만든 인형 집에 종이음식이나 종이인형을 넣고 인형 놀이를 했다. 우유갑을 동그랗게 쌓아올려 집이나 탑을 만든다는 유아들도 있었고, 우유갑을 발로 차며 축구를 하는 유아들도 있었다.

"이렇게 높이 쌓을 거예요."

"내가 더 높이 쌓을 거야."

"응. 우리 저기 지붕까지 올라가게 하자."

"야, 이쪽으로 차!"

"알았어!"

우유갑 하나로도 이렇게 즐겁게 노는 우리 유아들이었다.

길 만들기 & 길 지나가기

교사는 흐트러진 우유갑을 보며 놀이를 제안했다. 교사가 놀이를 제안할 때에는 강요보다는 권유나 제안하는 형태로 말하는 것이 바람직하다.

 "얘들아, 우리 우유갑을 이용해 길을 만들어보자."

유아들은 여럿이 함께 우유갑을 늘어놓아 여러 갈래의 길을 만들고, 길을 지나가려 했다.

 "선생님, 우리 만든 길을 지나가 봐요. 한 발로도 가봐요."

 "꼭 미로 같아요."

 "그런데 길이 자꾸 망가져요."

 "약속을 만들자! 우유갑을 쓰러뜨리는 친구는 도로 우유갑을 세워놓고, 출발점으로 되돌아가서 다시 출발하는 건 어떨까?"

 "그래요. 앗, ○○! 너 우유갑 쓰러뜨렸어!"

재료를 바꿔 이어지는 놀이1

길 꾸미기

교사는 다양한 재료를 덧붙여 놀이를 확장할 계획을 세웠다.

 "우리, 오늘은 가지고 가고 싶은 블록을 가져가서 더 큰 길을 만들어볼까?"

 "저는 자동차도 갖고 가고 싶어요. 길을 만들어서 그 위에서 놀게요."

교사가 유아의 제안을 허용하자, 유아들은 우유갑으로 만든 길의 중간중간을 각자 가져온 소품을 이용해 다양하게 꾸몄다. 나무, 벽돌, 스펀지 등의 블록이나 자동차 모형, 각종 동물 모형과 사람 모형을 가지고 왔다.

 "여기는 공룡들이 사는 길이야."

 "여기는 집이 모여 있어."

 "여긴 동물원이야."

"길이 더 커져야겠어요. 블록을 더 가져오면 좋을 것 같아요."

미로 탈출 놀이

길 만들기에 관심을 보이지 않고 자기 놀이를 하고 싶어 하는 유아들은 자유롭게 놓아두었다. 그런데 길이 점점 커지자, 흥미를 가지지 않던 유아들도 함께 만들자고 이야기하며 모든 유아들이 놀이에 참여하게 되었다.

 "와, 드디어 아주 큰 길 완성!"

 "우리 '미로 탈출' 해요. 여기가 출발하는 데예요. 길을 다 빠져나가면 성공하는 거예요."

 "저번처럼 길을 쓰러트리면, 뒤로 가서 다시 출발해요."

 "우리 한번 빨리 가보자. 천천히도 가보자. 이쪽 길로도 가보자."

유아들은 빨리 걷거나 천천히 걷거나 한 발로 걷거나 토끼처럼 뛰는 등, 다양한 방법으로 즐기며 미로 탈출 놀이를 계속 반복했다.
스스로 가져온 소품을 이용해 길 중간중간을 동물원, 성, 집, 주차장으로 꾸몄던 유아들은 자신만의 꾸미기 놀이에 빠졌다.

발상을 바꿔 이어지는 놀이3

우유갑 수 세기

우유갑 놀이를 정리할 때, 유아들과 함께 어떻게 재미있게 정리를 할까 고민하던 교사는 우유갑 안에 우유갑 접어 넣기 놀이를 했다.

 "누가 가장 많이 접어 넣는지 시합이다!"

유아들은 우유갑을 신나게 접어서 넣기 시작했고, 자기가 더 많이 넣었다며 서로 자랑했다.

 "선생님, 저 다섯 개 넣었어요."

 "저는 일곱 개 넣었어요."

 "와, 많이 넣었네. 그럼 내가 몇 개의 우유갑을 접어 넣었는지 숫자로 한번 써볼까?"

유아들은 자기가 몇 개 넣었는지 손가락으로 세다가 손바닥을 쫘아악 펴서 친구들에게 보여주기도 하면서, 접은 우유갑이 담긴 우유갑 겉면에 자기가 접어 넣은 우유갑 개수를 썼다.

 "다섯 개니까 숫자 5야."

재료를 바꿔 이어지는 놀이2

리코타 치즈 만들기

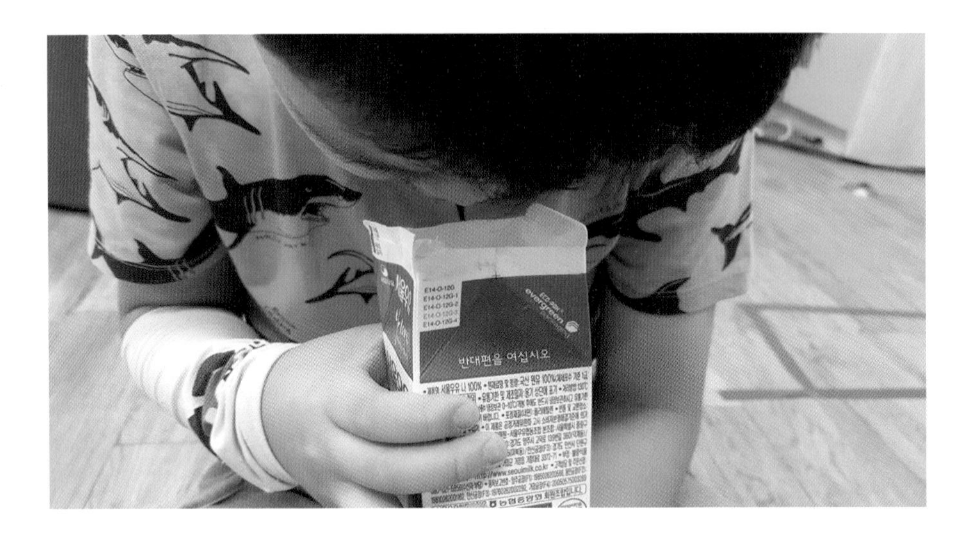

우유갑을 갖고 놀이하던 유아가 우유갑 안에서 썩은 냄새가 난다고 하자, 다른 유아들도 함께 우유갑 안의 냄새를 맡았다.

 "선생님, 이 냄새 치즈 냄새 같아요."

 "맞아. 이 우유가 잘 썩으면 너희들이 먹는 치즈가 돼."

교사는 유아들과 함께 실온에서 우유를 관찰해보기로 했다. 우유갑을 이용한 놀이가 이렇게 우유의 발효를 관찰하는 실험으로 이어졌다. 실온에서 몽글몽글하게 뭉쳐져 썩은 우유를 보던 유아가 치즈를 만들어보고 싶어 해서, 가장 손쉽게 만들 수 있는 리코타 치즈를 만들기로 했다.
우유와 생크림에 소금으로 간을 한 다음 섞고, 약한 불에 젓지 않고 끓이다가 우유막이 생기면 레몬즙을 넣었다. 끓인 것을 깨끗한 면포를 두른 체에 붓고 잠시 두어 유청이 빠진 후 냉장고에서 몇 시간 더 유청을 빼고 굳혔다. 이때 체 밑에 그릇을 두어 유청이 흐르지 않게 해야 한다.

 "선생님, 꼭 두부 같아요!"

〈누리과정 영역별 내용〉

영역	내용
신체운동 · 건강	• 신체활동 즐기기 - 신체를 인식하고 움직인다. - 신체 움직임을 조절한다. - 실내외 신체활동에 자발적으로 참여한다.
의사소통	• 듣기와 말하기 - 자신의 경험, 느낌, 생각을 말한다. - 상황에 적절한 단어를 사용하여 말한다. • 책과 이야기 즐기기 - 말놀이와 이야기 짓기를 즐긴다.
사회관계	• 나를 알고 존중하기 - 나를 알고 소중히 여긴다. - 나의 감정을 알고 상황에 맞게 표현한다. • 더불어 생활하기 - 친구와 서로 도우며 사이좋게 지낸다. - 약속과 규칙의 필요성을 알고 지킨다.
예술경험	• 창의적으로 표현하기 - 신체나 도구를 활용하여 움직임과 춤으로 자유롭게 표현한다. • 예술 감상하기 - 서로 다른 예술표현을 존중한다.
자연탐구	• 탐구과정 즐기기 - 궁금한 것을 탐구하는 과정에 즐겁게 참여한다. - 도구와 기계에 관심을 가진다. • 생활 속에서 탐구하기 - 물체를 세어 수량을 알아본다.

교사 이야기

우유갑을 이용해 큰 길을 만들고 미로 탈출 놀이를 하는 데 두 시간이 넘게 걸렸다. '미로 탈출 놀이'는 유아들이 직접 붙인 이름이다.
유아들의 표정이 지루해 보이지는 않았지만, 처음부터 모든 유아들이 참여하지는 않았다. 각자 하고 싶은 놀이를 할 수 있게끔 하자, 처음에는 관심을 보이지 않던 유아들도 큰 길이 만들어지는 모습을 보고 함께 하자며 모여들어 다 함께 하는 놀이가 시작되었다. 유아들은 서로 힘을 모아 교실에 있는 블록을 낑낑대며 나르고, 새로운 소품들도 교실에서 가져와 길 중앙에 쌓았다.

교사는 저도 모르게, "여기다 쌓으면 지나갈 수가 없는데…."라며 유아가 만들어가는 놀이를 막는 말을 던졌다. 하지만 잠시 멈칫한 유아는 "어, 이거 성인데~ 여기 길 안에 성이 있는 거예요. 이렇게 뛰어서 지나갈 수 있어요."라며 다시 만들기 시작했다.

길 여기저기에 직접 꾸민 곳이 있는 유아들은 친구들과 미로 탈출 놀이를 하고 나서는 길 중간중간에 앉아 자기만의 놀이에 참여했다. 계속해서 미로 탈출 놀이를 반복하는 유아들의 모습도 보였다. 유아들은 서로 부딪히지 않으며 자기들의 놀이에 빠져 있었다.

교육과정 시간에 이렇게 놀이를 계속하고 방과후과정으로 인수 · 인계를 하려는데, 한 유아가 "선생님, 우리 자유놀이는 언제 해요?"라며 물었다. '이 아이는 자기가 하고 싶은 놀이를 충분히 하지 않았구나! 이 아이에게만큼은 자유로운 시간이 아니었어.'라는 생각이 머리를 스쳤다.

동료교사

"교실에서 다목적실까지… 아이들에게 개방적인 환경이 얼마나 중요한지 느꼈습니다. 놀이하고 나서 정리를 하며 수 놀이를 창의적으로 한 것이 매우 좋아 보여요. 미로 탈출 놀이에서 리코타 치즈 만들기 놀이까지 확장했다니 대단해요!"

06 종이컵이 부른 연날리기

분 류 • 만 4세 • 교실, 바깥 • 소집단

준비물 종이컵, 물, 물감, 비닐봉지, 실 등

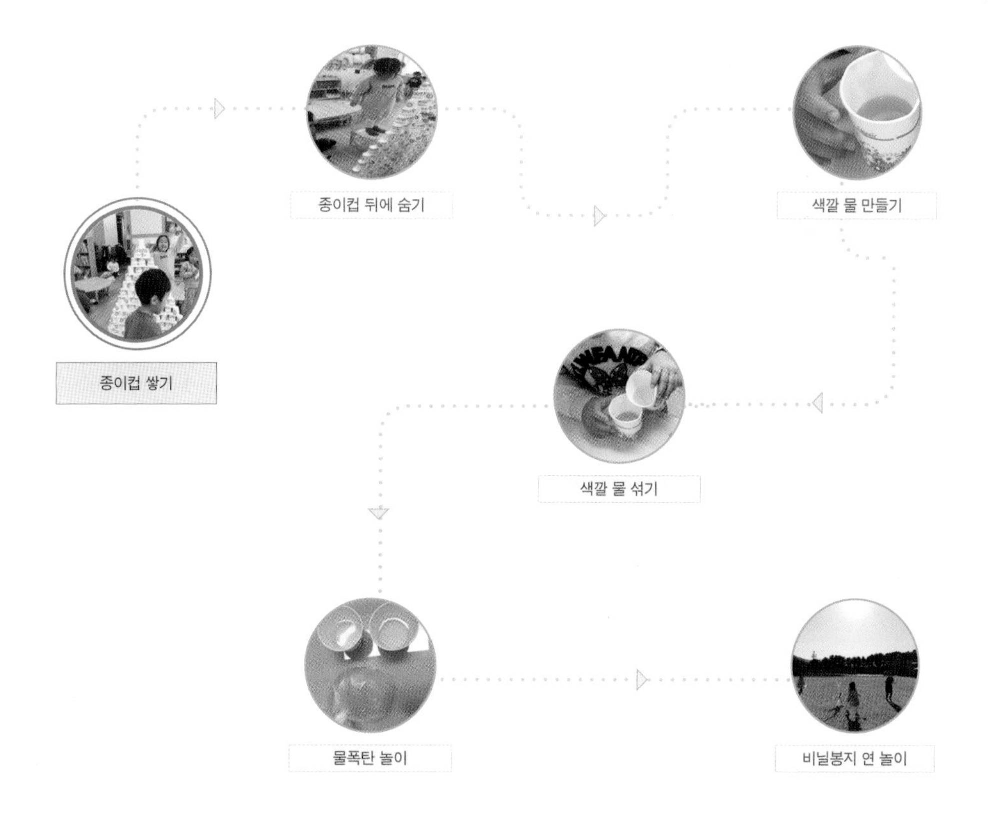

Tip 종이컵은 다양한 놀이를 즐길 수 있는 만능 놀잇감입니다. 종이컵 한 상자를 구입해서 유치원 구석에 준비해놓기만 한다면, 다양한 유아주도 놀이를 관찰할 수가 있을 거랍니다.

여는 놀이 & 이어지는 놀이

종이컵 쌓기 & 종이컵 뒤에 숨기

교사는 유아가 쉽게 접할 수 있으면서 놀이에 활용할 수 있는 소재를 고민하다, 종이컵을 놀잇감으로 열어놓기로 했다.

 "우리, 컵을 동그랗게 쌓아보자."

 "그런데 자꾸 쓰러져."

 "그럼 우리 길게 옆으로 쌓자."

유아들은 종이컵을 쌓아 원기둥 형태로 만들려고 했으나, 생각처럼 쌓이지 않았다. 그러자 옆으로 길게 쌓아서 친구 키만큼 쌓아보는 놀이로 진행했다.
다 쌓아올린 종이컵 뒤에 한 유아가 다가가 다른 유아들에게 말했다.

 "나를 찾아봐!"

쌓은 종이컵보다 키가 훨씬 작은 유아는 의자를 놓고 의자 위에 올라가기도 했다.

재료를 바꿔 이어지는 놀이1 & 재료를 바꿔 이어지는 놀이2

색깔 물 만들기 & 색깔 물 섞기

유아들은 종이컵과 함께 어떤 재료를 사용하며 놀이를 할까 곰곰이 생각하더니, 물감을 물에 타서 여러 가지 색깔의 물을 만드는 놀이로 확장했다.

 "아름다운 색깔이에요."

다음 날, 유아들은 계속해서 색깔 물을 만들다가 두 가지의 색깔 물을 섞어보았다.

 "물을 섞으니까, 종이에 색칠할 때보다 색깔이 너무 아름답다."

 "우리, 종이컵들을 하트 모양으로 놔보자."

유아들은 물이 담긴 종이컵으로 책상을 가득 채웠다.

 "이제 더 이상 물컵을 놓을 곳이 없는데 어떡하지?"

 "괜찮아요. 의자 위에 올리면 돼요."

물폭탄 놀이

유아들은 자신이 만든 작품을 집에 가져가고 싶어 했다.

 "어떤 방법으로 가지고 갈 수 있을까? 우리 고민해보자."

교사는 아이들과 이야기를 나누고, 가방이 젖지 않게 물이 든 종이컵을 옮기려고 비닐봉지에 넣어 주었다. 그러나 비닐봉지 속 종이컵은 금세 젖어, 물이 다 새어나왔다.

 "어쩌지? 물이 다 새어나오네…."

 "괜찮아요! 우리 물폭탄 놀이 하면 돼요!"

그러자 유아들은 비닐봉지에 든 색깔 물을 던지는 놀이를 하고 싶어 했다. 교사가 색깔 물을 비닐봉지에 넣어 묶어주니, 유아는 비닐봉지에 든 물을 만졌을 때의 느낌을 말했다.

 "시원하고 말랑말랑해서 얼음주머니 같기도 하고 생크림주머니 같기도 해요!"

유아들은 비닐봉지로 만든 물 폭탄을 던지고, 땅에 닿아 터져나오는 물을 보며 아주 즐거워했다,

장소를 바꿔 이어지는 놀이

비닐봉지 연 놀이

원래 자신이 만든 색깔 물을 집에 가지고 가기 위한 도구로 비닐봉지를 갖게 되었던 유아들은 곧 비닐봉지도 놀잇감으로 사용하여 놀았다. 유아들은 비닐봉지의 가벼움에서 연을 연상하고, 연날리기 놀이로 스스로 확장하게 되었다.
유아들은 비닐봉지, 종이컵, 실을 가지고 연을 만들었다.

 "선생님, 밖에서 비닐봉지 연 날리고 싶어요."

 "그런데 날씨가 너무 춥지 않을까?"

 "선생님, 연날리기는 추운 날 하는 거예요. 바람이 많이 부는 날은 추운데, 겨울에는 춥잖아요. 연은 바람이 부는 날 날려야 하니까 겨울에 해야 하는 놀이에요."

유아들은 교사에게 요청하여, 비닐봉지 연이 잘 나는지 바깥에서 날려보기로 했다.
연은 생각보다 잘 날아가지 않았지만, 우리 아이들은 놀이의 즐거움으로 기분이 하늘까지 날아올랐을 것이다.

〈누리과정 영역별 내용〉

영역	내용
신체운동 · 건강	• 신체활동 즐기기 - 신체를 인식하고 움직인다. - 신체 움직임을 조절한다. - 실내외 신체활동에 자발적으로 참여한다. • 안전하게 생활하기 - 일상에서 안전하게 놀이하고 생활한다.
사회관계	• 더불어 생활하기 - 친구와 서로 도우며 사이좋게 지낸다. - 친구와의 갈등을 긍정적인 방법으로 해결한다. - 서로 다른 감정, 생각, 행동을 존중한다. - 친구와 어른께 예의바르게 행동한다. • 사회에 관심 가지기 - 다양한 문화에 관심을 가진다.
예술경험	• 아름다움 찾아보기 - 자연과 생활에서 아름다움을 느끼고 즐긴다. - 예술적 요소에 관심을 갖고 찾아본다. • 창의적으로 표현하기 - 다양한 미술재료와 도구로 자신의 생각과 느낌을 표현한다. • 예술 감상하기 - 다양한 예술을 감상하며 상상하기를 즐긴다.
자연탐구	• 탐구과정 즐기기 - 궁금한 것을 탐구하는 과정에 즐겁게 참여한다. • 생활 속에서 탐구하기 - 물체의 특성과 변화를 여러 가지 방법으로 탐색한다. - 도구와 기계에 관심을 가진다. • 자연과 더불어 살기 - 날씨와 계절의 변화를 생활과 관련짓는다.

교사 이야기

높게 쌓인 종이컵 성 뒤에서 까치발을 들고 서 있던 유아 ○○는 의자를 놓고 올라서기도 하고, 깡충깡충 뛰기도 했다. 안전을 생각한다면 의자에 올라서지 말라고 했을 것이다. 그러나 교사는 계속 주의 깊게 지켜보고 있었으며, 유아가 넘어지지 않으리라는 믿음을 가지고 의자에 올라서는 것도 허용해주었다.
물을 사용할 때 옷이 젖을 수 있는 상황에 대해 주의를 주었으나, 유아들의 양말과 바지가 젖고 말았다. 그래도 교사는 유아들이 물을 사용하며 놀이하는 것 또한 인정해주었다.
물질적인 지원 외에, 아이들의 즐거움을 위해 교사가 인정해주고 지지해주는 태도 또한 교사의 놀이 지원이 아닐까 싶었다.

다음 날, 전날과 이어서 색깔 만들기 놀이를 계속했다. 교사는 정리하는 일이 가장 걱정스러웠다. 그러나 유아들은 물을 흘리는 것을 막기 위해 책상 위에 휴지를 미리 깔고, 놀이가 끝난 후 휴지로 닦아 정리까지 하는 모습을 보였다. 교사에게는 걱정하는 마음보다 아이들을 믿는 마음이 필요할 듯하다.

그렇게 만든 자신의 작품을 집에 가져가길 원하는 유아가 있었다.
"어떤 방법으로 가져가면 좋을까? 물이 다 쏟아지지 않을까?"
교사는 물이 쏟아져서 가져가기 어렵다는 것을 알면 유아가 포기할 것이라 여겼다. 그러나 유아는 해결법을 생각해냈다.
"비닐봉지에 넣어주세요."
이렇게 우리들의 물놀이는 계속 이어졌다. 유아들은 비닐봉지로 연을 만들더니, 연날리기 같은 겨울놀이에도 관심을 보였다.

동료교사

"정말 아이들의 생각은 어디로 튈지 모르는 고무공 같아요! 종이컵 놀이에서 비닐봉지 연 놀이로 확장될 줄 몰랐어요."

07 워터파크에 간 우유갑 딱지

분 류 • 만 4~5세 • 교실, 바깥놀이터 • 소집단

준비물 우유갑, 고무딱지, 가위, 줄, 커다란 하늘색 망사 보자기, 도르레, 플라스틱 모형 바구니, 가방, 카트 등

Tip 유아들이 놀이에 애착을 보이게 하려면, 놀이의 모든 과정에 참여하게 해보세요. 우유갑을 말려서 오려 준비하는 과정까지 유아와 함께 한다면, 유아는 더욱 몰입하고 흥미로워할 테고 놀이도 더욱 풍성해질 거예요.

여는 놀이

우유갑 자르기

평소에 간식을 먹은 뒤 우유갑을 씻고 +자로 잘라 교실 속 미술영역의 바구니에 담아두었다. 유아들은 말린 우유갑을 그대로 쌓기만 하고, 교사가 +자로 잘랐다. 어느 날 만 5세 유아가 다가오더니 교사처럼 우유갑을 자르고 싶어 했다.

 "선생님, 나도 오리고 싶어요."

 "그럼, 오릴 수 있는 도구를 가져올래?"

가위를 가져온 유아는 교사를 따라서 우유갑을 +자로 오리는 데 집중했다.

 "이상한데…."

 "어떻게 오려졌는지 자세히 볼까?"

 "아하… 나도 이 접힌 줄 따라서 오려봐야지!"

딱지 만들기 & 딱지치기

교사가 +자로 잘린 우유갑으로 딱지를 만들자, 옆에서 관찰하던 유아도 따라 하기 시작했다. 이처럼 유아들은 교실 안 교사의 행동을 관찰하고 모방하여 놀이한다는 것을 알 수 있었다.
교사는 딱지를 가지고 유아들과 교실 바깥의 놀이터로 이동했다. 딱지치기 경험이 있는 만 5세 유아가 나서서, 교실에서 만든 딱지로 딱지치기를 시작했다.

 "이렇게 쳐서 넘겨야 해!"

만 4세 유아는 그 모습을 보고, 따라서 치기 시작했으나 딱지를 넘기지 못했다. 유아는 다른 유아의 놀이 모습을 보며 모방 놀이를 한다는 것도 알 수 있었다.
교사도 옆에 앉아 유아들과 함께 딱지치기를 했다.

 "이걸로 넘겨볼까?"

교사가 좀 더 단단한 고무 딱지를 제공하자 우유갑으로 만든 딱지가 쉽게 넘어갔다. 유아들은 딱지치기에 몰입했다.

장소를 바꿔 이어지는 놀이2 & 장소를 바꿔 이어지는 놀이3

미끄럼틀 태우기 & 워터슬라이드 놀이

딱지치기에 흥미를 보이지 않은 유아들은 딱지를 미끄럼틀 위에 올려놓고, 인형 놀이를 하듯이 이야기를 만들기 시작했다.

 "딱지로 또 어떤 놀이를 할 수 있을까?"

 "미끄럼틀 태워줄래요."

 "내가 밑에서 잡을래."

 "마치 워터파크 같구나!"

 "우리, 미끄럼틀에다 하늘색 천을 덮어보자."

미끄럼틀에서 미끄러지는 딱지의 움직임에 관심이 모인 유아들은 딱지를 의인화하여 놀이에 몰입했다. 워터파크에 비유한 교사의 언어 추임새에, 유아들은 새로운 놀이재료를 요구하며 놀이 확장의 모습을 보였다.

장소를 바꿔 이어지는 놀이4 & 발상을 바꿔 이어지는 놀이1

물고기 잡기 놀이 & 딱지 보관하기

유아들은 조합놀이터에 설치해둔 도르레도 이용하여 놀이했다. 도르레에는 교사가 제작한 플라스틱 모형 바구니가 달려 있었다.

"물고기 잡기 놀이 할래요."

"양동이를 강에다 풍덩 빠트리면 물고기가 잡히겠지?"

"○○야, 물고기를 넣어봐! 이 딱지가 물고기야."

교사는 놀이가 끝난 후 놀잇감 정리 방법을 유아가 스스로 찾을 수 있도록 제안해보았다.

"오늘 놀이한 딱지는 어떻게 정리를 할까?"

"내일도 놀 거니까 놀이터에 두고 가요."

유아들은 작은 가방에 딱지를 담고 가방을 잠근 뒤, 놀이터 한쪽 구석에 잘 걸어두어 딱지 보관함을 만들었다.

발상을 바꿔 이어지는 놀이2

우유 사세요 놀이

우유 바구니를 카트로 바꾸어 제공해주자, 우유를 나누어주던 유아는 우유장수가 되었다. 다른 유아들도 곧바로 그 놀이에 참여했다.

"하나에 삼천 원입니다. 신선한 우유 사세요."

"우유는 어디에서 만들었어요?"

"젖소에서 만들었지. 젖소에서…. 나도 주세요. 우유 아저씨."

"아저씨, 다음에는 딸기 우유 만들어오세요~"

이후, 우유카트는 우리 반 유아들에게 최고의 놀잇감이 되었다. 교실 안의 놀잇감을 바깥으로 가져갈 때면 우유카트는 멋진 수레로 변신했다. 유아들은 카트 바닥의 친구 얼굴을 보며 "△△ 거, △△ 우유!"라고 이야기하며 모든 친구와 우유를 일대일로 대응시키는 수 놀이를 하기도 했다. 시간과 장소에 구애받지 않고, 어디에서나 일어날 수 있다는 점. 바로 그것이 놀이의 장점이다.

〈누리과정 영역별 내용〉

영역	내용
신체운동 · 건강	• 신체활동 즐기기 - 신체 움직임을 조절한다. - 기초적인 이동운동, 제자리 운동, 도구를 이용한 운동을 한다. • 안전하게 생활하기 - 일상에서 안전하게 놀이하고 생활한다.
의사소통	• 듣기와 말하기 - 말이나 이야기를 관심 있게 듣는다. - 상황에 적절한 단어를 사용하여 말한다. - 상대방이 하는 이야기를 듣고 관련해서 말한다. • 책과 이야기 즐기기 - 말놀이와 이야기 짓기를 즐긴다.
사회관계	• 나를 알고 존중하기 - 내가 할 수 있는 것을 스스로 한다. • 더불어 생활하기 - 친구와 서로 도우며 사이좋게 지낸다. - 약속과 규칙의 필요성을 알고 지킨다.
예술경험	• 창의적으로 표현하기 - 다양한 미술 재료와 도구로 자신의 생각과 느낌을 표현한다. - 극놀이로 경험이나 이야기를 표현한다.
자연탐구	• 탐구과정 즐기기 - 주변 세계와 자연에 대해 지속적으로 호기심을 가진다. • 생활 속에서 탐구하기 - 물체를 세어 수량을 알아본다. - 일상에서 길이, 무게 등의 속성을 비교한다. - 도구와 기계에 대해 관심을 가진다.

교사 이야기

원래 우유갑을 씻어 말려 분리배출을 했는데, 유아들에게 제공하면 놀이에 활용할 수 있을 것 같아 교실 한편에 쌓아두었다. 때때로 관심을 보이는 유아들이 높게 쌓아보거나 우유갑을 활용하여 만들기를 했으나, 일시적이고 단조로운 놀이에 그쳤다.

교사가 좀 더 다양한 활용을 돕고자 평면으로 오려두고 딱지를 접자, 만 5세 유아는 교사의 모습을 보고 딱지 접기에 몰두했다. 교사는 모든 아이들이 딱지 접기나 딱지치기에 참여할 것이라 생각했으나, 딱지치기에 몰두하던 한 유아를 제외하고는 딱지를 자신과 동일시하거나 물고기로 상상하여 상상놀이를 전개했다.
고무 딱지로 우유갑 딱지를 넘기며 성공을 경험한 한 유아는 계속 딱지치기를 하며 교사에게 만족감을 표현했다. 그런 유아의 모습을 보고 다른 만 4세 유아들도 딱지치기를 시작했다. 유아들은 그렇게 며칠을 반복하다, 나중에 딱지치기에 참여한 유아와 딱지를 1:1로 나누어 가진 다음에 게임과 유사한 모습으로 놀이에 빠졌다.
교사는 자신이 만약 유아들에게 일괄적으로 딱지 접기를 제안하거나 딱지치기만을 하도록 정했으면 놀이가 한정된 모습을 보였으리라는 생각이 들었다.

우유갑을 미끄럼틀에서 미끄러뜨리는 것이 워터파크 같다는 교사의 추임새에, 유아들은 밖에 준비된 천을 이용하여 워터슬라이드와 유사한 형태로 만들었다. 그러다 유아들은 실제로 워터파크에 와서 놀이를 하는 것처럼 흉내 내서 스스로 미끄럼을 타며 놀이에 흠뻑 빠진 모습을 보였다. 천을 깔고 미끄럼틀을 타면 속도가 잘 나지 않자, 유아들은 천을 미끄럼틀 위에 걸쳐놓고 천 아래로 미끄럼을 타며 상상놀이를 확장했다.

동료교사

"아이들은 놀이하면서 우유갑 딱지보다 고무 딱지가 더 무거워서 잘 넘어가게 한다는 것을 배웠네요. 그리고 다음 날 다시 놀 수 있게 정리하는 방법을 유아 스스로 찾았고요. 이것이 바로 놀이의 배움, 놀이교육 아닐까요?"